RESEARCH ON THE LEGAL GUARANTEE OF ECOLOGICA
AND HIGH QUALITY DEVELOPMENT IN THE YELLOW R

黄河流域生态保护
和高质量发展法治保障研究

孙桂燕◎著

经济管理出版社
ECONOMY & MANAGEMENT PUBLISHING HOUSE

图书在版编目（CIP）数据

黄河流域生态保护和高质量发展法治保障研究 / 孙
桂燕著. -- 北京：经济管理出版社，2024. -- ISBN
978-7-5243-0105-9

Ⅰ. D922.680.4

中国国家版本馆 CIP 数据核字第 20240UD958 号

组稿编辑：张馨予
责任编辑：张馨予
责任印制：许　艳
责任校对：蔡晓臻

出版发行：经济管理出版社
　　　　　（北京市海淀区北蜂窝 8 号中雅大厦 A 座 11 层　100038）
网　　　址：www. E-mp. com. cn
电　　　话：（010）51915602
印　　　刷：唐山玺诚印务有限公司
经　　　销：新华书店
开　　　本：720mm×1000mm/16
印　　　张：12
字　　　数：222 千字
版　　　次：2025 年 3 月第 1 版　　2025 年 3 月第 1 次印刷
书　　　号：ISBN 978-7-5243-0105-9
定　　　价：98.00 元

前　言

黄河是世界第五长河、中国第二长河，流经 9 个省份。黄河是中华民族的母亲河，哺育着中华民族，孕育了中华文明，是中华民族永续发展的源泉所系、血脉所依、根魂所在。黄河流域既是我国重要的生态屏障，也是经济转型发展的重点区域，在我国现代化建设中具有重要意义。中华人民共和国成立后，黄河治理取得举世瞩目的巨大成就，创造了岁岁安澜的奇迹。

中华人民共和国成立以后，党和国家把治理开发黄河作为国家的一件大事列入重要议事日程。党的十八大以来，党中央着眼于生态文明建设全局，明确提出了"节水优先、空间均衡、系统治理、两手发力"的治水思路，黄河流域经济社会发展和百姓生活发生了很大的变化。2019 年 9 月，习近平总书记提出黄河流域生态保护和高质量发展的重大国家战略。本书从黄河流域的基础特征出发，归纳其面临的制约因素，提出新时期推动黄河流域生态保护和高质量发展的总体思路和战略重点。2021 年 10 月 22 日，习近平总书记在山东省济南市主持召开深入推动黄河流域生态保护和高质量发展座谈会，特别强调在新时代，我们要把保护治理母亲河这篇文章继续做好。习近平总书记的重要讲话，为黄河流域生态保护和高质量发展提供了根本遵循。本书针对黄河流域生态保护和高质量发展进行了分析与探究。

全书共分为六章。第一章是黄河流域发展概述，主要包括黄河流域生态保护的意义、黄河流域社会发展变迁、黄河流域与中华文明、黄河流域与当代经济发展。第二章是黄河流域的绿色发展策略，论述了绿色发展是生态文明时代的必然选择，接下来对黄河流域绿色发展现状、黄河流域绿色发展策略面临的问题、黄河流域绿色发展的策略设计以及黄河流域绿色发展策略的实现机制进行了阐述。第三章是黄河流域生态保护发展，对黄河流域水资源管理、黄河流域生态保护方向与路径、黄河流域生态保护的长效机制进行分析。第四章是黄河流域民生与城市高质量发展，主要包括黄河流域民生发展、城市群发展以及城镇化高质量发展。第五章是黄河流域文化旅游资源高质量发展，主要包括黄河流域传统文化旅游资源发展、农耕文化旅游资源发展、红色文化旅游资源发展以及黄河流域文化旅游资源的现代保护。第六章是生态保护与经济高质量发展的国际经验，对国外流域生态保护与高质量发展的实践、国外流域生态保护与经济发展的主要经验以及国外经验对黄河流域生态保护与高质量发展的启示加以分析。

　　本书内容全面翔实，侧重点十分清晰，语言简洁明了、通俗易懂，重视理论与实践相结合，具有一定的科学性。

　　本书在编写过程中借鉴了很多相关资料以及国内外专家、学者的研究成果，在此真诚地表示感谢！

孙桂燕
2024 年 2 月

目　录

第一章 黄河流域发展概述

黄河是中华民族的母亲河，哺育着中华民族，在中华文明形成和发展过程中起到了重要作用，在我国长期的社会经济发展过程中做出了突出贡献，是中华民族崛起的见证。本章即针对黄河流域的发展进行整体的概述。

第一节 黄河流域生态保护的意义

一、中华人民共和国成立后黄河流域生态保护

中华人民共和国成立后，黄河流域生态保护进程可分为三个阶段。第一阶段是中华人民共和国成立后到 20 世纪 70 年代末期，黄河流域资源利用超出黄河承受力，流域生态保护处于"被动"状态。中华人民共和国成立初期，当时农业生产水平低，物资匮乏，人们对黄河的保护意识较为淡薄，作为我国粮食生产区的黄河中下游地区，农业生产对水土资源的利用超出了黄河承受能力。黄河中上游流域煤炭、石油开采技术水平低，资源遭到破坏、过度开发且二次污染严重，黄河流域生态环境受到极大威胁，环境保护面临严峻挑战，黄河生态保护处于被动状态，生态环境保护意识较弱，对黄河生态保护重要性的认识程度处于初步阶段。

第二阶段是改革开放到党的十八大召开之前，黄河流域在经济发展的同时，面临的生态环境压力增大，此阶段是生态环境保护意识增强、转变阶段。

20 世纪 80 年代以来，国际社会越来越关注气候变化、碳排放、大气污染问

题，联合国气候变化大会自 1995 年起，每年在世界不同地区轮换举行，联合国环境规划署和世界气象组织于 1988 年成立了政府间气候变化专门委员会，1992 年 5 月通过《联合国气候变化框架公约》。我国国内经济快速发展的同时，也带来了环境污染，如大气污染、土地荒漠化、水土流失等诸多环境问题。认识到"边发展、边污染""先污染、后治理"的道路行不通后，1989 年 12 月，《中华人民共和国环境保护法》通过并施行，通过环境立法方式，保护和改善环境，防治污染和其他公害，推进生态文明建设，促进经济社会可持续发展。

2003 年 7 月，科学发展观思想"坚持以人为本，树立全面、协调、可持续的发展观，促进经济社会和人的全面发展"，按照"统筹城乡发展、统筹区域发展、统筹经济社会发展、统筹人与自然和谐发展、统筹国内发展和对外开放"的要求推进各项事业的改革和发展。2007 年 10 月，党的十七大报告提出，"深入贯彻落实科学发展观"，坚持生产发展、生活富裕、生态良好的文明发展道路，建设资源节约型、环境友好型社会，实现速度和结构质量效益相统一、经济发展与人口资源环境相协调，使人民在良好生态环境中生产生活，实现经济社会永续发展。建设生态文明，形成节约能源资源和保护生态环境的产业结构、增长方式、消费模式。主要污染物排放得到有效控制，生态环境质量明显改善。生态文明观念在全社会牢固树立。

在中国共产党领导人民治理黄河 60 周年之际，党中央指出，黄河是中华民族的母亲河，黄河治理事关我国现代化建设全局，人民治理黄河事业成就辉煌，但黄河的治理开发仍然任重道远，必须认真贯彻落实科学发展观，坚持人与自然和谐相处，全面规划，统筹兼顾，标本兼治，综合治理，加强统一管理和统一调度，进一步把黄河的事情办好，让黄河更好地造福中华民族。

改革开放以来到党的十八大召开之前，黄河流域煤炭、冶金等能源工业得到快速发展，流域居住人口数量增长，黄河流域尤其是中下游地区工业污染不断加重，环境出现恶化，黄河流域面临着巨大的生态压力，国家对环保污染事件的打击整治力度不断加大。科学发展观的提出，要求黄河治理、黄河流域发展要坚持人与自然和谐相处的原则，坚持文明发展道路，保护黄河生态环境意识不断增强。

第三阶段是 2012 年 11 月党的十八大召开以来，黄河治理和生态保护进入新的阶段，是黄河流域"美丽中国"建设和黄河生态文明建设的新时代。党的十八大报告提出，经济建设、政治建设、文化建设、社会建设和生态文明建设"五位一体"的总体布局,生态文明建设纳入中国特色社会主义总体布局,将建设"美丽中国"作为奋斗目标。2015年4月25日印发的《中共中央 国务院关于加快推进生态文明建设的意见》指出,生态文明建设关系人民福祉,关乎民族未来,是实现中华民族永续发展的必由之路,坚持绿水青山就是金山银山,动员全党、全社会积极行动,深入持久地推进生态文明建设,加快形成人与自然和谐发展的现代化建设新格局,开创社会主义生态文明新时代。

2017年10月,党的十九大报告提出,建设生态文明是中华民族永续发展的千年大计,是构成新时代坚持和发展中国特色社会主义的基本方略之一。2018年3月,建设"美丽中国"和生态文明写入《中华人民共和国宪法》,党的十八届五中全会将加强生态文明建设作为新内涵写入我国"十三五"规划,国家生态文明建设进入了新的阶段。

习近平总书记十分关心黄河治理和生态保护与流域高质量发展,多次实地考察黄河流域生态保护和发展情况,就三江源、祁连山、秦岭等重点区域生态保护建设提出要求。2014年3月,他到河南兰考县调研,专程前往焦裕禄当年防治风沙取得成功的东坝头乡考察。2016年7月,他在宁夏考察调研时强调,要加强黄河保护,坚决杜绝污染黄河的行为,让母亲河永远健康。2019年9月18日,他在郑州主持召开座谈会指出,保护黄河是事关中华民族伟大复兴的千秋大计,明确提出了黄河流域生态保护和高质量发展的重大国家战略。习近平总书记在充分肯定黄河流域生态保护和生态环境持续明显向好的同时,指出流域生态环境脆弱,水资源保障形势严峻,发展质量有待提高等,并强调治理黄河,重在保护,要在治理,强调要共同抓好大保护,协同推进大治理,让黄河成为造福人民的幸福河。习近平总书记的指示为今后黄河治理和生态保护指明了方向。

自党的十八大召开以来,黄河治理和生态保护进入生态文明建设新时代,黄河流域生态保护在多个方面取得积极成效。在生态保护工程建设实施方面,建设黄河流域自然保护区、重要生态功能保护区,建设三江源等重大生态保护和修复工程、水源涵养提升工程。在资源开发生态保护方面,进行水资源开发生态保护、矿产资源开发生态保护、旅游资源开发生态保护。在污染治理方面,推进包括水污染综合治理、大气污染综合治理、土壤污染治理等工程建设,进行水土流失综合防治,开展生物多样性保护。在生态补偿机制建设方面,国家财政实施生态补偿推进三江源生态系统保护,沿黄9省区重点生态功能区财政转移支付逐年增加,上下游省份横向生态补偿进行了先行探索,6省区建立实施省内流域生态补偿机制，黄河流域生态环境治理效果得到不断提升。

随后，党的二十大报告提出，持续深入打好蓝天、碧水、净土保卫战、统筹水资源、水环境、水生态治理，推动重要江河湖库生态保护治理。黄河是连接青藏高原、黄土高原、华北平原和渤海的天然生态廊道，是事关中华民族生存发展的重要生态安全屏障，筑牢这个国家生态安全屏障尤为关键。黄河上游，生态退化趋势加快遏制，水源涵养能力持续增强。黄河中游，全面保护天然林，加大水土流失综合治理力度。控污、增湿、清淤、绿岸、调水"五策并举"，山西实施汾河中上游生态保护修复工程，使汾河源头水质达到国家Ⅱ类生活用水标准。黄河下游，加大生态系统保护修复力度。保护黄河是事关中华民族伟大复兴的千秋大计。面向未来，沿黄各省区将在党的二十大精神指引下保持历史耐心和战略定力，践行"绿水青山就是金山银山"的理念，站在人与自然和谐共生的高度奋力实现高质量发展，为构建黄河流域生态安全格局同心奋斗。

二、生态保护面临的问题与挑战

黄河流域生态保护当前面临的问题主要是流域生态环境依然脆弱，经济发展与资源环境承载力矛盾突出，水资源利用效率低，同时缺乏流域省区之间生态环境协同治理、综合管控机制。

一是流域生态环境脆弱，生态环境潜在风险高。黄河上中下游具有不同的地理特征和生态环境，黄河上游从整体来看生态环境较好、水源较充足，但局部地区出现了生态系统退化，水源涵养功能下降，甘肃、宁夏等地气候多干旱少雨，存在地域荒漠化问题；黄河中游地区具有丰富的煤炭、能源资源，水土侵蚀、流失严重，工业污染、城镇生活污染和农业面源污染问题突出；黄河下游地区所处黄淮海平原，农业发达，但黄河流量偏小，水资源相对匮乏，人多地少，人地关系紧张，河口一些地方出现了湿地萎缩。整体来看，黄河中上游部分地区河段已丧失生态功能，流域资源环境承载力超出可承载水平，整体生态环境相对脆弱。黄河流域生态环境脆弱的同时，污水处理等基础设施建设缺乏，流域污染治理水平滞后于经济发展，流域内高污染、高能耗产业造成的环保事件时有发生，潜在环境风险高。

二是经济发展与资源环境承载力矛盾突出，污染防控压力大。黄河流域是我国煤炭、电力能源的主要生产基地与供应基地，是金属冶炼、石油化工产业聚集地区，长期以来区域经济表现为粗放式发展模式。以能源、原材料为主的传统工业企业所占比重较高，高技术产业发展缓慢，区域自主创新能力不足，高能耗、高排放、高污染问题加剧了经济发展与资源环境承载力之间的矛盾。黄河流域清洁生产和污染治理能力偏低，水体稀释和降解污染物能力不足，黄河流域污染防控压力大，面临着水污染、大气污染和土壤污染防控治理压力，尤其是整个黄河流域水质面临考验：①黄河流域煤炭开采、金属冶炼、化工等高污染、高能耗产业数量多，企业污水污染物排放难达标；②农业生产过程中，化肥、农药使用量大造成流域土壤污染、流域水污染；③城市人口数量增加，使生活用水量不断增加，生活污水排放增多。

三是水资源利用效率低，保障形势严峻。黄河水资源总量不到长江的 7%，黄河全域人均水资源为 530 立方米，人均占有量仅为全国平均水平的 27%，低于水资源匮乏地区 1000 立方米/人的水资源标准，但流域水资源开发利用率高达 80%，远超一般流域 40% 的生态警戒线。黄河流域一方面水资源短缺、水循环失衡；① 另一方面工农业用水利用方式粗放，水利用效率不高，流域水污染严重，供水量已经超过黄河水资源的承载能力。黄河流域水资源保障形势严峻，抑制不合理用水需求，推动用水方式由粗放低效向节约集约转变，如何量水而行、以水定地、以水定产、节水优先、还水于河，是黄河流域生态保护面临的重大问题。

四是流域生态环境协同治理、综合管控机制缺乏。黄河流域生态环境治理需要多方协同、综合管控。黄河流域总面积 79.5 万平方千米，涉及 9 个省区 71 个地级行政区和 1 个省直辖县级市，当前各省区行政区域间并没有实现统一的经济发展规划、生态环境治理规划，黄河流域各地方政府、企业、社会公众等治理主体难以形成合理的分工合作，无法实施完善的协同治理。在法律法规层面，针对黄河流域生态保护与治理的规定也相对较少、难成体系。黄河流域区域生态环境协同治理机制、跨界治污机制缺失，各省份间缺乏协作沟通，生态保护治理效率不足，综合管理体制和运行机制不够完善，对黄河流域生态环境保护和经济高质量可持续发展形成制约。

三、生态保护的使命与愿景

实施黄河战略，要求坚持生态优先、绿色发展理念，功能区分类治理、分类

---

① 中华人民共和国生态环境部：https：//www.mee.gov.cn/。

施策,科学统筹、协同推进黄河流域生态治理保护,完善生态补偿,维护黄河生态安全,筑牢国家生态屏障。

一是生态优先,实施生态安全战略,筑牢国家生态屏障。黄河流域是我国重要的生态安全屏障,全国主体功能区规划明确了我国构筑的包括"青藏高原生态屏障""黄土高原—川滇生态屏障"和"东北森林带""北方防沙带""南方丘陵山地带"在内的"两屏三带"为主体的生态安全战略格局,其中青藏高原生态屏障、黄土高原—川滇生态屏障以及北方防沙带,均处于黄河流域,与黄河流域实施生态安全战略密切相关。黄河作为我国北方地区的生态"廊道",已成为重要生态安全保护屏障和生态建设的重要载体和依托。生态优先是习近平生态文明思想一以贯之的基本遵循,黄河流域生态保护和高质量发展,应遵循绿水青山优先、生态优先、保护优先的基本要求。加强顶层战略设计,探索以生态优先、绿色发展为导向的黄河流域高质量发展新路径,加大生态系统保护力度,把黄河流域建成我国北方重要生态安全屏障,在祖国北疆筑牢生态屏障,筑起万里绿色长城,立足全国发展大局,保持加强黄河流域生态文明建设的战略使命。

二是科学统筹,协同推进黄河流域生态治理保护。黄河流域生态保护、环境治理,是一项系统性、整体性工程,需要科学统筹,各行政区划、参与主体多方协同,构建黄河流域生态保护和经济高质量可持续发展的长效机制。其一,黄河流域各省区地方政府间的合作协同。黄河水土流失、流域污染、洪水灾害、水资源短缺等一系列问题,都与整个黄河上中下游密切相关。需要流域9个省区地方政府间的通力协作,共同治理,转变以行政区划为主的传统治理机制,体现以流域管理为主的协同治理机制。其二,政府部门、企业、社会组织与公众等多元主体共同参与协同治理。黄河流域生态保护治理,既是政府部门的职责,更应发挥、提高企业、社会组织、公众的积极性和参与度,共同治理,构建全社会参与的多元治理模式。其三,法律法规体系,尤其是地方性法规、地方政府规章、部门规章之间的协同,以及黄河流域各地发展规划之间的协同。

三是功能区分类治理、分类施策,刚性约束资源开发利用。按照黄河流域区位特征、自然生态和资源承载能力划分,黄河流域主要包括分布在三江源国家自然保护区的禁止开发区,分布在黄河流域中上游的青藏高原以及黄土高原大部分地区的限制开发区,黄河流域省级中心城市和市级中心城市的优化开发区,以及渭河谷地、汉中地区、黄淮海平原和山东半岛的重点开发区。黄河流域不同区位的资源开发利用进行刚性约束,基于主体功能区划分,实施分类治理、分类施策：在黄河上游水源涵养地区，治理目标是生态保护，加快环境治理、生态修复，建设生态廊道经济带，生产供给更多生态产品；在黄河中游地区，做好水土保持，加强水土流失治理和污染治理，发展农产品、工业能源产品的可持续供给；在黄河下游地区，加强水资源利用的分配协调管控，修复生态机制，保护黄河三角洲湿地生态，保护生物多样性，促进经济与环境的可持续发展。

四是完善生态补偿，发挥市场机制作用。充分体现生态系统的内在价值，建立完善的黄河流域生态补偿制度，对自然资源和生态环境的保护行为进行有效激励，以经济手段调节利益相关者关系，调动生态保护积极性。建立实施生态恢复保护国家补偿退出路径和机制，黄河中上游地区继续实施退耕还林还草为主的生态恢复措施，调整农业种植结构，减少引黄灌区灌溉面积，黄河下游地区进一步整治河道岸滩，建设黄河沿岸生态景观风貌带。

发挥市场机制作用，进行黄河流域生态建设和环境保护，建立政府引导、市场主导、社会参与的生态补偿和生态建设投融资机制，发挥政府引导基金作用，激励国内外各类绿色基金、产业基金、企业资金投向生态林建设、污水处理、生态景观与生态旅游等生态建设和生态修复项目，通过生态环境保护项目投资，实现生态效益和经济效益的融合，促进黄河流域生态保护和经济高质量可持续发展。

第二节　黄河流域社会发展变迁

一、社会政治变迁

远古时期，黄河中下游地区气候、地理环境适宜原始人类生存、聚居。110万年前，"蓝田人"就在黄河流域生息繁衍，此外还有"大荔人""丁村人""河套人"等在黄河流域生活，黄河流域有仰韶文化、马家窑文化、大汶口文化、龙山文化等大量古文化遗址。6000多年前，黄河流域内开始出现农事活动，4000多年前血缘氏族部落形成，炎、黄二帝传说产生。炎、黄二帝成为华夏各民族的始祖，也是古老中华文明的缔造者和奠基人，对中华历史发展产生了深远影响。

中原地区在龙山时代即已出现诸多古城，如淮阳平粮台古城、郾城郝家台古城、安阳后岗古城、辉县孟庄古城以及登封王城岗古城等，到了夏商周时期，城市规模更大并成为国家的中心。殷都遗存大量甲骨文，开创了中国文字记载的先河。从公元前21世纪的夏朝开始，4000多年的历史中，历代王朝在黄河流域建都延绵了3000多年。黄河流域的长安、咸阳、洛阳、开封等在相当长的历史时期一直是中国的政治、经济、文化中心。

"中国"这一称呼在黄河流域逐渐形成。古代华夏族群在黄河中下游活动，以为是居于天下之中，故称"中国"。最初主要指以今河南省为中心的区域，后来随着华夏族群、汉族活动范围不断扩大，黄河流域乃至更广泛的区域被称作"中国"。同时，因古代华夏族群和后来的汉族多建都于黄河流域，政治优越，经济、文化发达，文明化程度远超周边地区，是四方仿效的榜样，"中国"也具有族群文明意义上的含义，是天下文明的中心，对应周边的地区则称为"四夷"。

自西周至秦汉，黄河流域孕育了周秦汉唐的辉煌文明，黄河中游地区农耕经济繁荣，是全国的政治中心，西汉末年黄河下游平原地区逐渐成为核心经济区。到隋初，黄河流域的政治经济中心出现了东西二元分离的情况。从秦汉到隋唐，中国的政治中心基本在西安，但到北宋时期，中国的政治中心向东迁移到开封。

南宋以后，中国城市空间布局的重心进一步"由北向南"，长江流域城市逐渐取代黄河流域城市成为中国经济发展的重心，南方人口的数量也超过北方，黄河流域城市逐渐衰落，有些城市甚至湮没、消失。到南宋、元、明、清，政治中心先向南到杭州，后又到北京，黄河流域逐渐不再是中国的经济、政治中心。

二、经济贸易发展

黄河流域是我国农耕经济的发源地。经过夏、商、周三朝，黄河流域中下游地区已经确立了旱作农业体系，战国秦汉时期，黄河中下游地区已成为经济最为繁荣、人口最为密集的地区之一。魏晋南北朝时，北方战乱，农耕生产受到严重破坏，人口大量向南迁移，北方一些先进的农业生产技术随之带到南方，南方长江流域得到了进一步开发，农业获得很大发展。

隋唐时期，南方长江流域经济发展速度加快。隋朝修建大运河，主要功能是南粮北运，每年由南方向北方运送粮食达500万吨以上。安史之乱以后，唐王朝基本上全面崩溃，主要依靠江南道提供一定的经济支持。至北宋时，南方人口超过北方，经济发展水平也超过北方，南方通过运河向北方运送粮食达六七百万石。至南宋，江南经济实力已经远远超过了江北，宋朝整个国家的经济基本上主要依靠江南诸地提供。唐末至宋，全国文明中心由黄河流域南迁到长江流域。到元、明、清三代，南方经济发展全面超过北方。

黄河流域是历史上东西方文化交流、经济贸易的中心。汉代打通"丝绸之路"，是一条东起我国、西至北非和欧洲的古代商路，我国的纺织品开始销往欧亚各国。丝绸之路鼎盛时期经历了魏晋南北朝以及隋唐，黄河流域是丝绸之路的起点，是东西方文明交流的主要通道。黄河流域作为我国长期的经济中心，到唐朝末期，全国经济中心地位开始向南方倾斜，北宋以后全国的政治中心、经济中心、文化中心已转移至南方，但之后在全国政治、经济、文化发展进程中，黄河流域及黄河下游平原地区仍处于重要地位。

三、科学技术发展

黄河中下游地区有丰富的铜、铁等矿藏资源，为古代金属冶炼制造业发展提供了先天条件。从文明起源到文明形成过程中，青铜器一直是中原地区的重要标志。二里头遗址的发掘表明，我国夏代已掌握青铜冶铸技术，从历代出土的商代青铜器和商代冶铜遗址的发掘可以看到，我国冶铸青铜技术在殷商时期已经达到很高水平。商代已开始出现铁器冶炼。春秋末战国初期，冶铁业得到快速发展，炼铁炉使用了高效率的鼓风设备——橐，提高了冶炼水平和产品质量。中国古代的"四大发明"——造纸、活字印刷、指南针、火药，都产生在黄河流域。

黄土利于耕作，黄河流域盆地和河谷农业开垦、耕作历史悠久。黄河文明具有农耕文明属性，在农耕技术方面，生产工具经历了使用石器、骨器、木器，经青铜器到铁器的进化过程。在石器时代，黄河流域就已经出现石犁，春秋后期牛耕出现，战国中后期铁犁用于农耕，西汉时出现直辕犁，唐代出现曲辕犁。早在距今约7800年前的大地湾文化遗址中，就已经发现有早期作物稷、油菜籽等。考古发现，西汉末年冶铁技术有了较大的进步，牛耕技术和耕犁也有了较大的进步。西汉晚期至东汉开始，黄河流域出现一牛挽犁，农耕技术的发展成为黄河流域农耕经济繁荣的重要保障。

四、变迁原因与启示

黄河流域经济社会发展历史上呈现自西向东、自北向南演变，究其原因，有黄河改道、水患以及气候、气温等自然环境变化，也有技术进步、人对自然环境破坏和战争动乱、政局变动。一是黄河流域气候、气温变化导致自然环境发生变化。农业生产高度依赖自然气候条件，宋代以来，中国各地气候普遍经历了宋元暖期和明清小冰期两个温度截然不同的阶段。气候变化对北方黄河流域农业生产、桑蚕业发展等产生了很大影响，促使经济中心由北方向南方转移。二是人为因素的影响。农业种植、森林砍伐、冶炼矿藏开采等对自然环境造成了破坏，出现水土流失、土地沙漠化、森林面积减少等环境问题，部分地域变得不再适合人类居住、农业种植，由此造成人群迁移。三是黄河改道和水患等自然灾害以及黄河流域交通不便等因素，也限制了黄河流域的经济社会发展。四是战争动乱、政局变动等政治因素的影响。魏晋南北朝、隋末唐初以及唐末五代时期，频繁发生的战乱使黄河流域城市屡遭破坏，造成人口大量南迁，经济中心也逐渐南移。五是生产力发展和技术进步，尤其是牛耕技术的推广、拓展，使适宜耕地的范围不断扩大，人类生活、生产范围逐渐扩张，为人们在黄河流域各区域以及中国南北方的迁移提供了条件。

总结黄河流域经济社会发展变迁的历史经验，为我国当前生态环境保护、经济技术发展、社会稳定和民族团结等多方面带来重要启示。

一是经济发展与自然环境的关系问题。人类社会在发展过程中对大自然的破坏，导致大自然对人类的惩罚。黄河流域经济社会的变迁过程告诉我们，应正确处理人与自然的关系，树立尊重自然、敬畏自然、顺应自然、保护自然的生态文明理念。当前黄河流域的经济发展，应保护自然环境，重视生态环境变化，与大自然和谐相处，提升公众的环境保护意识，区域经济产值核算纳入生态价值因素，解决生态环境的外部性问题。建设黄河流域生态文明，实现中华民族永续发展。

二是生产力与生产关系，以及与生产力发展相适应的社会组织与社会治理问题。黄河流域氏族、群落、城市等组织形式的产生与发展，与当时的生产力发展水平相适应，在黄河流域发展过程中起到了重要作用。为促进当前黄河流域经济社会发展，应充分发挥政府、市场和公众三方面的作用，建立适应黄河流域发展水平的治理模式、治理体系，提升流域治理能力和治理现代化水平；保护、开发流域传统村落，加强流域城镇化、城市化建设，实现流域乡村振兴；建设发展区域性中心城市、城市圈、城市群，吸引人口适当集聚，减少人类活动对生态敏感区域的影响，推动产业聚集和不同区域协调发展。

三是技术进步的作用问题。技术进步决定了人类社会的发展进程，黄河流域产生了冶炼技术、农耕技术以及四大发明,极大地促进了生产力的发展。唯有重视科技发展及创新,尤其本土技术创新,才能实现黄河流域复兴。自主创新是实现中华民族伟大复兴的不竭动力和根本途径。

四是经贸往来与区域协调发展问题。黄河流域历史上的丝绸之路建设、经贸往来、人员交流、资源流通等,极大地促进了其经济繁荣。黄河流域当前经济发展,需要重塑经济地理新空间和发展新格局,完善流域内基础交通设施建设,参与共建"一带一路",上中下游统筹发展。

第三节　黄河流域与中华文明

一、中华文明孕育发展

奔腾不息的黄河同长江一起哺育着中华民族,孕育了中华文明。在石器时代,中国最早的文明在黄河流域形成,蓝田文明、半坡文明出现在黄河支流渭河,龙山文明出现在山东半岛。据考古发现,在旧石器时代早期,黄河与渭河交汇地区已出现聚落,在旧石器中期聚落向北迁移至黄河南北及邻近区域,到旧石器时代晚期,聚落数量增多并向黄河上下游扩展,向上至甘肃、内蒙古和宁夏地区,向下至古黄河的下游,今北京、天津、河北等地。新石器时代,黄河流域种植粟、黍等旱作农业,并饲养猪、狗以及牛、羊等家畜,考古遗址有大地湾遗址、上山遗址、半坡遗址和大汶口遗址等。黄河中下游地区产生了裴李岗文化、磁山文化、后李文化、仰韶文化、北辛文化、大汶口文化和龙山文化。

黄河流域成为我国远古文化的发展中心,公元前4000年至公元前2000年是黄河文明的形成期,炎、黄二帝的传说就产生于黄河流域。在4000多年前,黄河流域内形成一些血缘氏族部落,其中炎帝、黄帝两大部族最强大,黄帝取得盟主地位并融合其他部族,形成"华夏族"。世界各地的中华儿女,都把黄河流域认作中华民族的摇篮,称黄河为"母亲河",为"四渎之宗",将黄土地视为自己的"根"。黄河流域地处早期人类活动的中心,适宜农业耕种,促进了农耕文明的产生及发展,在人们面临水灾挑战、治理洪水的过程中促进了文明的发展,中华文明在黄河流域得到孕育。夏王朝建立,标志着中华文明进入了新的阶段。

夏朝建立后，很长一段时期，中华文明中心包括政治中心、经济中心、文化中心等都在黄河流域。夏商时期虽屡次迁都，但夏都一直在河洛平原，商都则在黄河和济水所在的华北平原，夏商周奠定了黄河文明的根基。周朝以后，随着气候变化、黄河河道变迁、生态环境变化，我国文明中心在黄河中游、中下游不断转移，包括西安、洛阳、开封等地，多次反复。宋代是中国古文明即黄河文明的巅峰，北宋的文明中心开封，即处于黄河沿岸，是在夏商周文明基础上的延伸和发展，是黄河文明的最后一个中心。

5000多年前，中华文明于多个地点同时并起，而在距今4000年之前，北方地区、江浙地区、海岱地区、江汉地区的几支文化都先后衰落乃至中断，唯独中原地区持续发展，最终建立以部族联盟共主世袭制为特征的早期文明国家，到夏商周三代，才逐步完成了以中原文化、黄河文明为核心的中华文明发展的多元一体格局。黄河流域作为中华文明的核心地带，黄河文明中心沿着黄河转移。在北宋末年"靖康之难"后，黄河文明转移到长江中下游地区，成为中华文明的重要组成部分，在和长江文明融合之后，黄河文明依然起着主导作用，是中华古文明的核心和代表。

黄河文明中心多次迁移，多难兴邦，华夏民族就是在气候变化、河水泛滥、战争冲突中形成和发展起来的。中国社会的发展、国家的产生、文明的形成都与黄河流域密切相关。在中国历史和人类文明史上，黄河不仅是一条河流，还是一种伟大文明的象征，是中华民族的母亲河，是中华文明的摇篮。把黄河的事情办好，实现黄河文明复兴，黄河文明的复兴也是中华民族的伟大复兴。

二、黄河流域中华文明：黄河文化

产生于黄河流域的中华文明，被称为"黄河文明""黄河文化"。关于什么是黄河文化，学者从不同角度进行了界定。安作璋、王克奇[1]指出，黄河文化，或称"黄土文化"，指产生发展于黄河流域的一种地域性文化。李振宏、周雁[2]认为，文化主要是指一个民族精神生活的内容、方式和特点，既表现为哲学、法学、宗教、史学、科技、文学、艺术、语言文字、风俗习惯等具体的意识

---

[1] 安作璋，王克奇. 黄河文化与中华文明（一）[J]. 人生与伴侣，2022（16）.
[2] 李振宏，周雁. 黄河文化论纲 [J]. 史学月刊，1997（6）.

形态，也表现为支配民族生活的那些不易直接体察的民族的深层心理素质，如价值观念、道德意识、思维方式、民族性格等。黄河文化是缘黄河而起的打上了黄河水文地理特征的一种旱地农业文化，是黄河流域人民在黄河岸边生息、繁衍、奋斗、发展的历史过程中形成的民族性格、文化观念、思想风尚、风俗习惯，是黄河流域人民精神生活的内容、方式和特点。黄河文化包括广义和狭义两方面的内涵，广义上的黄河文化，就是黄河流域人民在长期的社会实践中所创造的物质财富和精神财富的总和，它包括一定的社会规范、生活方式、风俗习惯、精神面貌和价值取向，以及由此所达到的社会生产力水平等；而狭义上的黄河文化，则是历史学意义上的文化。

关于黄河文化包含的内容，李小建等①认为，黄河文化包括黄河流域衍生出的具有鲜明地方化特征的晋商文化、中原文化和齐鲁文化，本质是传统儒家文化，即黄河文明。马英杰②指出，黄河文明就是在黄河流域繁衍和发展的物质文明与精神文明的总和，可从生产方式、文化模式和施政理念上大致包括耕牧文明、礼乐文明和大一统观念。彭岚嘉、王兴文③认为，黄河文化首先是在地理空间上以黄河流域为限度的区域文化，黄河文化是黄河流域的人们在与黄河、黄土、季风等自然条件之间的实践关系中，改造自然和自身过程中所不断积累的物质与精神层面的文化总和，黄河文化包括社会规范、生活方式、风俗习惯、精神面貌和价值取向等一般所说的文化的内涵。

综合来看，黄河文化是产生并发展于黄河流域、具有黄河水文地理特征的旱地农业文化，是黄河流域人民在长期的社会实践和历史发展过程中形成的民族性格、思想观念、风俗习惯、社会规范、生活方式、道德意识、思维方式、精神面貌和价值取向等的综合，黄河文化是一种大河文化、农业文化，是产生并发展于黄河流域的中华文明。

三、黄河文化的核心价值

黄河文化的核心价值可归纳为人文精神与民本主张、社会伦理与仁义道德、

---

① 李小建，文玉钊，李元征. 黄河流域高质量发展：人地协调与空间协调 [J]. 经济地理，2020，40（4）.

② 马英杰. 中华、中华民族与中华民族共同体的语义逻辑 [J]. 湖北民族大学学报（哲学社会科学版），2023，41（3）.

③ 彭岚嘉，王兴文. 黄河文化的脉络结构和开发利用——以甘肃黄河文化开发为例 [J]. 甘肃行政学院学报，2014（12）.

正统思想与文化同化、博大包容与求同存异等方面。

一是人文精神与民本主张。黄河文化具有突出的人文精神与民本主张，这种人文精神表现为对人的重视和关怀，中华传统文明具有崇拜祖先、尊敬圣人、尊师重道、尊重贤德之人的社会风尚，把重视人、教育人、提升人、优化人放在最重要的位置，重视学习、重视教育、重视文化也成为世代相传的优良传统。人的繁育、生存、培养是一个民族延续、社会发展的基本条件，民本思想表现为"民贵君轻""政在养民"的政治主张，要求君主要为民、亲民、爱民、重民、利民，这样社会才会稳定，民族才能进步，国家才会稳定。民本主张是黄河文化核心价值的重要体现。

二是社会伦理与仁义道德。黄河文化具有社会伦理色彩，是一种社会伦理型文化，要求向全体社会成员最大限度地传播文化知识，增强社会成员遵守伦理原则的自觉性。黄河文化重视文化传播，重视教育，培养人的责任感、使命感和积极进取、敢作敢为的精神，提高了全民族的文化素质和文明程度。黄河文化崇尚仁义道德，重视以仁、义、礼、智、信为核心的道德修养，把仁、义、礼、智、信的要求贯穿社会生活的各个方面，渗透到人们的思想意识和行为方式之中。仁义道德成为黄河文化的核心价值，也成为中华民族的传统道德。

三是正统思想与文化同化。黄河文化的政治特征表现为正统性，人们在社会生活中强调遵从宗法关系、礼乐制度，这种观念形态在政治上不断强化为正统思想。国家形态在黄河流域形成，并发展为专制主义的中央集权制度，强大的政治统一局面，进一步形成了以正统思想为核心的黄河文化。正统文化强调"华夷之辨""以夏变夷"，表现出一种强烈的优越感和同化力。历史上匈奴、鲜卑等少数民族在进入中原地区后，均逐渐被正统文化同化，形成统一的中华民族。黄河文化以其强大的同化能力，不断充实和完善自身，在保留自身文化特色基础上不断融合，对异质文化进行同化，持续发展数千年而不间断。

四是博大包容与求同存异。黄河文化是一种包容性极强的文化体系，黄河文化本身是由多种区域文化不断融合形成的。黄河流域经夏、商、周三代后形成了以周文化为核心的华夏文化，后经历了春秋战国时期秦文化、三晋文化、齐文化、鲁文化，最终齐鲁文化占据主导地位。之后黄河文化又不断吸收了主要来自西方和北方的少数民族文化，并与江南的百越、巴蜀、楚文化相结合，形成了博大包容的特征。这种包容性还体现在人与人之间、部落与部落之间、族群与族群之间、国与国之间和睦相处，人与自然、人与天之间的关系，强调道法自然、天人合一。黄河文化在多种文化思想的融合过程中，又体现了思想之间的求同存异，以及文化之间的和而不同。中华文化多元一体，中华民族多元一体、共生共荣，是中华文化博大包容与求同存异特征的体现。

四、文化传承与民族复兴

黄河文化是实现中华民族伟大复兴、坚定现代中国发展道路最为深厚、最为核心、最为可靠的文化根基和历史依据，是中华民族的根本血脉，也是中华民族之根。保护、传承、弘扬、发展黄河文化，坚定文化自信，弘扬民族精神，为国家富强、民族振兴凝聚精神力量，以实现中华民族的伟大复兴。

一是弘扬正统精神，发挥体制优势，促进经济发展。中国特色社会主义制度具有显著的体制优势，坚持中国共产党的领导，坚持全面依法治国，实行民主集中制，保证人民当家做主，既是历史的选择，也经过了长期实践检验。当前世界正面临着百年未有之大变局，我国经济发展也面临着国内外一系列挑战，尤其是国际政治、经济形势变化带来的巨大挑战。我国的体制优势，植根于中华民族深厚的历史文化传统，弘扬黄河文化正统精神，弘扬传统中华文化"凝聚力"和"大一统"精神，发挥"集中力量办大事"的体制优势，以我为主，积极应对重大风险挑战，发挥内需在经济发展中的主导作用，促进黄河流域高质量发展，实现以经济内循环为主体的经济双循环战略目标，就能实现中华民族的伟大复兴。

二是建设农业文明，关注民生，助力乡村振兴。黄河文明的一个典型特征是农耕文明，黄河文化是一种典型的农业文化。黄河流域农业农村经济不发达，还存在相对落后地区，人均收入水平偏低。乡村兴则国家兴，乡村衰则国家衰。关注民生，传承发展黄河文化，复兴农业文明，提高黄河流域广大人民的收入水平，发展农业，助力实现乡村振兴。

三是兼容并包，多元融合，构建和谐社会。黄河文明是黄河流域农耕文明、草原文明和长江流域稻作文明的融合，是各民族文化交流、宗教信仰的交融凝聚，是各民族商贸交往、经济往来的融合，是多元一体的中华文明。弘扬黄河文化，维护民族团结，促进黄河流域区域经济、文化的深度融合，促进流域一体化发展，构建社会主义和谐社会。

四是践行天人合一，建设生态文明。黄河文化是人文与自然关系的体现。黄河改道产生了洪水泛滥和洪涝灾害，一方面给人类社会生产造成了极大的破坏，另一方面也形成了广阔的平原和肥沃的土地。黄河流域中华民族的发展史，是一部团结协作、不畏艰险与黄河洪水抗争、治理黄河的历史，有"人定胜天"的思想体现，同时体现了道法自然、人与自然和谐相处的思想，也有"天人合一"的理念。弘扬传统文化，继承劳动人民勤劳勇敢、不畏险阻的精神，以史为鉴，从黄河流域发展的历史兴衰中总结经验，吸取教训，提高科学认识，善待黄河，天人共存，推动黄河生态治理，建设黄河生态文明。生态兴则文明兴，实现黄河流域工业文明向生态文明的转型和高质量发展。①

第四节　黄河流域与当代经济发展

一、黄河流域经济发展现状

黄河流域是我国国家粮食安全的重要保障区、农业经济开发的重点地区，黄河上游青藏高原、内蒙古高原地区，是我国主要的畜牧业生产基地，上游宁蒙河套平原、中游汾渭盆地和下游黄淮海平原，则是我国主要的农业生产基地。黄河流域内河南省、山东省、内蒙古自治区等是我国粮食生产的核心区域。我国在构建以"七区二十三带"为主体的农业战略格局中，黄河流域有四个农产品主产区，即建设优质专用小麦、优质棉花、专用玉米、大豆和畜产品产业带的黄淮海平原农产品主产区，建设优质专用小麦和专用玉米产业带的汾渭平原农产品主产区，建设优质专用小麦产业带的河套灌区农产品主产区，以及建设优质专用小麦和优质棉花产业带的甘肃新疆农产品主产区。黄河流域耕地面积占全国总量的35%左右，粮食产量占全国总量的34.42%。作为粮食和经济作物主产区，黄河流域农业经济得到有效开发，流域农产品生产直接关系到国家粮食安全。

工业发展方面，黄河流域作为重要能源安全支撑区，能源、原材料行业居于战略地位。黄河流域具有丰富的矿产资源，是我国重要的能源安全支撑区，山西、鄂尔多斯盆地是我国重点建设的能源基地，能源和原材料行业是流域内各省区国民经济发展的重要产业，在全国能源和原材料供应方面具有重要作用。黄河中上游水利能源丰富，中上游地区风能、光伏能源丰富，风能和光伏发电装机量

① 胡金焱．母亲之河——黄河流域生态保护和高质量发展［M］．重庆：重庆大学出版社，2022.

大。黄河流域煤炭、天然气储量分别占全国基础储量的75%、61%，青海的钾盐储量占全国的90%以上。黄河中上游地区是我国"北煤南运"和"西电东送"的重要能源基地，能源利用主要以资源开采、初级加工为主，资源以煤、电等方式输送到全国其他地区，发挥着保障全国能源安全的功能。

黄河流域城市群集聚水平不断提升，在流域经济发展方面发挥着主导作用。黄河流域分布着西安、洛阳、开封等具有数千年历史的多朝古都和历史文化名城，曾是我国历史上的政治、经济和文化中心。随着时代变迁和经济发展，黄河流域城市群得到建设和发展，当前以郑州、西安、济南等为主，逐渐形成中原城市群、关中平原城市群、山东半岛城市群等多个城市群。黄河流域城市群是流域经济高质量发展的战略核心区域，集聚了黄河流域70%以上的经济总量，也是流域人口高密度集聚区，集中了黄河流域60%以上的人口。黄河流域城市群成为流域经济发展的重要引擎。

二、经济发展面临的问题与挑战

当前黄河流域经济发展面临的问题与挑战，主要包括农业生产不稳定；工业产业同质化，产业转型压力大；资源刚性约束，粗放的经济发展方式不可持续；流域基础设施落后，区域经济联系松散。

一是农业生产不稳定，影响粮食安全和农民增收。从自然条件来看，黄河流域南北纬度跨越大，东西海拔高低悬殊，地貌条件、气候条件复杂多样，流域内有青藏高原的高寒农牧业系统、甘青陕晋的黄土高原/盆地农业系统和山地丘陵农业系统、宁（内）蒙干旱（区）农业系统和牧业系统、豫鲁黄河下游平原农业系统等，形成了粮食、农业经济作物、畜牧业等多样化的农业发展特点。但多样性的自然条件和相对脆弱的生态环境，以及伴随工业化、城市化发展，农业生产过程中大规模土地开垦，机械、化肥、农药的应用，造成了人地关系和农业发展的脆弱性，流域粮食种植受到农田面积萎缩、地力下降、水资源短缺、土壤重金属污染严重等挑战，农业生产不稳定，影响农民增收，国家粮食安全受到威胁。

二是工业产业同质化、低端化，产业结构不合理，转型压力大。黄河流域大部分省区，尤其是中上游地区的工业产业以煤炭、有色冶金、石油化工、电力等能源、基础原材料产业为主，工业结构以重化工业为主。产业发展过分依赖煤炭、冶金等资源型、重型化、高耗能产业，产业层次较低，上下游链条集中于初加工行业，以追求规模扩大的粗放式发展模式为主，缺乏技术密集型、深加工高端产业，结构不合理，竞争力较弱，面临着水资源短缺和污染治理约束的问题，增长动力缺乏，产业转型升级压力大。

从黄河流域产业关联来看，流域各省区之间甚至省内区域之间，产业开放度低，各区域分工协作差、分工不足，存在重复建设、低水平过度竞争现象，部分省区主导产业高度重合，同质化严重，关联性弱，尚未形成有效的流域分工体系。各省区之间的经济关联、互补性较弱，流域内难以形成高效率资源配置，急需流域内各省区间加强协同，优化产业空间布局，加快产业关联、产业聚集，提高生产效率，提升流域内产业高质量发展。

三是资源刚性约束，经济发展方式粗放，开发强度失度。黄河流域经济发展面临水资源短缺、矿产资源过度开发、经济发展方式粗放以及快速扩张的城镇化等系列问题，黄河流域经济可持续、高质量发展受到资源环境的刚性约束。

第一，水资源短缺问题。黄河中上游地区水资源较丰富，但面临水土流失、水沙失调问题，下游地区则水资源严重缺乏，总体而言，黄河整体水流量小，水量季节性变化大，黄河流域水资源供需矛盾突出，上下游争水矛盾严重，黄河流域经济发展受到水资源短缺的制约。

第二，矿产资源过度开发与过度依赖问题。黄河流域尤其中上游省区，经济发展过多依赖能源与原材料产业，面临着依赖资源过度开发与资源存量限制、产业转型的约束。

第三，粗放的经济发展方式带来的自然灾害、环境生态损害问题。黄河上游的青海、甘肃、宁夏三省区农牧业发展基础好，但分散的粗放型农牧业发展方式过度依赖自然生态系统，削弱了河源草地、牧区生态系统的自我修复能力；黄河中游黄土高原农业经济发展商业化程度低，分散性耕种，生产经营规模小，水资源利用效率低，加剧了水土流失和土地盐碱化、沙化；黄河下游华北平原地区生活用水、工业用水量大，农业灌溉方式粗放，土壤生产力下降，引发土壤次生盐碱化。

第四，城镇化带来的系列问题。快速扩张的城镇化进程，一方面促进了农民生活水平提高和农村经济发展，另一方面也使水资源、土地资源、能源资源的供求矛盾加大，对黄河流域生态环境产生了负面影响甚至造成直接破坏。

四是基础设施落后，中心城市辐射带动力不强，经济联系松散。与我国东部地区和长江流域相比，黄河流域交通、公用工程、公共生活服务等设施建设滞后。黄河中上游部分地区处于内陆腹地，黄河干流水运不能全程通航，虽然铁路、公路、航空得到了快速建设，但是从整体看黄河流域对内、对外交通运输通道不畅的问题依然突出。高铁等跨省域交通主干线建设规划进展缓慢，城市群之间交通网络建设尚待进一步完善。黄河流域交通运输问题制约着区域间资源要素流动，区域外要素向区域内流动集聚，以及区域优势能源要素低成本向外输出。

黄河中上游众多工矿企业来源于计划经济时期建设的国有大中型企业或军工企业，与地方经济的联系少，带动地方经济发展能力弱，在国有资产存量高的矿产资源型城市，"市企之间"的行政壁垒问题依然严重。

黄河流域已形成关中平原城市群、中原城市群等若干城市群，但与珠三角城市群、长三角城市群等发达城市群相比，黄河流域城市群增长动力不足，带动周边经济发展能力不足。黄河流域社会经济空间组织呈现松散的"多中心结构"及非流域化组织特征，各城市经济产业组织联系相对松散，城市群没有完全发挥经济辐射功能。同时，城市群作为黄河流域经济发展的战略核心区域，也是环境污染综合治理、生态环境保护的重点区域，面临发展方式转变约束。

三、经济发展的使命与愿景

实施黄河流域生态保护和高质量发展战略，应积极应对经济发展面临的挑战，深入贯彻创新、协调、绿色、开放、共享的新发展理念，发挥区域比较优势，发展现代农业，加快动能转换，加强流域空间综合治理，转变经济增长方式，实现黄河流域经济可持续、高质量发展。

一是贯彻新发展理念，发挥比较优势，转变经济增长方式，实现可持续发展。黄河流域要因地制宜，发挥比较优势，深入贯彻创新、协调、绿色、开放、共享的五大发展理念，转变高排放、高污染、高能耗的经济增长模式，向绿色经济、环境友好型经济转变，实现黄河流域经济可持续、高质量发展。

第一，贯彻创新发展理念。加强黄河流域经济发展的制度创新、科技创新、文化创新，通过创新发展，促进黄河流域经济发展从追求规模速度型的粗放增长，向高质量、高效率、集约型增长转变，发展动力从主要依靠能源资源工业、传统农业等拉动，转向依靠科技创新、绿色创新驱动，形成新兴产业集群，构建具有持续竞争力的产业体系。

第二，贯彻协调发展理念。推动黄河流域区域协调发展，建设要素有序自由流动、主体功能约束有效、基本公共服务均等、资源环境可承载的黄河流域各省区、各区域协调发展新格局；推动黄河流域城乡之间协调发展，健全城乡发展一体化体制机制设计，健全农村基础设施投入长效机制，关注民生，为广大农村区域提供基本公共服务；弘扬黄河文化和黄河文明，推动黄河流域物质文明和精神文明协调发展。

第三，贯彻绿色发展理念。黄河流域整体属于生态脆弱区，坚持贯彻绿色发展理念，正确处理经济发展和生态保护之间的关系，治理黄河流域污染，转变发展方式，调整产业结构，经济发展以生态环境保护为前提，宜水则水、宜山则山，推动绿色低碳发展，实现黄河流域生态优美与高质量经济增长双赢。

第四，贯彻开放发展理念。建设内陆自贸区、特殊经济区，加强同日韩、西亚等周边国家和地区的交流合作，加快黄河流域内陆省份的对外开放步伐，提升对外开放层次和空间，形成面向国内、国际的开放合作新格局，构建充满活力的开放型经济体系。

第五，贯彻共享发展理念。坚持以人为本、以民为本，坚持不懈保障改善民生，巩固和发展黄河流域各民族团结，推进区域之间、城乡之间基本公共服务均等化，实现各族人民的共同富裕。

二是发展现代农业和生态农业，保障粮食安全，创造生态产品，实现共同富裕。习近平总书记指出，沿黄河各地区要从实际出发，宜水则水、宜山则山，宜粮则粮、宜农则农，宜工则工、宜商则商，积极探索富有地域特色的高质量发展新路子。黄河流域作为我国重要的粮食产区，推动黄河流域高质量发展，解决黄河流域人地关系脆弱、农业生产不稳定问题，需要根据流域区域生态环境、地理条件、自然禀赋等不同特点，发挥自身特色，发展现代农业、生态农业，保障粮食安全，提高农民收入，实现黄河流域人口共同富裕。

从黄河流域不同区域来看：一是黄河上游三江源、祁连山等地区，主要承担涵养水源、保护生态功能，应发展林业草业种植，增加绿色植被覆盖率，适当发展自身特色的农牧业，减少过度采伐、放牧等对生态环境的破坏，促进生态环境修复，培育生态多样性，创造、提供更多生态产品。二是河套灌区、汾渭平原、黄淮海平原，作为我国农产品主产区，要大力发展现代农业，提高农产品质量，提高农业用水效率，减少农业污染，提升农产品生产能力和加工能力，促进农业生产的可持续发展，保障优质农畜产品供应和粮食安全。三是黄河下游河口三角洲地区，建立湿地生态保护基地，保护野生动物栖息地，维护湿地生态环境，适度开发湿地旅游,同时开发利用黄河三角洲地区丰富的渔业资源、盐卤资源,促进区域农林牧渔业协调、可持续发展。

三是加快动能转换,传统产业实施生态化改造,促进产业结构转型。解决黄河流域产业发展过分依赖资源型产业、产业同质化低端化问题,需要改变以重化工业为主的产业结构,加快动能转换,对传统产业实施生态化改造,促进产业结构转型升级。

第一,传统能源高能耗产业实施生态化改造,加大研发投入,通过技术创新推动原有产业的绿色升级,节约水资源投入,提高水利用效率,降碳减排,提升资源利用效率。

第二,以能源为基础的产业结构转型升级,利用区域资源优势,推动现有产业包括矿产品、煤化工、有色金属、石油化工等能源资源型产业延伸发展,延长产业链长度,促进现代产业集群形成,扩大开发风能、水能、太阳能等可再生能源,发展清洁能源产业、节能环保产业,尤其是黄河中上游区域科学开发利用水电资源,降低自然资源消耗和对生态环境的破坏,推动资源全面节约和循环利用,促进区域能源产业结构优化升级。

第三,流域新业态、新模式、新经济的培育,中心城市和城市群发展战略性新兴产业,如节能环保、信息技术、生物医药、高端装备制造、新能源、新材料等,以新动能替代传统动能,实现经济的高质量发展。

第四,发展现代服务业,深入挖掘黄河文化、黄河文明蕴含的时代价值,发展旅游休闲产业,包括生态旅游、黄河文明旅游、工业文化景观旅游等,同时深入发展生产性服务业,促进流域高端制造业发展,服务构建现代化产业体系。

四是加强流域空间综合治理,促进流域分工合作、协同发展。加强黄河流域各省区基础设施建设,推动中心城市、城市群建设,发挥城市群的经济增长极带动、辐射作用,建设流域分工体系,优化流域空间,加强流域经济联系、协同发展。

第一,从战略全局高度开展顶层设计,加强流域空间综合治理、生态环境综合管控与经济协同发展,明确黄河流域上中下游生态空间布局和功能定位,合理规划城市、产业布局,建设流域产业分工体系,打造产业链合理分工以及地理空间的合理分布,打破行政区划壁垒,强化流域上下游区域间合作,充分发挥黄河流域各地的资源禀赋特点与比较优势,提高经济关联,避免无序竞争与重复建设,实现基于比较优势基础上的经济转型和高质量可持续发展。

第二，提高流域内基础设施建设层次，包括流域各省区间铁路、公路、航空、管道、通信等设施网络，城市公用工程设施、公共生活服务设施，乡镇道路、农村公共服务设施等，促进区域间资源要素流动和产业布局更合理，提高经济关联和产业集聚水平。

第三，统一规划、重点支持黄河流域中心城市和城市群建设，提升兰州、西安、郑州、太原、济南等中心城市竞争力，带动兰西城市群、关中—天水经济区、中原城市群、晋中城镇群、山东半岛城市群发展，发挥经济辐射功能，强化各城市间的合理分工和有效合作，带动流域经济整体发展。

第四，提高新型城镇化质量，综合考虑环境承载能力。黄河流域农村人口适度向城区、城镇集中转移，促进土地适度规模经营、特色农业发展和生态环境保护，中上游部分地区实施生态移民、生态修复，促进区域中心城市、中小城市、城镇、新型农村社区互促共进、协调发展，建设城乡统筹、生态宜居的高质量城镇化。

第二章　黄河流域的绿色发展策略

黄河流域是我国重要的农业生产基地和能源基地，也是我国北方重要的生态屏障和经济区域。黄河流域高质量发展的重要内容是绿色发展，绿色发展也是黄河流域高质量发展的生态之基。推进黄河流域高质量发展，需要深入践行绿色发展理念，坚持生态优先、绿色发展，坚持"绿水青山是金山银山"的发展理念。本章主要阐述黄河流域的绿色发展战略研究，指出绿色发展的重要性与黄河流域绿色发展的现状，在此基础上指出黄河流域发展所面临的问题，最后提出黄河流域高质量绿色发展的实现机制。

第一节　绿色发展是生态文明时代的必然选择

一、绿色发展的起源

在色调领域，绿色是一种非常广泛和平衡的颜色，象征着生命、健康、和平和希望。1945 年 10 月，联合国正式成立。它的标志是用两个绿色的橄榄枝来衬托整个地球，这意味着维护世界和平与安全。绿色也被世界各国用来传达和平的信息。在埃及，寺庙的地面是绿色的。在希腊，绿色象征着胜利。苏格兰的高地人穿绿色代表荣誉。绿色也是爱尔兰的国色。爱尔兰国旗的 1/3 是绿色的，国花是一种绿色的三叶草。这个国家也被称为翡翠岛。在中国文化中，绿色具有生命和活力的意义。自古以来，人们就用绿色来象征春天、和平和希望。北方游牧民族把嫩草的绿色视为新生命的象征。然而，人类与充满绿色的大自然和谐共处的同时，一场危机已经出现，地球上的绿色正在消失。人类在赞美绿色的同时，也在毫不犹豫地大规模破坏绿色。世界上一半的湿地已经消失，约9%的树种濒临灭绝，平均每分钟有21公顷的森林被砍伐，每年约有1100万公顷的森林消失。地球上的绿色植被越来越少，每年约有2.8亿人成为离开家园的环境难民。

20世纪80年代末，美国《时代》周刊评选出世界头号新闻人物为世界年度风云人物。美国《时代》周刊封面上刊登了一幅用绳子绑着的地球的彩色照片。年度行星取代了通常的年度人物，濒危地球警告人类，拯救绿色星球是每个人义不容辞的责任。面对日益严重的生态灾害，世界上许多国家都掀起了保护人类生存的绿色地球浪潮。绿色理念日益渗透到人们的日常生活中，影响着人们的生活习惯、消费模式，并开始从根本上影响和改变行业的发展。绿色消费、绿色产品、绿色技术、绿色设计等都成为绿色浪潮的代表。同时，绿色也被赋予了新的内涵，体现了绿色理念在政治、文化、社会、生态等各个领域的具体应用效果。21世纪以来，随着绿色浪潮席卷全球，以节约资源、减少污染、保护生态、促进经济社会可持续发展为主要内涵的绿色文明正在成为新世纪世界文明的主流。绿色生产和绿色消费方式正成为现代绿色文明的具体体现。

发展的原意来自生物学中的发展、进化和成长等概念，是一个应用非常广泛的范畴。《现代汉语词典》的定义是：一是基本意义，指事物由小到大，由简单到复杂，由低级到高级的变化；二是扩张意义。古代没有"发展"一词，发展大体上是变化和运动的同义词。自然界中的一切都在运动中变化，运动是一种趋势性的活动，但尚未达到其目标。生物进化论认为，地球上所有的生命形式都有自己的发展和进化过程。各种现代生物是从非生物物质的发展演变而来的。在进化过程中，它们在反复自然选择的基础上，通过遗传和突变，逐渐从低级进化到高级，从简单进化到复杂，种类也从稀有进化到众多。从18世纪中叶到19世纪中叶，工业革命的发展和《物种起源》的出版赋予了发展进化的意义。

19世纪，"发展"也成为马克思、恩格斯著作的核心内容。他们关注人的发展和全人类的前途命运，主张消灭私有制，消灭剥削和压迫，把人的自由全面发展确立为社会发展的最高目标。从这个意义上讲，发展论也是进化论。随着欧洲文艺复兴和启蒙运动的兴起以及科学技术的进步，发展不再仅仅是物质世界运动和变化的单一表现，而是开始被赋予新的内涵，并逐渐成为时代最强烈的声音。发展也意味着进步，代表着生产力的提高、知识结构的丰富以及个性的自由和解放。人类文明的全面进步已成为发展的重要方面。第二次世界大战后，西方发达国家资本主义经济发展模式取得了令人瞩目的成就，以经济为基础的世界新格局重新形成。西方经济学家认为发展等于经济增长，人们对发展的理解是强调经济增长。这种以破坏生态环境和影响人类健康为代价的发展是不人道的发展，是反人类的发展。这种发展不能称之为发展。1949年，美国总统杜鲁门在他的就职演说中提出了第四点计划，即我们必须专注于一项新的计划，使我们先进的科学和工业化进程惠及广大发展中国家和不发达国家。这是发展概念第一次成为经济和技术范畴内的术语经济增长理论曾经直言：我们的兴趣不在于分析分配，而在于分析增长。20世纪70年代之后，世界一级出现了一个反映增长的发展概念和一个可持续发展概念。

2002年，联合国开发计划署驻华代表处出版的《中国人类发展报告2002：绿色发展，必选之路》首次提出了绿色发展的概念，这是人类在吸取自身社会发展的痛苦经验后形成的一种全新的发展思想。这份报告解释了中国在可持续发展的十字路口所面临的挑战。中国的发展与稳定对世界的发展与稳定举足轻重。近几十年来，人类社会在能源、资源、生态环境等领域面临着日益严峻的挑战。2012年6月，来自世界100多个国家的政府首脑、各国际组织和许多代表参加了里约20+峰会。会议上人们讨论了消除贫困、尊重自然资源限制的可持续经济模式。该议题已就未来人类绿色发展的主题达成共识。绿色发展是指在生态环境容量和资源承载能力的约束下，以环境保护为可持续科学发展重要支柱的新型发展模式和生态发展理念。绿色发展提倡生态价值观、生态伦理观念；在生产过程中实施以生态技术为支撑的绿色生产；在低碳生活方式的基础上实施绿色消费。按照列宁的观点，马克思主义是最深刻、最完整、最严谨的理论学说，没有任何片面的弊病。这种完全的严谨基于唯物主义和辩证法的统一，以及唯物主义自然辩证法和历史辩证法的统一。马克思主义理论是社会革命与生态文明紧密结合的理论，这种结合体现了自然人道主义与人类自然主义的融合与统一。绿色发展观源于马克思主义发展观，是马克思主义与当代特征相结合形成的新的发展观，是对马克思主义发展观的继承和发展，也是正确的世界观和价值观。强大的理论成果和经过实践检验的思想武器。马克思指出，一种理论在一个国家的实现程度，始终取决于该理论满足国家需要的程度。

改革开放以来，我国在经济、政治、文化、社会等领域取得了举世瞩目的成就。经济总量居世界第二位，人民生活得到改善，政治文化进步显著，国际地位稳步提高。在各个发展阶段，我们党始终根据时代发展的需要和建设有中国特色社会主义重大现实问题的深刻变化，把马克思主义基本原理与社会发展实践有机地结合起来。继续深化。从党的十五大明确提出实施可持续发展战略到党的十六大提出走新型工业化道路；从党的十七大对生态文明建设提出新的要求，到党的十八大把生态文明建设纳入五位一体的总体布局，然后是党的十八届五中全会提出的绿色发展观。发展观念的每一次创新和完善，都促进了发展的新跨越。绿色发展观坚持马克思主义世界观和方法论，深刻体现了科学发展观的基本要求。从最严格的制度到更严格的法治，生态文明建设稳步有序推进，生态文明体系和机制日趋完善。我国的经济和社会发展实现了质的飞跃。绿色发展理念可以看作可持续发展理念的进一步深化和完善。

目前，学术界还没有形成相对统一的绿色发展概念，但在一定程度上可以看作对以往绿色经济和低碳经济概念的延伸。早在 20 世纪 90 年代，美国经济学家迈克尔·波特就提出了环境规制与经济发展内在联系的"波特假说"，即环境规制不会阻碍经济发展，甚至会在一定程度上促进技术创新。这一假设打破了公众的传统观念，即环境法规将对经济发展产生负面影响。《绿色经济蓝图》一书提出，绿色经济是在自然环境和人类承载能力范围内的经济发展模式，而不是单纯追求生产力的不断提高。2007 年，联合国环境规划署在其题为《绿色工作：在低碳、可持续的世界中实现体面工作》的报告中对绿色经济的定义如下：绿色经济实践的主体是注重改善人与自然。它们之间的关系，从而为社会创造体面和高薪工作的经济。联合国开发计划署认为，绿色经济可以降低环境风险，改善生态脆弱性，同时提高人类福祉，促进社会公平。这不仅是应对全球金融危机提出的经济发展转型计划，也是一种绿色发展理念。更是探索与实践。

进入 21 世纪的第一个十年，中国已从全球环境保护的参与者和实践者逐渐转变为创新者和领导者。绿色发展理念逐步形成，一系列基于绿色发展的理念已付诸实践。在"十二五"规划的编制阶段，清华大学国家研究所课题组提出了以绿色发展为切入点，促进经济、政治、社会、文化、生态建设，它将在中国现代化进程中发挥重要作用。因此，2011 年公布的中国国民经济和社会发展"十二五"规划将绿色发展作为建设资源节约型和环境友好型社会的主题，绿色发展理念开始出现在正式文件中。国内专家学者对绿色发展的认识主要分为三类：一是注重对生态环境的界定。绿色发展是对环境问题的规划。这里强调的绿色发展更注重生态承载力和生态安全。二是经济发展与生态环境保护协调的界定方法。从国际比较的角度，绿色发展是经济社会发展与环境保护并重、互利共赢的环境友好型发展。与西方发达经济体的发展模式相比，中国需要采取更加积极的战略，推动绿色发展模式的转型升级。此外，将绿色发展的本质定义为以生态经济协调发展为核心的可持续经济，认为绿色发展是协调环境与发展问题的重要经济形式。环保以人为本，体现了生态与经济的协调发展。绿色发展是一种能够获得生态效益和经济效益的新型经济形式绿色发展是实现环境和经济高效健康发展的经济结构和经济模式。三是重点界定了经济系统、社会系统和生态环境系统之间的关系。在将绿色发展理解为经济发展和生态保护方面仍然存在一些误解。有必要从资源与能源、经济与社会、人与自然等方面重新认识绿色发展，为我国的绿色发展提供思路。绿色发展包括环境效益、经济效益和社会效益。绿色发展应该保持自然、生物圈、经济和社会各部门之间的平衡和循环。绿色发展包括经济效率、生态规模和社会公平的内涵。总体来说，我们对绿色发展的认识经历了从以环境保护为导向的经济模式向经济与环境协调发展的转变，最终上升到经济与社会环境的协调发展和协调促进。时至今日，"十四五"规划纲要提出2035年基本建成美丽中国，以实现"青山常在，绿水长流，空气常新"的美丽图景。

二、绿色发展的有效路径是践行两山理论

在改革开放过程中，由于经济快速发展的客观需要，我国加快了自然改造的步伐。中华人民共和国成立初期，由于经济基础薄弱，工业化体制不完善，国家的首要任务是解决人民群众的温饱问题，改善物质条件。在科学技术不发达的情况下，经济发展最大的目标是满足人民的需要。当时，人们的主要目标是改造自然和从事经济建设，没有太多关注环境保护。进入21世纪以来，经过40多年的改革开放，我国的经济总量和人民的物质生活水平有了很大提高。然而，改革开放初期，我国经济快速发展，生产生活中不重视环境和资源的保护，造成大量资源浪费和污染。在农业生产中，由于农业资源的利用、开发和保护技术落后，农业资源的技术浪费和生态破坏现象普遍存在。此外，资源的低效利用也导致了严重的环境问题。

随着改革开放的不断推进，生态环境的污染和恶化也逐渐呈现出严峻的形势。随着环境问题的不断爆发，我国政府越来越重视生态环境保护，在各种文件中都提出了环保要求，并逐步将环保政策落实到生产实践中。"六五""七五""八五"规划都制定了环境保护手册，规定了环境保护基本目标的要求和措施。"九五"规划提出建立适应市场经济的环境法律法规体系。"十五""十一五"

"十二五"期间，我们逐步制定重点区域和流域治理政策，开展环境改革，缓解环境压力。20 世纪七八十年代，我国制定了保护环境的基本国策，《中华人民共和国环境保护法》于 1989 年制定。

21 世纪初，中国环境保护法律体系逐步发展完善。工业污染排放治理和控制在生产生活中具有很强的实践意义。国家对采伐和随意排放污染物的处罚力度越来越大，以防止环境破坏加剧，营造保护环境的制度保障，还制定了保护环境人人有责的系列口号，共同推动环保工作落到实处。2005 年，时任浙江省委书记习近平视察安吉，当得知村庄关闭污染严重的矿山时，他高度评价：关闭矿山是一个明智的决定。习近平首先提到绿水青山就是金山银山，强调经济发展不能以牺牲环境为代价。他在《浙江日报》发表文章强调：如果将这些生态环境优势转化为生态农业、生态产业、生态旅游等生态经济优势，绿水青山将成为金山银山，金山银山买不到绿水青山。绿水青山就是金山银山，既矛盾又辩证统一。安吉成为绿水青山就是金山银山理念的发源地。2006 年，在《从两座山看生态环境》中，习近平进一步阐述了绿水青山就是金山银山的理念。我们追求人与自然、经济与社会的和谐。一般来说，我们需要两座山：金山银山和绿水青山。两山虽有矛盾，但可以辩证统一。他认为，人们对绿水青山和金山银山的认识，在实践中可以分为三个阶段：第一阶段：不考虑资源有限性和环境承载力，只一味地向大自然索取，用绿水青山换来金山银山；第二阶段：当环境恶化问题不断升级，资源匮乏与经济发展之间的矛盾日益凸显，人们才意识到留得青山在，才会有柴烧，环境是人生存的根本，此时人们既要绿水青山，也要金山银山；第三阶段：当看到常青树变成了摇钱树，绿水青山带来了金山银山，人们认识到生态资本变成经济优势，绿水青山就是金山银山，这是认识的更高境界。马克思主义生态自然观强调实现人与自然和谐共处，追求生态保护与经济发展的双赢，为绿水青山就是金山银山的思想提供理论支撑；以马克思主义唯物辩证法为指导，分析绿水青山与金山银山的关系是辩证统一，生态资源与经济发展是对立统一的，和谐共处是指自然生态环境，金山银山是指将生态资源转化为产业，利用生态资源优势发展经济。

将两山连为一体，树立尊重自然、适应自然、保护自然的正确价值观，实现人与自然的和谐发展，本身就是一种深刻的哲学内涵。我们必须通过科技创新，构建人工生态系统，将绿水青山变成金山银山，才能更好地保护生态资源，有效开发利用自然，实现人性化，实现人与自然的和谐共处，这本身就是马克思主义生态自然观在绿色发展实践中的体现。马克思主义的生态和自然观也把发展放在首位。但前提是绿色发展、可持续发展、科学发展符合生态规律。在发展过程中，实现人与自然、生态保护与经济发展的双赢共存。"绿水青山"是习近平总书记破解中国发展困境、促进绿色高效发展的出路。这一理念源于实践，指导实践，在矛盾中找到统一规律，在对立中找到转型契机，在困境中找到共赢之道。绿水青山金山银山不是绝对对立的，而是相互依存的。它们突出了辩证思维的特点，体现了生态资源保护与经济社会发展的辩证统一关系，具有对立统一的哲学属性。由于绿水青山就是金山银山理念的辩证思维特点，让我们从哲学的角度分析其核心思想，展示其整体的绿色发展观、和谐平衡的生态观，代际公平正义、自律幸福观等诸多价值内涵上。此外，这一思想还指出了生态环境保护与经济社会发展的辩证统一。把绿水青山变成金山银山，必须实施绿色发展，促进生态文明。

只有打破传统发展模式，将绿色发展从资源驱动转变为创新驱动，树立和发展绿色谱系，持续发展绿色动力，才能使青山绿水成为"摇钱树"和"聚宝盆"。绿水青山就是金山银山的概念拓展了马克思主义政治经济学的概念，为生态经济学中生态需求增长、生态价值增长和生态经济协调可持续发展的规律提供了坚实的理论支撑。心理学家马斯洛将人们的需求分为五个层次：生理需求、安全需求、社会需求、尊重需求和自我实现需求。人们需要满足基本的生理需求，如衣食，然后才会追求更高层次的需求。所以不难理解改革开放初期，一些企业以破坏生态为代价追求经济效益，这是由需求水平决定的。进入小康社会后，人们的生活水平有了提高，需求水平也从生理需求增加到安全需求。当人们意识到恶劣的生态环境危害健康，威胁生命安全时，他们开始追求一个山川秀美、天空洁净、产品无公害的环境。生态需求呈现上升趋势，即生态需求增长规律。绿水青山，不仅能满足人们的衣食住行基本需求，还能使人们享受到高质量的生态环境和生态产品。根据生态需求增长规律，提供更好、更丰富的生态环境和生态产品，是人民群众的迫切需要。所谓生态价值增值规律，是指作为一种有价值的生态资源，有偿使用和交易符合经济规律。

随着经济和社会的发展，一些不可再生的生态资源将逐渐呈现出日益稀缺的趋势，其生态价值将逐渐增加。政府、企业和个人可以像经济投资一样进行生态投资，实现生态资本的增值。绿水青山就是金山银山正是生态增值规律的体现。那么，如何实现从绿水青山到金山银山的转变呢？我们需要从两个方面考虑：一方面，要坚持绿水青山红线，坚决反对牺牲生态发展。另一方面，实行生态资源有偿使用机制。生态环境作为最宝贵的资源，在权利确定后以金钱的形式体现出来，以补偿的方式利用生态环境。另外，积极投资于生态环境，确保生态资本的增值。在自由利用生态环境的背景下，只有政府作为公共产品对生态环境进行投资；在生态环境有偿使用的背景下，政府和企业都可以成为生态环境的投资者。为推进生态资源定价，中共十八届三中全会决定还具体阐述了资源有偿使用制度，并提出加快自然资源和自然资产价值定价，自然资源产品的价格应反映市场供求、资源稀缺性、生态破坏和生态恢复的成本效益核算。企业和个人使用、毁损国有耕地和未利用地、森林、草原等自然资源，实行用户付费、受益人补偿、污染者付费的原则。发挥市场在自然资源配置中的决定性作用，提高配置效率和交易公平。

绿水青山就是金山银山的科学结论是在中国生态文明建设的实践中总结形成的，引领着中国绿色发展的道路两山论指出了人与自然的关系，深入分析了生态与发展的关系，已成为实现可持续发展的必然要求。"两山论"对于有效地把生态优势转化为经济优势，加强生态文明建设，具有重要的指导作用，具有丰富而深刻的理论内涵。它贯穿中国生态文明建设各个方面和全过程，突出严谨的辩证思维、合理的价值取向和强大的精神动力。概括其具体理论内涵，主要包括以下五个方面：

第一，"两山论"的根本目的是正确处理人与自然的关系，实现人与自然的和谐共处。在大自然面前，人不是主人，而是使用者。马克思和恩格斯对人与自然关系的理解包括尊重和保护自然的绿色理念。人类社会最基本的关系是处理人与自然的关系。自然是人类社会产生、存在和发展的前提。人们可以发挥主观能动性，积极利用和改造自然。然而，人类始终是自然的一部分。当前，我们所追求的现代化是人与自然和谐相处的现代化。因此，我们应该积极探索人与自然和谐共处的生存发展模式。在社会主义现代化建设的新征程中，我们必须注意处理人与自然的关系，积极尊重和顺应自然，在不断满足人民群众日益增长的需要的同时，满足人民群众基本的物质和精神需要。发展生态环境，努力提供优质的生态产品。人与自然的和谐共处为"两山论"提供了丰富的价值内涵。充分考虑生态环境承载力，尽可能尊重和保护自然，在创造更多物质财富和精神财富的基础上，为人们提供更高质量的生态产品，满足人们日益增长的发展需要。其实质是人与自然关系和谐发展的价值诉求。人与自然是一个有机的整体。我们不能盲目追求以牺牲生态环境为代价的经济增长，而应积极遵守自然发展规律。在人与自然和谐共处的现代化新征程中，我们面临着人与自然和谐共处理念、生态文明体系建设、生态行为现代化等一系列任务。

第二，从根本上坚持"两山论"，不断聚集生态的生产要素，努力把生态优势转化为经济优势。坚持两山论优质是正确处理两山关系的基本逻辑，两山关系的协调离不开思维方式的转变。当前，我国社会的主要矛盾发生了变化。努力满足人们日益增长的生态环境需求，积极生产优质生态产品，是实践两山论理论的必然要求，努力为社会提供良好的生态环境。要把生态环境当生命看待，积极保护生态环境。保护生态环境，不是以牺牲经济社会发展为代价，也不是以牺牲生态环境为代价，但要追求经济发展与生态环境的协调发展，实现和谐共处，实现发展促进保护，保护促进发展。正确处理两山关系，有效聚集具有良好生态环境的人才、技术、投资等生产要素，充分展示良好生态环境的绿色吸引力。坚持"两山论"，积极把良好的生态环境转化为直接生产要素，把生态优势转化为经济优势。"两山论"的重要结论正确阐述了协调经济与环境，发展与保护关系的重点，即在协调绿水青山、金山银山关系的基础上，把生态优势转化为发展优势。良好的生态环境不仅是为经济发展提供潜在基础的间接生产要素，而且是直接促进经济发展的直接生产要素。要积极改变忽视生态环境的错误观念和传统粗放型经济发展模式，积极通过良好的生态环境改善人民生活，为我国经济社会发展提供重要支撑，帮助人们保护环境，节约资源，实现绿色生产和生活方式。人们的生产生活有着良好的生态环境，为子孙后代提供了源源不断的绿色银行。将生态优势转化为经济优势，促进经济发展与生态环境的相互促进和转化，实现二者和谐共存。

第三，为了正确处理经济发展与生态环境的关系，"两山论"提出了解决这一问题的有效途径，即努力实现生态经济和经济生态。一是实现生态经济。生态经济的实现需要把"绿水青山"的价值转化为资产。像土地、矿产等自然资源一样，青山绿水也是重要的生产要素，可以作为资产进行管理。在生态建设过程中，要充分考虑当地生态资源的自然规律和具体情况，在开发、利用、保护和再生产过程中积极遵循经济规律，有效管理自然资源。在实现绿水青山价值的同时，也要积极发展相关的内生和外生产业。积极发展国内与绿水青山相关的生态旅游、生态养老等产业，对这些内部产业进行有效规划，积极利用生态环保技术，有效控制产业生产规模。行业应积极顺应市场规律，合理运作，将成为绿水青山向金山银山转变的有效途径，也可发展绿水青山的衍生和外延，如服务业、物流业、房地产业等外联行业。二是实现经济生态。实践"两山论"不仅实现生态经济，而且实现经济生态。特别是对传统经济发展方式形成的产业，要积极转变经济发展方式，努力实现生态经济。生态经济的实施要求发展通过科技创新形成的绿色循环生产模式。传统产业资源消耗高、生态环境压力大、生产能力落后，根本原因是缺乏科技创新。因此，我们必须加强科技创新，有效助力生态经济。实现生态经济除了依靠科技创新外，还需要加快供给侧结构性改革。在生态文明建设方面，要结合供给侧结构性改革，加快发展绿色循环和低碳发展。供给侧结构性改革能有效促进生态经济发展。在当前供给侧改革的背景下，构建绿色产业结构势在必行。从供给侧入手，着力提升产业核心竞争力，加快经济转型升级。建设经济生态，要把绿水青山作为促进经济增长的重要内生动力，把绿水青山作为供给侧结构性改革的重要内容。

第四，实现山、河、林、田、湖、草、沙的系统化管理。两山关系包括生产方式、生活方式、思维方式等。这是一项复杂的系统工程，两山关系的系统协调刻不容缓。正确处理两山关系，需要从思维方式上认识和把握两山关系，有效协调主客体系统的统一。要有效协调两山关系，就要系统整合生态治理对象，积极遵循生态环境的自然规律，按照系统、有序、合理的原则，全面考察与生态环境相关的各要素，生态环境的全面性和整体性。生态环境作为内生对象，在加快生态文明建设的过程中，要积极整合生态环境治理对象，有效地解决生态环境治理对象的人为碎片化问题。山、河、林、田、湖、草、沙作为生命群落，是由山、水、林、田、湖、草、沙组成的复杂系统。系统中的所有元素相互依存，生态环境治理要积极遵循自然规律。因此，山区水、林、田、湖、草、沙应改变过去单一因素保护和恢复的状态，采取多因素生态系统服务保护和恢复的方式。

第五，只有用严格的制度保护生态环境，才能实现人与自然、人与社会和谐发展的现代化和绿化。完善保护机制和责任机制是双山理论的重要保障。一是完善保护机制，更好地保护绿水青山。为了有效地监督和管理国家级自然保护区，应在国家级和省级自然保护区建立相应的生态监测网络，有效地监督自然保护区的生产活动。其他地区要进行系统、综合的生态环境管理。统筹自然资源保护监督、生态保护监督、污染防治监督，实行综合管理、统一监督、行政执法，完成要素、功能、手段的整合，进一步加强生态环境空间的管理。在生态空间的圈定中，要充分考虑生态功能、面积、性质等因素，严守生态保护红线，形成更好的空间约束。在生态环境质量方面，要明确环境质量底线，加大污染源排放控制力度，逐步改善和提升生态环境质量。在自然资源方面，以不断提高利用效率为目标，合理规划自然资源的开发利用，注重在空间布局、资源开发、环境风险等方面的合理布局和有效管理。二是完善责任机制，实行最严格的制度，保护美丽的风景。切实落实地方各级党委和政府有关部门的生态保护职责，明确相关环境保护清单。具体落实生态文明建设评价措施，积极将生态环境保护的相关指标纳入经济社会发展评价指标。根据合理的评价指标，对积极保护生态环境的单位和个人给予奖励。积极发展和完善我国的环保监管机制，覆盖事件前、事件中、事件后的环保监管范围。同时，要明确企业在生态环境保护方面的责任。积极构建企业环境信用体系，加快社会信用体系建设，督促企业积极履行生态环境保护责任，严格实行生态环境破坏终身调查制度，鼓励企业在发展自身的同时，积极遵守法律法规，更好地保护生态环境。公众作为生态环境保护的重要参与者，需要积极履行护山护水的责任。拓宽社会公众参与生态环境保护的渠道，鼓励社会公众对企业和企业的环境保护工作进行有效监督。政府和企业应当及时发布环境相关信息，有效保护公众的知情权。积极建立健全环境公益诉讼机制，为公众参与环境保护提供有力的法律保障。

"绿水青山就是金山银山"是绿色价值观在中国语境的现实表达，既生动又内涵丰富。绿色价值观表明，不仅人是主体，在某种意义上，自然也是主体。不仅人有价值，自然也有价值；不仅人有主动性，自然也有主动性。不仅要绿水青山，更要金山银山；宁要青山绿水，不要金山银山。绿色生态是最大的财富、优势和品牌。必须保护好、发展好景观整治，走出一条经济建设和生态文明建设相辅相成的道路，这是习近平绿色价值观的生动体现。绿色价值不仅考虑生态所能提供的直接经济价值，而且考虑潜在的生态价值。绿色发展理念以生态文明建设为基础，将以人为本与以自然为本相结合，改变粗放型短期营利性发展模式，以低碳替代高碳、线性发展。碳循环和绿色发展可以协调经济和生态，实现生态可持续发展，即经济、生态，实现人与人、人与社会、人与自然的和谐统一，最终实现人的全面发展。习近平指出，要把生态文明建设摆在全局工作的突出位置，努力实现经济社会发展和生态环境保护协调发展。推动形成绿色发展方式和生活方式。这是发展观念的深刻转变。绿水青山就是金山银山是文明的转化和价值的重铸。

自然环境和生态文明的积极价值观体现了发展理念的价值取向。从经济学角度来讲，强调经济发展与生态建设并重，以生态价值为先，追求人与自然的和谐共生——发展方式和发展理念的调整与转变，坚持绿色低碳建设一个清洁美丽的世界。建设人与自然和谐相处的资源节约型、环境友好型社会。在选择中找准方向，创造条件，让绿水青山不断带来金山银山。要处理好生态环境保护与发展的关系，即绿水青山与金山银山的关系。充分发挥绿水青山的经济效益和社会效益，切实提高经济效益、社会效益和生态效益，实现人民富裕与生态美的有机统一。生态保护不仅是保护和恢复，最终目标应该是发展。科学规划有序发展，走出一条生产发展、生活富裕、生态良好的绿色发展道路。绿水青山就是金山银山的理念，将绿色、富足、美丽融入经济发展，实现经济生态与生态经济的辩证统一。依托绿水青山生态优势，突出转型发展，推动绿色农业、绿色产业和绿色服务业发展，使从生产到消费的每一个环节都实现绿色、循环、低碳化，实现经济生态。大力利用生态资源，培育生态产业、生态保健、生态食材等新型生态经济，大力推进生态产业化。发展绿色农业，推广生态养殖模式，推进绿色、有机、无公害农产品标准化生产和认证，建立农产品质量安全追溯体系。做强绿色循环产业，加快转变发展方式，推进绿色制造和清洁生产，大幅度降低能源消耗、土地消耗、消费总量、碳排放总量和主要污染物排放总量，提高发展质量和效益，实现可持续发展、人与自然和谐共生，将绿色理念融入生产的各个环节。拓展现代服务业，发展休闲旅游和健康特色产业，积极建设生态旅游区，贯彻绿水青山就是金山银山理念，将生态福利融入民生工程，彰显民生福祉和普遍正义关切，符合为人民谋幸福的绿色民生理念，以人民为中心，关心人民。

随着生活水平的逐步提高，人们对环境质量的关注度越来越高。人们向往蓝天碧水、空气清新、水源干净、山川秀丽、鸟语花香。对于人们的生存来说，金山银山是重要的，而绿水青山是人们幸福生活和金钱的重要组成部分，是不可替代的。绿水青山就是金山银山的理念，纠正了狭隘的民生观念，既体现了民生为先的理念，也体现了环境正义和生态公平。良好的生态环境是最普惠民生，提供优质生态环境和优质生态产品，满足人民群众生态需求是党和政府的责任。改革以 GDP 为基础的绩效考核方法，根据生态进步、环境破坏、生态系统等指标的消费，重新制定经济发展体系和目标体系，建立资源生态所要求的发展评价方法和奖惩机制，使其成为促进生态发展的重要导向。我们必须改革，把生态建设放在经济评价的优先位置。作为一个自然生态系统，绿水青山本身就是自然界财富的重要组成部分和源泉。事实上，包括人类在内的所有有机物和生物，都只是浩瀚宇宙中的一小部分。从物质本体论和生命起源的角度来看，自然与宇宙是一个无限的整体。一切生命源于自然，属于自然；金山银山本身的存在和发展，就是符合自然进化规律和宇宙运行规律的。换言之，绿水青山本身就是金山银山，是大自然的财富。因此，自然生态系统本身具有自身的生态价值和所有生物的生命价值。绿水青山是自然生命、自然背景、人类生命之源、人类生存发展的基础，金山银山是大自然和自然生命本身的自然财富和宇宙财富。

另外，如果我们人类不尊重和不遵循自然规律，超限使用、掠夺甚至破坏自然生态环境，那么正如恩格斯深刻指出的那样：我们不应过分陶醉于人类的胜利，每一次这样的胜利都会自然而然地报复我们。每一次胜利都达到了我们最初预期的结果，但后来出现了完全不同的、意想不到的效果，往往会抵消最初的结果。只有尊重自然规律，才能有效防止对自然的开发利用。没有远见的人必须有切身的担忧。不和谐的发展，单一的发展，最终会遭受各种报复，比如来自自然的报复。要把保护生态环境摆在更加突出的位置，保护好生态环境。从这个意义上说，我们对人与自然和谐的追求，就是对自然生态系统绿水青山的追求，本身就是金山银山。简单直观，自然生态环境似乎取之不尽，用之不竭。例如，我们一直在吸入的空气在日常生活中感觉似乎并不存在，而如果丢失，人类将无法生存。其实，只要理性认识空气，就能深刻体会到保护它的重要性和紧迫性。现实生活中正反两面的事实一再证明，绿水青山本身就具有自然生态的价值和自然生命。我们应站在人来自自然、从属于大自然生态系统这一至高至上的本体角度去理解把握，坚决摒弃传统工业化时代形成的人类中心主义旧观念，自觉树立人与自然和谐统一的新理念。

在现实中，绿水青山与金山银山是统一的，也会产生对立。人们要做出正确的选择，有所为有所不为，坚持生态环境优先，绿色发展为主。因为从整个生态系统上讲，金山银山买不来绿水青山，而绿水青山可以源源不断地带来金山银山。绿水青山作为一种生态资源和生态环境，具有经济价值，也可以直接转化为经济效益。自然生态环境是人类生产活动的直接财富之母。例如，土地、森林、水、矿物和石油都是人类的生产资料。自然生态环境可以直接或间接转化为经济资源。例如，习近平指出，安吉县最大的资源是竹子，最大的优势是环境。只有依托丰富的竹林资源和良好的生态环境，把自然资源转化为经济资源，把环境优势转化为经济优势，走生态经济之路，安吉的经济发展才能找到出路。在人类文明史上，大多数生产活动实质上都是将生态环境资源转化为经济发展资源的过程。如把生态环境优势转化为生态农业、生态工业、生态旅游等生态经济优势。这样，绿水青山就可以直接转化为金山银山。金银不仅是货币财富，也是一切社会财富。例如，绿水青山也可以转化为丰富的精神文化产品，如滋养心灵、促进文学创作。因此，保护生态环境就是保护生产力，改善生态环境就是发展生产力，生态环境的优势就是经济社会发展的优势。

自然生态系统不仅是经济发展的资源，而且是每个人赖以生存的环境。它是生活的背景，决定着生活的质量。绿水青山是我们生活中的金山银山。绿水青山之所以决定人们的生活品质，或者说具有保护的价值，是因为自然生态始终是人们生活不可缺少的。空气、水、食物和其他资源是人类最基本的生存手段。生态环境是每个人生活和活动的大平台。无论是生存需要还是精神依赖，个人生活还是社会群体生活，都离不开这个自然阶段。生态环境质量直接决定着人们的生活质量，关系到人们的身心健康。生态环境是人类最公平的公共产品，是人类最基本的生命健康权。除了基本的社会保障制度外，政府应该提供的公平公正的公共产品和服务。这是最广泛、最公平、最有益的公共产品。享受优美宜居的生活环境，作为人民的一项基本权利，已成为人们最迫切的期望。我们应该深刻认识到，自然环境是人类生存的空间，是人类创造生命的舞台。良好的生态环境是最公平、最有益于人民生活的公共产品。生态环境直接关系到人们的生活质量。保护环境就是保护人民的生命，改善环境就是改善人民的生活。过去，我们期待着食物和衣服，现在我们期待着环境保护；过去人们想尽快致富，现在人们不仅希望生活得更丰富多彩，而且希望有一个更绿色、更美丽的生态环境。坚持绿色发展，使良好的生态环境成为人民生活质量的重要增长点，自觉把生态纳入民生福祉，拓宽惠民、利民、富民之道，为人民提供干净的水、清新的空气、安全的食品、优美的环境，为人民提供更多优质的公共生态产品。这就是绿水青山的民本、民生价值。

对于人类社会来说，生态环境也是一种社会和政治现象。执政为民必须先造福于民、富于民。绿色发展理念以造福人民、丰富人民的绿色为基本价值取向。建设绿色惠民国家，体现了我们党利民的伟大愿望，体现了我们党与时俱进的执政智慧。我们党要巩固长期执政地位，就必须夯实人心，夯实执政基础，赢得人民最广泛拥护和支持。要坚定不移走绿色低碳循环发展道路，切实保护和修复生态环境，尽快解决人民群众关切。让绿水青山成为国家长治久安的重要基础、人心之源。作为金山银山，绿水青山也是社会价值的体现。坚定不移走生产增产、生活富裕、生态环境良好的文明发展道路，牢固树立绿色发展、生态优先、国内生产总值突出的理念，加快形成经济结构和低碳开发有利于绿水青山。一条可循环、可持续发展的道路，需切实加强环境保护和环境治理的监督执法，不断推进生态文明建设、建设美丽中国等举措，其中涉及全面的社会制度、社会规范、社会责任和环境责任、社会政策、社会治理等问题。不加快形成绿色社会体制机制，包括绿色治理、绿色政府和绿色系统，就不可能顺利推进绿色发展。当然，它应该包括社会效益和社会价值，或者可以改造成为绿色社会金银山，促进社会文明进步。

"绿水青山就是金山银山"蕴藏着深厚的文化底蕴和价值。文化价值是金银之精髓。它的文化内涵非常广泛，其核心是身心认同与意识的统一。绿水青山是金山银山的重要概念。它不仅揭示了自然与人、生态与发展、生态与社会的内在联系与统一，也成为我们今天塑造和传播生动的生态文化的强大动力。丰富和提升生态文明理念，日益成为我们党和人民自觉行动的准则。绿水青山是金山银山所产生的文化价值。绿色发展已成为我们党和国家的基本发展理念和战略之一，成为我国经济结构优化、生产方式调整和发展方式转变的基本指针；逐步成为中国社会制度、社会政策和社会治理的重要特征和制度优势；它逐渐成为中国各族人民生活方式、消费方式、思维方式和生活方式的基本取向。形成了具有中国特色的绿色生态文化，得到了国际社会的广泛认同。推进绿色发展不仅是经济增长方式的转变，也是思想观念的深刻变革。加强生态文化建设，在全社会树立生态第一的价值观，是建设美丽中国、建设美好生活的重要前提。生态文化是一种行为规范、一种价值观念、一种深层觉醒和外在培育。衡量生态文化是否扎根于整个社会，取决于这些行为准则和价值观都自觉地反映在社会生产生活的各个方面。在当今中国，生态文化已经渗透生产、生活、经济、法制等社会领域和各个方面，并成为人们日常生活中一种深层次的文化意识。绿色文化作为一种新的文化意识，将迎来生态文明发展的新时代。从历史演变的时间序列来看，绿水青山是金银山的一个重要结论，也深刻揭示了民族价值，即中华民族生存和发展的可持续价值。建设山清水秀的生态文明，造福子孙后代。保护生态环境，改善生态环境，建设生态文明，事关人民的福祉和国家的前途。绿色发展是新时期中国繁荣富强的必由之路。绿色、低碳、循环发展是当前技术革命和产业转型的基本方向。这也是最有希望的领域。

生态安全是一个国家和民族生存和发展的基本安全。建设美丽中国是中国当前发展的重要目标，也是中国特色社会主义现代化建设长期奋斗的美好理想。善待生态就是善待自己。珍惜资源就是珍惜国家和民族的未来。可持续发展是为子孙后代创造良好的环境和条件。迈向生态文明新时代，建设美丽中国，是实现中华民族伟大复兴中国梦的重要组成部分。追求绿色发展，为当代中国人和我们的子孙后代留下一个蓝天、绿地、碧水的生存和发展环境，是中国共产党的重大责任和历史使命。绿水青山，是中华民族永续生存、安全繁荣的宝贵财富。绿水青山就是金山银山，具有民族价值，也蕴含着人类共同价值。任何一个国家生态环境的好坏都决定着人类全球生态环境的好坏有关。全球一体化进程中，人类正在成为一个拥有共同未来的自然生态共同体。我们生活在同一个世界。没有世界其他地区的发展，就不可能实现所有国家的发展。开放是一个国家发展的重要途径。现代化不可能孤立地实现。只有通过短距离交流、相互学习，国际市场优化发展配置，才能实现全球互利发展。世界生态共同进步的趋势不可阻挡。我们要建设全球生态文明。作为发展中大国和负责任大国，推进美丽中国建设、建设绿色中国是自身发展、造福人民、实现中华民族伟大复兴的内在需要，即解决全球环境危机，承担应有的责任和义务，为世界的可持续发展做出贡献。当代文明与生态文明的创新与进步，探索了人类文明兴衰的发展轨迹，有效引导了人类文明实践的发展，深刻影响了人类文明的发展与进步。

第二节 黄河流域绿色发展现状

一、绿色生态的现状

近年来，黄河流域水资源总量变化较小，水资源是维护地区生态发展的关键因素，就黄河流域目前水资源发展现状来看，黄河流域水资源问题突出，水资源利用较为粗放，农业用水效率不高，一方面，由于黄河流域农用水所占比重较大，而农用水领域节水的空间大；另一方面，黄河流域的水资源开发利用率高达80%，远超一般流域40%生态警戒线，水环境过载，水生态治理压力大。推动黄河流域的绿色发展，要大力发展黄河流域绿色生态，推动黄河流域水资源的集约利用，提升水资源的利用效率，促进流域水资源的高效配置，实现流域水资源利用的协调发展，推动黄河流域的绿色发展。

水资源利用率低，含沙量大，水土流失严重，洪涝灾害频发是制约黄河流域水资源可持续利用的关键因素。黄河流域水土流失较为严重，水环境差，黄河流域水土流失严重，在一定程度上制约了黄河绿色生态的可持续发展，不利于黄河流域种植业、林业的发展，影响黄河流域生态环境的保护。

从黄河流经的 9 省区的森林覆盖情况来看，黄河流域各省区森林覆盖面积差异较大。长江流域内各地区森林覆盖面积，要远大于黄河流域，长江流域绿色生态要优于黄河流域。黄河作为我国第二长河，是我国西北、华北地区重要水源供给区，但黄河流域水资源问题突出，水土流失严重，是影响黄河流域植被发展的重要因素。黄河流域的绿色发展需要绿色生态的支撑，要加强对于黄河流域的生态保护，植树造林涵养水源，稳固土地，提高流域森林覆盖率，保护流域生态环境，推动黄河流域绿色发展。

根据黄河流域水资源，以及黄河流域的林草资源等发展现状来看，黄河流域绿色生态的发展，是推动黄河流域绿色发展的关键因素。要推动黄河流域水资源的集约利用，加强对于黄河流域生态环境的保护力度，缓解流域水土流失，提升黄河流域植被覆盖率，做好退耕还林还草工作，提高黄河流域土地涵养水源的能力，保护流域生态，促进流域经济的可持续发展。

二、绿色生产的现状

根据《中国统计年鉴》的相关数据，2023 年沿黄河 9 省区地区生产总值占全国的 20.5%，但高技术产业企业数量和营业收入仅占全国的 10.6% 和 12.3%，新旧动能转换步伐相比全国仍显得较为迟滞，迫切需要通过绿色高质量发展。[①]根据黄河流域各省区国内生产总值的相关数据来看，第三产业的生产总值要高于第一、第二产业，现代化服务业的发展较快，推动地区经济的快速发展。近年来，新经济发展模式在我国迅速发展，成为拉动经济增长的重要动力，新经济的发展是新一轮科技变革和产业革命发展的成果，新经济的发展带动了新技术、新业态、新模式的快速发展，推动了战略性新兴产业的发展，推动了黄河流域绿色生产的发展。从黄河流域产业发展情况来看，随着"互联网+"、人工智

---

① 　资料来源：《中国科技统计年鉴（2023）》。

能、区块链等新业态、新模式成为产业发展的主流趋势，加快了战略性新兴产业的发展进程，推动高新技术产业的发展，实现流域内产业的绿色化、智能化发展，推动黄河流域的绿色生产，带动黄河流域绿色产业的大力发展，形成流域绿色产业发展优势，推动黄河流域的绿色发展。

从近几年黄河流域经济社会的发展情况来看，第三产业发展快于第一、第二产业，成为推动区域经济快速发展的关键力量，第三产业的快速发展推动黄河流域地区绿色产业，以及战略性新兴产业的发展。黄河流域的绿色发展，要为流域产业发展营造绿色环境，必须不断调整产业结构，优化产业布局，大力发展新兴产业，推动现代服务业快速发展，形成黄河流域产业发展优势，推动黄河流域经济的高质量发展。

三、绿色生活的现状

黄河流域的绿色发展，要倡导流域内各地区实现绿色生活方式的转变，形成流域保护生态环境的整体意识，提倡绿色出行、绿色消费。近年来，新经济在我国迅速发展，新经济的发展带来新技术、新业态、新模式等，同时创造了许多新的消费热点，推动知识型消费、智能型消费、科技化消费、绿色型消费等消费方式的转变，逐渐改变人们的生活方式，促进绿色消费，带动黄河流域经济的高质量、可持续发展。

黄河流域流经的 9 个省区总人口为 4.35 亿，占全国人口的 31.1%，但从黄河流域的经济发展情况来看，黄河流域各省区经济发展水平低于全国平均水平。绿色发展是黄河流域高质量发展的重要内容，绿色生活是绿色发展的重要内容，随着经济社会的发展，我国进入新时代，人们追求更加美好的生活，对生活质量提出了更高的要求。但就黄河流域目前的发展情况来看，黄河流域水资源短缺，水问题严重，水资源利用率低，流域内经济发展水平低，制约人们生活水平的提高，阻碍绿色生活的发展。进入经济发展新时期，要加强对黄河流域的生态环境保护，推动黄河流域的绿色发展，不断优化黄河流域环境，打造生态宜居环境。要不断加强流域环境治理，为流域内居民提供绿色生态产品供给，推动黄河流域的高质量、可持续发展，在实现黄河流域经济高质量发展的同时，推动黄河流域的绿色发展。

第三节　黄河流域绿色发展策略面临的问题

一、生态环境脆弱，生态承载力不足

黄河流域横跨我国东、中、西三大阶梯，是我国重要的生态屏障和经济区域，但因为黄河流域所处区域的地势、地貌、气候经纬度等自然环境条件，相较于我国其他流域，黄河流域的生态环境是最脆弱的，尤其是黄河流域内的高原生态系统、干旱与半干旱地区的草原或农业系统，脆弱性尤其突出。黄河流域资源禀赋的区域差异明显，资源禀赋利用率低，是制约黄河流域绿色发展的重要因素。土地、矿产、生物等资源发展存在明显的区域差异性，各地区在资源禀赋利用上也存在明显的差异，资源利用效率低、环境承载力低、环境压力大是黄河流域绿色发展战略的重点。提高黄河流域资源禀赋的利用效率，缓解流域环境压力，是推进黄河流域绿色发展，实现黄河流域经济高质量发展的重要环节。由于黄河流域水资源问题严重，水土流失严重，水资源含沙量大等问题严重制约了黄河流域自然生态的发展，生态发展状况较差，影响到地区环境承载力，不利于黄河流域各地区提高生态环境治理水平，影响地区绿色生态的可持续发展。

二、生产方式粗放，环境污染严重

黄河流域作为我国工业发展基地，一直以来黄河流域环境污染，水资源污染、空气污染问题严重，生态问题突出生态环境脆弱。黄河流域流经 9 省区人口较多，随着近年来经济社会的发展，以及城镇化的快速发展，工业发展以及人口活动产生的污染，没有得到有效的治理，影响黄河流域地区整体生态水平的提升，不利于黄河流域绿色发展战略的实施。近年来，黄河流域各地区经济社会的快速发展，工业化进程也在不断加快，但地区环境治理水平低下，对于工业发展所产生的污染物，如废水、废料等，无法做到有效治理，对地区环境产生较大污染。同时黄河流域经济社会整体发展水平不高，仍延续传统的农业发展方式，第三产业发展速度较缓，发展方式单一，第三产业比重低于全国平均水平，流域内部的发展水平差距较大。黄河流域环境污染严重，发展方式单一，是黄河流域绿色发展的关键问题，是影响实现黄河流域高质量发展的重要因素，黄河流域环境污染问题的有效解决是促进流域经济高质量发展、推动黄河流域产业结构转变、促进黄河流域发展方式多元化的重要保障。

第四节　黄河流域绿色发展的策略设计

一、黄河流域绿色发展的策略目标

黄河是中华民族的母亲河，哺育着中华民族，孕育着中华文明，是我国重要的政治、经济、文化的发展重心和生态屏障，黄河流域高质量发展是"十四五"时期我国经济发展的重要环节。黄河流域绿色发展要坚持绿水青山是金山银山的发展理念，坚持以黄河流域绿色发展为基础，坚持创新、协调、绿色、开放、共享的新发展理念，完善黄河流域绿色发展的体制机制，切实保障黄河流域高质量发展，推动流域经济的快速发展。坚持生态优先、绿色发展、以水而定、量水而行、因地制宜、分类施策，全面推进黄河流域绿色发展战略，保障黄河流域高质量发展的制度建设。黄河流域绿色发展的战略目标在于坚持生态保护优先，提升黄河流域可持续发展能力。

第一，加强黄河流域生态环境保护。黄河流域是我国重要生态屏障，要加强黄河流域生态环境保护，坚持黄河流域生态环境保护的整体目标，突出环境保护和治理，提高黄河流域水资源利用效率的提升，保障黄河流域水资源的高效利用，改善流域生态环境质量，以自然恢复为主，共同抓好大保护，协同推进大治理，保护黄河流域整体生态系统，促进黄河流域生态高质量发展。

第二，推动黄河流域水资源的节约利用。我国一直坚持以水定产、量水而行的指导思想，实行严格的水资源管理制度，坚持以水定地、以水定人、以水定城的发展思想。黄河流域的绿色发展要建设节水型社会，提升黄河流域节约利用水资源的自觉性，推动黄河流域水资源的集约利用，完善水利基础设施建设，促进水资源的统筹协调，为推进黄河流域生态环境保护和流域经济发展提供保障。

第三，推动黄河流域高质量发展。习近平总书记在中央财经委员会第五次会议上强调，要推动各地区发挥比较优势，培育黄河流域高质量发展的新动能，因地制宜、宜水则水、宜农则农，探索黄河流域高质量发展的新路径，建设黄河流域生态功能区，保护黄河流域生态，推动黄河流域的绿色发展，促进流域经济的高质量发展。

二、黄河流域绿色发展的策略思路

黄河流域作为我国第二大河，其经济社会发展以及生态环境的保护，对促进我国经济高质量发展、提升生态发展水平具有重要意义。推进黄河流域绿色发展，必须坚持实施黄河流域生态环境保护和高质量发展的重大国家战略，充分发挥黄河流域的区位优势，打造黄河流域绿色发展新模式，推动黄河流域经济的高质量、可持续发展，实现黄河流域绿色发展的战略目标。黄河流域绿色发展的战略思路在于：

第一，深化改革创新。高质量发展是践行新发展理念的发展，首要的就是创新驱动发展。以改革谋发展，以改革促创新，要坚持深化改革的总体思路，推动黄河流域绿色发展，不断化解黄河流域过剩产能，围绕改革创新发展，促进黄河流域绿色产能的发展，培育黄河流域高质量发展的新动能，促进流域内各地区经济、产业的协调发展，深化黄河流域的结构改革，培育黄河流域绿色发展的新优势，创新发展是黄河流域生态保护和高质量发展的根本动力。

第二，形成黄河流域生态环境保护的新思路。黄河流域的绿色发展，要不断推进流域环境污染的治理，提升流域整体生态环境的发展水平，黄河治理重在保护，要坚持黄河流域系统治理、协同治理。推进黄河流域绿色发展，要以黄河流域绿色发展为重点，加强黄河流域生态环境保护，完善生态环境保护设施建设。

第三，打造黄河流域绿色文化的创新传承。黄河流域流经 9 省区，各省区文化发展差异较大，要加强黄河流域绿色文化的创新传承，提升对于黄河流域文化的保护力度，大力发展黄河流域绿色文化，提升黄河流域绿色发展的整体意识。要加快发展黄河流域文化旅游产业，促进现代服务业快速发展，依托黄河流域的文化基础，推进现代化旅游业的发展，促进黄河流域的绿色发展，实现黄河流域经济的高质量、可持续发展。①

---

① 任保平，宋敏，高林安，向寿生．黄河流域生态环境保护与高质量发展报告（战略篇）［M］．西安：西北大学出版社，2021．

三、黄河流域绿色发展的策略内容

在黄河流域生态保护和高质量发展座谈会上的讲话中，习近平总书记指出，保护黄河是事关中华民族伟大复兴的千秋大计，黄河流域在我国经济社会发展和生态安全中具有十分重要的地位。要推动黄河流域的绿色发展，实现黄河流域生态环境整体发展水平的提高，推动黄河流域协调发展，要把握黄河流域绿色发展的关键点，紧抓黄河流域生态环境保护和高质量发展主线，推动黄河流域水资源污染治理。解决黄河流域生态环境脆弱，环境压力大等问题，以绿色发展引领黄河流域高质量发展。黄河流域绿色发展的战略内容在于：

第一，建立和完善黄河流域生态发展屏障。黄河流域横跨我国三大阶梯，是我国西北、华北地区的重要水源，但一直以来黄河流域水资源问题严重，生态环境脆弱，是制约黄河流域绿色发展的重要因素。要不断建立和完善黄河流域生态发展屏障，根据黄河流域各省区，以及上、中、下游之间资源差异，因地制宜、分类施策，加大对于生态环境的保护力度，推动黄河流上、中、下游的协调发展，坚持生态优先，重在保护、要在治理，围绕黄河流域绿色发展的整体目标，构建黄河流域生态发展屏障，严守生态红线，促进黄河流域生态环境的健康、可持续发展。

第二，践行绿色发展理念。我国始终强调创新、协调、绿色、开放、共享的新发展理念，坚持绿水青山就是金山银山的发展理念。这就要求在实现黄河流域高质量发展的过程中要坚持绿色发展的基本理念，将绿色发展的理念贯穿黄河流域高质量发展的始终，形成绿色发展方式。要把生态建设摆在黄河流域高质量发展的首位，协调好黄河高质量发展和生态建设的关系，在推动黄河流域经济发展的同时，促进黄河流域的绿色发展。

第三，打造黄河流域绿色产业链发展。黄河流域拥有丰富的自然资源，是我国重要的粮食基地、能源基地和工业发展基地，对我国经济发展具有十分重要的意义，要把打造黄河流域绿色产业链发展作为黄河流域绿色发展的重要战略内容，推动黄河流域绿色产业的发展，打造黄河流域绿色发展的特色优势。

四、黄河流域绿色发展

黄河流域的绿色发展要不断完善黄河流域绿色发展的体制机制，构建多元化的黄河流域生态保护和绿色发展体系，推动黄河流域的绿色发展，紧抓国家对于黄河流域的治理安排，推进黄河流域的生态环境治理，为黄河流域绿色发展提供一定的制度保障。同时要不断完善黄河流域生态发展的补偿机制，解决黄河流域绿色发展所面临的问题，切实保障黄河流域经济的高质量、可持续发展，推动黄河流域的绿色发展。

第一，完善黄河流域基础设施建设。黄河流域绿色发展战略的实施，需要一定的基础设施建设作为支撑，要不断完善黄河流域绿色发展的基础设施建设，把黄河流域基础设施建设作为黄河流域绿色发展的战略保障。大力发展现代化基础设施，推动基础设施对于黄河流域绿色发展保障的时效性。同时黄河流域的绿色发展，对基础设施的建设提出了更高的要求，新形势下要打造黄河流域经济发展的特色优势，推动新型基础设施的建设，为黄河流域绿色发展提供保障。

第二，完善黄河流域绿色发展的体制机制。黄河流域的绿色发展，需要一定的体制机制作为支撑，要不断创新制度建设，完善黄河流域发展的体制机制，实行严格的黄河流域生态环境保护制度，推动黄河流域的绿色化发展。同时，要不断推进黄河流域制度建设的创新化发展。一直以来，黄河流域水土流失严重、环境问题突出，资源、生态问题复杂，要通过一定的制度建设，缓解流域内经济发展所面临的困境，推动黄河流域经济的高质量发展，为黄河流域绿色发展提供制度保障。

第三，完善黄河流域绿色发展的法律保护机制。黄河流域的绿色发展，要坚定共同抓好大保护，协同推进大治理的发展思想，加强黄河流域生态环境保护和治理，从黄河流域绿色发展的基本理念出发，完善黄河流域绿色发展的法律保护机制，促进黄河流域的系统治理。制定黄河流域治理相关法律法规，为黄河流域高质量发展提供法律制度支撑，注重黄河流域绿色发展的整体性和协调性，为黄河流域绿色发展提供坚实的法治保障。

第五节　黄河流域绿色发展策略的实现机制

一、以现实需求为牵引，加强顶层设计

黄河流域的绿色发展，要加强黄河流域顶层战略设计，切实保障黄河流域生

态环境保护，与国家生态保护顶层设计相联系，建立黄河流域绿色生态建设的安全屏障，探索黄河流域生态环境保护的新路径。黄河流域生态保护和高质量发展上升为国家战略，其实现了"黄河治理从被动到主动的历史性转变"，实现黄河流域的绿色发展，要进一步加强顶层设计。要不断创新和完善黄河流域的政策制度建设，以黄河流域的绿色发展为主线，形成科学有效的生态保护监管体系，为推动黄河流域绿色发展提供强有力的制度支撑。习近平总书记指出，黄河流域生态环境保护和高质量发展，同京津冀协同发展、长江经济带发展、粤港澳大湾区建设、长三角一体化发展一样，是重大国家战略，要加快开展黄河流域绿色发展的顶层战略设计，如何有效发挥黄河流域各机构的协调和监督作用，对建立现代黄河流域管理体制具有重要意义。黄河流域绿色发展战略的实现机制，就在于要加快顶层战略设计。

第一，完善黄河流域绿色发展的政策制度。黄河流域的绿色发展需要政策和制度建设的支持，要不断完善黄河流域生态保护和绿色发展政策体系，注重黄河流域生态保护和环境治理的系统性和各省区之间的协调性。

第二，建立黄河流域绿色发展和环境保护的政策激励机制。黄河流域的绿色发展要不断完善黄河流域绿色发展的政策激励机制，提高流域整体环保意识。要调动黄河流域各地区保护环境的积极性，建立健全黄河流域生态环境保护监管体系，推进黄河流域生态环境科学管理，促进黄河流域高质量发展，带动流域经济的可持续发展。

第三，加快现代化基础设施建设。现代化基础设施的建设是实现黄河流域高质量发展的重要支撑，随着新经济在我国快速发展，要加快传统基础设施的数字化转型，为黄河流域的绿色发展提供现代化基础设施的支撑，加快黄河流域的绿色化发展，实现流域经济的高质量发展。

第四，提升政府治理水平。要加快提升政府的数字化治理水平，完善政府的流域治理的主体责任，实现黄河流域绿色发展的系统治理、协同治理。构建利益共享的政府治理体系，促进政府职能的转变，充分发挥政府宏观调控的作用，推动黄河流域经济的高质量、绿色、可持续发展。

二、以协同共赢为准则，形成联治机制

协同发展是实现我国经济社会可持续发展的重要基础。要以黄河流域绿色发展为基础，建立黄河流域区域协同治理框架。促进流域内不同区域间的协同治理，要坚持共同抓好大保护、协同推进大治理的指导思想，实现流域内各地区，以及流域上、中、下游之间的协同发展。增强保护生态环境的整体意识，建立区域协同治理框架，是推进黄河流域绿色发展的重要举措。黄河流域的绿色发展，要充分调动流域内参与者保护生态环境的积极性，完善流域区域协同治理的体制机制，实现黄河流域绿色发展的区域协同，推进黄河流域绿色发展。黄河流域绿色发展战略的实现机制就在于要建立黄河流域区域协同治理框架。

第一，建立区域合作治理框架。黄河流域的绿色发展要加强各地区之间的相互合作，加强各地区之间绿色发展的协同性，黄河流域的生态系统是一个整体，要建立区域协同治理，实现各区域之间合作共赢，推动各区域经济协调发展。积极建立有效、实用的合作机制，统筹协调流域发展的重大问题，以绿色发展战略为主线，建立黄河流域区域合作治理框架，实现黄河流域高质量发展。

第二，不断完善黄河流域绿色发展协同治理的制度体系建设。黄河流域绿色发展要不断打破区域合作的制度约束，正确处理经济发展与生态环境保护的关系，严格遵循生态环境红线，不断完善区域合作的制度体系，依据黄河流域高质量发展的视角，逐渐形成黄河流域生态环境保护和绿色发展的协同治理机制，推动黄河流域的可持续发展。

第三，加快黄河流域区域协同治理平台建设。要把黄河流域绿色发展和生态环境保护，与流域经济的发展相联系，加快黄河流域区域协同治理的平台建设，加强各区域之间的联系，实现生态环境共建、共享。坚持共同抓好大保护，协同推进大治理的指导思想，形成保护黄河流域生态环境的整体意识，通过相应的平台建设，加强黄河流域政府间的合作与交流，推动流域内各地区的协同发展。黄河流域的绿色发展，要培育黄河流域生态环境协同治理的动力，加大对于黄河流域生态环境的保护力度，提升黄河流域生态环境治理效率，促进流域协同发展。

三、以绿色生态为基础，营造绿色环境

黄河流域绿色发展要切实保障黄河流域绿色生态的发展，以流域绿色生态为基础，推动黄河流域高质量发展。要坚持生态优先的绿色发展理念，巩固绿色发展在促进黄河流域绿色发展中的基础性作用，促进黄河流域生态环境保护。黄河流域重在保护，要在治理，坚持创新、协调、绿色、开放、共享的新发展理念，发展黄河流域绿色生态产业，注重自然恢复，确保黄河流域高质量发展的生态基础，促进黄河流域绿色发展。

第一，大力发展绿色生态产业。黄河流域的绿色发展，要以绿色生态的发展为基础，绿色生态的发展要以绿色生态产业的发展作为支撑，要大力发展绿色生态产业，加快传统产业的转型升级，打造黄河流域新型绿色生态产业的发展优势，加强黄河流域绿色生态产品产出，推动黄河流域的绿色发展，实现黄河流域经济的可持续发展。同时建立现代化绿色产业发展体系，奠定绿色产业发展基础，为黄河流域绿色发展提供产业支撑，培育绿色产业发展的新动能。

第二，建立绿色生态产业园。要大力发展黄河流域绿色经济，实现黄河流域绿色发展、高质量发展，黄河流域绿色发展是推动战略性新兴产业、新业态、新模式发展，培育黄河流域高质量发展新动能的必由之路。要大力发展黄河流域绿色产业，建立黄河流域绿色生态产业园，减少工业发展对空气的污染，以黄河流域绿色产业优势，引领黄河流域经济的高质量发展。

第三，加强对黄河流域生态环境保护。黄河流域的绿色发展，要维持黄河流域绿色生态发展，缓解黄河流域水土流失，提升黄河流域植被覆盖率，促进黄河流域人与自然的和谐发展。要加大黄河流域生态环境保护力度，坚持绿水青山就是金山银山的发展理念，为黄河流域生态环境的可持续发展提供保障。要继续探索黄河流域经济发展、生态发展、绿色发展的协调路径，打造黄河流域经济的绿色增长模式，坚持以黄河流域高质量发展和生态环境保护的重大国家战略为目标，推动黄河流域的高质量发展，带动流域经济的可持续增长。

四、以绿色生产为手段，推动节能减排

黄河流域绿色发展是推进黄河流域高质量发展的重要路径。一直以来，黄河流域产业发展缓慢，仍延续传统的发展方式，要大力发展黄河流域绿色产业，坚持推进黄河流域绿色生产，保护黄河流域生态环境。促进黄河流域产业结构的调整，推动产业结构的多元化发展，带动节能产业的发展，实现黄河流域的高质量发展。黄河流域绿色发展战略，要以绿色生产为手段，推动节能减排。

第一，要优化产业布局。黄河流域各省区以及黄河上、中、下游之间发展存在较大差异，要不断优化黄河流域产业布局，依据黄河流域绿色发展实际，因地制宜，发挥地区比较优势，大力发展绿色产业，实现黄河流域上、中、下游绿色发展与生态环境保护的协同发展。要实现流域内清洁生产、绿色生产、可持续生产，同时要加快产业创新发展，发展新兴产业，提升黄河流域内各地区的环境承载力，不断优化黄河流域产业布局。

第二，优化黄河流域产业结构。黄河流域绿色发展要突出黄河流域的发展特色，推动黄河流域传统产业的转型升级，促进产业智能化、绿色化、科技化发展，提升产业的科技创新水平。同时加快战略性新兴产业的发展进程，促进新能源、新材料、新技术等新兴产业的发展，推动黄河流域新经济的发展。黄河流域绿色发展战略，要充分利用黄河流域丰富的资源条件，把黄河流域具有的资源优势，转变成流域经济发展的独特优势，加强绿色生态产品的生产与供给，推动黄河流域的绿色发展，以实现黄河流域高质量发展。

第三，推动黄河流域产业的创新发展。要促进黄河流域各省区之间产业的协同发展，促进各省区以及流域上、中、下游之间产业的互联互通、优势互补，完善黄河流域产业创新发展的体制机制，为黄河流域产业创新发展提供一定的体制机制保障。完善黄河流域产业发展的创新支撑，实现黄河流域产业的绿色化、高质量发展，推动流域经济的可持续发展，发挥流域产业发展优势，实现黄河流域的绿色发展。

五、以绿色生活为目标，拉动环境治理

我国的主要矛盾已经转变为人民日益增长的美好生活需要和不平衡、不充分发展之间的矛盾，美好生活不仅要满足经济需要，也要满足对于绿色生活、美好环境的需求，环境就是民生。要推进黄河流域内各地区以绿色生活为目标，保护黄河流域生态环境，推动流域水资源的集约利用，引导人们树立顺应自然、保护自然、和谐共生的绿色发展理念，带动人们保护环境，提升生态环境水平。

第一，践行黄河流域绿色发展理念。黄河流域的绿色发展，要坚持生态优先、绿色发展的理念，倡导流域内各地区积极践行绿色发展理念，保护黄河流域生态环境，共同建设黄河流域绿色生态，实现黄河流域绿色生态的共建共享，推动生活方式的绿色化，倡导低碳、绿色消费，促进流域经济的绿色化、可持续发展。

第二，倡导绿色生活方式。黄河流域的绿色发展，要倡导绿色生活方式，加强流域内各地区生态文明建设，增强黄河流域绿色发展的责任感和使命感，黄河流域绿色发展，关乎流域民生，关乎"十四五"时期，以及未来更长时期，黄河流域的高质量发展。推动黄河流域绿色发展，是转变经济发展方式，缓解黄河流域环境压力，实现流域人与自然和谐共生的重要举措。

第三，改变传统的生产生活方式。黄河流域的绿色发展，要改变传统的先污

染后治理的思想，发展绿色经济，倡导绿色消费模式，明确绿色发展目标，拉动流域环境治理。同时破除环境污染对经济发展的阻碍，解决推动黄河流域绿色发展的阻碍因素，打破各区域的发展限制，缩小流域内各地区的发展差距。在黄河流域经济快速发展的同时保护黄河生态环境，以绿色生活推进绿色发展，以绿色发展促进黄河高质量发展。

第三章 黄河流域生态保护发展

黄河流域涉及省份多、面积广，地势复杂，横跨多个不同的地貌单元，生态保护形势较为复杂，但十分重要，只有合理保护黄河流域生态才能有效保护整个流域生态环境。本章主要立足黄河流域生态环境保护进行多方面的探讨。

第一节 黄河流域水资源管理

习近平总书记在黄河流域生态保护和高质量发展座谈会上指出了黄河水资源保障的严峻形势，黄河水资源总量不到长江的7%，人均占有量仅为全国平均水平的27%。水资源利用较为粗放，农业用水效率不高，水资源开发利用率高达80%，远超一般流域40%的生态警戒线。在这一严峻现实背景下，加强黄河流域水资源管理，统筹协调生态建设、经济发展和人民生活对水资源的使用，是黄河流域高质量发展的前提条件和必要保障。首先，本章将在数据支持下从总量、质量和分布三个角度归纳黄河流域水资源的总体现状；其次，从开发、配置、保护三个维度对黄河流域水资源管理情况进行分析；再次，总结提出强化黄河流域水资源管理的战略要求，即黄河流域水资源管理如何践行新发展理念的要求，契合黄河流域生态保护和高质量发展的要求，以及如何满足乡村振兴战略的要求；最后，结合上述研究结论，探讨实现黄河流域水资源科学管理的方向与路径。

一、黄河流域水资源的总体现状

科学全面地认识黄河流域水资源的现状，是研究黄河流域水资源管理问题的前提。黄河流域（包括黄河内流区，下同）总面积 79.5 万平方千米，流经青海、四川、甘肃、宁夏、内蒙古、陕西、山西、河南、山东 9 省区。全河划分为兰州以上、兰州至头道拐、头道拐至龙门、龙门至三门峡、三门峡至花园口、花园口以下、黄河内流区等流域分区。黄河流域上中下游的水资源条件差异较大，本节将对黄河流域水资源总体现状进行描述。

（一）黄河流域水资源总量

水资源总量是衡量一个区域水资源丰富与否的核心指标，是指当地降水形成的地表、地下水资源量之和扣除其间的重复计算量。地表水资源、地下水资源和流域平均年降水量是水资源总量重要的相关指标。从水资源总量及其相关指标来看，黄河流域水资源相对匮乏是不争的事实。

无论是与长江流域还是与全国平均相比，黄河流域各项指标均揭示了该流域水资源保障的严峻形势。从水资源总量来看，黄河流域占全国的比重仅为 2.8%，仅相当于长江流域的 7.6%；从地表水资源量来看，黄河流域占全国的比重仅 2.5%，仅相当于长江流域的 6.6%；从地下水资源量来看，黄河流域占全国的 5.1%，相当于长江流域的 16.1%。在降水量方面，2023 年黄河流域平均降水量为 520.7 毫米，接近常年略偏多一成，时空分布不均。

2023~2024 年度黄河水量调度圆满结束，天然径流量 528 亿立方米，较"八七"分水方案正常来水年偏少 6%；黄河干流用水量 232.77 亿立方米，为 1999 年黄河水量统一调度以来用水量第五位，超过多年均值 20 亿立方米左右。[①]

在黄河年度来水偏少的形势下，贯彻落实习近平生态文明思想，强化水资源刚性约束，全面落实《中华人民共和国黄河保护法》，统筹做好抗旱保灌、生态流量管控等工作，精心部署、统筹谋划，强化干流及重要支流水资源调度管理，高质量完成黄河水量调度任务，取得了显著的社会效益、经济效益和生态效益。

（二）黄河流域水资源质量

水资源质量从生态环保角度来解读，通常是指地表水的水质质量。黄河流域水资源质量不断改善，但是与长江流域相比仍存在一定差距。

近年来，在绿色发展理念指导下，各地环境保护力度不断加大，我国整体地表水水质普遍得到了改善。从全国层面来看，水质优良比例不断提高，劣 V 类比例显著降低，国内水资源质量普遍呈现向好趋势。2012 年 12 月，全国 395 条河

---

① 资料来源：黄河流域气象中心发布的《2023 年黄河流域气候公报》。

流的 698 个断面中，Ⅰ～Ⅲ类水质断面占 72%，Ⅴ类占 17%，劣Ⅴ类占 11%；十大流域中，珠江流域、西北诸河和西南诸河总体水质为优，长江流域和松花江流域总体水质良好，淮河流域和辽河流域总体水质为轻度污染，黄河流域和海河流域总体水质为中度污染。① 2023 年 1 月至 12 月，长江、黄河、珠江、松花江、淮河、海河、辽河七大流域及西北诸河、西南诸河和浙闽片河流水质优良（Ⅰ～Ⅲ类）断面比例为 91.7%，同比上升 1.5 个百分点；劣Ⅴ类断面比例为 0.4%，同比持平，主要污染指标为化学需氧量、高锰酸盐指数和五日生化需氧量。其中，长江流域、浙闽片河流、西北诸河、西南诸河、珠江和黄河流域水质为优，淮河、辽河和海河流域水质良好，松花江流域为轻度污染。②

就黄河流域自身而言，逐步实现了由中度污染向水质良好的跃迁，但是距离珠江流域、长江流域仍有一定差距。2012 年 12 月监测数据显示，黄河流域水质总体为中度污染，监测的 60 个断面的水质类别为：Ⅰ～Ⅲ类水质占 60%，Ⅳ、Ⅴ类占 20%，劣Ⅴ类占 20%；长江流域水质总体良好，监测的 159 个断面的水质类别为：Ⅰ～Ⅲ类水质占 89%，Ⅳ、Ⅴ类占 7%，劣Ⅴ类占 4%；珠江流域水质总体为优，监测的 54 个断面的水质类别为：Ⅰ～Ⅲ类水质占 91%，Ⅳ、Ⅴ类占 5%，劣Ⅴ类占 4%。2012 年底，无论是从水质总体评价，还是从断面劣Ⅴ类水质占比来看，黄河流域的水资源质量均劣于珠江流域和长江流域。2022 年第四季度生态环境部通报显示，长江流域水质为优，珠江、黄河流域水质良好。③

在水土流失方面，黄土高原是黄河流域水土流失最严重的区域，该区域土地总面积 57.46 万平方千米，2024 年，黄河水利委员会正式发布《黄河流域水土保持公报（2023 年）》（以下简称《公报》）。《公报》主要包括水土流失状况、水土流失治理、国家水土保持重点工程、生产建设项目水土保持监督管理和重要水土保持事件五部分。《公报》显示，截至 2023 年底，黄河流域水土流失面积为 25.11 万平方千米（其中水力侵蚀面积 18.12 万平方千米，风力侵蚀面积 6.99 万平方千米），与 2022 年相比减少 0.44 万平方千米，减幅 1.72%。水土保持率为 68.40%，与 2022 年相比提高了 0.55 个百分点。④

（三）黄河流域水资源分布

水资源分布主要可以从地区分布和时期分布两个维度来阐释。黄河流域内水

---

① 中国环境监测总站《全国地表水水质月报》（2012 年 12 月）。
② 生态环境部通报《全国地表水、环境空气质量状况》（2023 年）。
③ 水利部黄河水利委员会网站。
④ 《黄河流域水土保持公报（2023 年）》。

资源呈现出地区分布不均匀、径流量年际年内分布不均匀、水土资源分布不一致等多项特征。黄河流域内水资源总量呈现出地区分布不均匀的特征。

按 1956 年 7 月至 1980 年 6 月 24 年系列成果，兰州以上流域面积占全河流域面积的 29.6%，水资源总量却占全流域水资源总量的 47.3%；龙门至三门峡区间流域面积占全河流域面积的 25%，水资源总量占全流域水资源总量的 23%；兰州至河口镇区间流域面积占全河流域面积的 21.7%，水资源总量只占全流域水资源总量的 5%。黄河流域径流量呈现出年际年内分布不均匀的特征。自有实测资料以来，黄河出现了 1922~1932 年、1969~1974 年、1977~1980 年、1990~2002 年的连续枯水段，4 个连续枯水段的平均河川天然径流量分别相当于多年均值的 74%、84%、91% 和 83%。黄河流域径流量呈现出年内分布不均匀的特征。由于流域水资源主要由降水形成，而且每年 60%~80% 的降水集中在 7~10 月，且多以暴雨出现，致使黄河径流在年内分配很不均匀，约 60% 的径流量集中在 7~10 月的汛期，每年 3~6 月的径流量只占全年的 10%~20%，有些支流，汛期与非汛期径流量的分配更为悬殊。[1]

在区域水资源分布方面，不同区域分布呈现不平衡的特征。例如，黄河下游引黄灌区具有丰富的土地资源，但水土资源分布很不协调；大部分耕地集中在干旱少雨的宁蒙沿黄地区、中游汾河、渭河河谷盆地以及当地河川径流较少的下游平原引黄灌区。在黄河流域 9 省区的水资源量同样差距较大。2019 年，四川省水资源总量为 2748.9 亿立方米，而宁夏回族自治区水资源总量仅为 12.6 亿立方米，山东省、河南省等人口大省的水资源总量仅为 195.2 亿立方米、168.6 亿立方米。[2]综上所述，尽管黄河流域水资源质量呈现向好趋势，但是受到流域降水条件和地理地形等客观因素所限，水资源总量相对匮乏、水资源分布不均匀的情况仍将长期存在，黄河流域水资源保障的形势十分严峻。

二、黄河流域水资源管理情况分析

国家高度重视水资源管理。2010 年 12 月 31 日，中共中央、国务院发布《关于加快水利改革发展的决定》，提出实行最严格的水资源管理制度。2012 年 1 月

---

① 水利部黄河水利委员会网站。
② 《中国统计年鉴 2020》。

12 日，国务院发布了《关于实行最严格水资源管理制度的意见》（国发〔2012〕
3 号），对实行最严格水资源管理制度进行了全面部署和具体安排。黄河流域水
资源保障的严峻形势对于强化流域内水资源管理提出了极高要求，在水资源刚性
约束下，统筹协调好水资源开发、配置和保护，需要合理规划，协同推进。

（一）黄河流域水资源开发利用情况

总体来看，黄河流域水资源存在过度开发利用等问题。黄河流域水资源开发
利用率高达 80%，远超一般流域 40% 的生态警戒线。过高的水资源开发利用率与
长期以来黄河流域各省区经济发展需求直接相关，又同时成为制约流域内高质量
发展的瓶颈。

长期以来，对黄河流域进行水资源开发利用为流域内经济社会发展提供了有
力的支持，涉及电力、灌溉、供水等多个方面。2002 年 7 月，国务院批复的
《黄河近期重点治理开发规划》（国函〔2002〕61 号）提出，2002 年黄河干流已
建、在建 15 座水利枢纽和水电站，总库容 566 亿立方米，发电装机容量 1038 万
千瓦，年平均发电量 401 亿千瓦时；灌溉面积由 1950 年的 1200 万亩发展到
2002 年的 1.1 亿亩（其中流域外 0.37 亿亩），在约占全流域耕地面积 46% 的灌
溉面积上生产了 70% 的粮食和大部分经济作物；解决了农村 2727 万人的饮水困
难；为流域内外 50 多座大中城市和中原、胜利油田提供了水源保障。[1]

2013 年 3 月，国务院批复的《黄河流域综合规划（2012—2030 年）概要》
（以下简称《概要》），对 2011 年的黄河治理开发利用情况进行了系统归纳：下
游防洪工程体系基本建成；流域及相关地区经济社会发展得到促进，发展灌溉面
积 1.1 亿亩；全流域已建、在建水电站总装机容量超过 21400 兆瓦，占技术可开
发量的 61%；作为我国西北、华北的重要水源，黄河以其占全国河川径流 2% 的
有限水资源，承担着占全国 12% 的人口、13% 的粮食产量、14% 的 GDP 及 50 多
座大中城市、420 个县（旗）城镇的供水任务，同时还要向流域外部分地区远距
离供水。2019 年的数据显示，黄河流域及下游引黄灌区共有大型灌区 84 处、中
型灌区 663 处，灌溉面积达到 1.26 亿亩。[2]

对比历年的黄河开发利用情况可以发现以下特征：一是黄河灌溉面积增长潜
力已基本发掘，2002～2011 年灌溉面积没有显著增长，2019 年灌溉面积较

---

① 水利部《黄河近期重点治理开发规划》。
② 王浩. 精打细算，用好黄河水（大江大河·黄河治理这一年①）[N]. 人民日报，2020-09-
17（15）.

2011 年仅增长 14.5%，年均增速 2.6 个百分点。二是黄河流域水利发电量仍在增加，2011 年全流域已建和在建水电站总装机容量已占到技术可开发量的 60% 以上，但是仍有一定发展空间。黄河流域大中型水电站主要建立在黄河主干道上中游，根据相关资料整理分析，流域共有水库 217 个（陆浑、故县、西霞院等）、水利枢纽 7 个（小浪底、三门峡、龙口、万家寨、三盛公、青铜峡、沙坡头）、水电站 19 个（乌金峡、大峡、小峡、八盘峡、盐锅峡、刘家峡、寺沟峡、积石峡、黄丰、苏只、公伯峡、康扬、直岗拉卡、李家峡、尼那、拉西瓦、龙羊峡、班多、青铜峡）。① 三是在为流域内外提供水源保障方面，黄河一直承担着重要的任务，水资源供需矛盾日益突出。在生活用水方面，黄河流域主要城市的用水基本上来源于黄河水系，除部分农村以井采水外，黄河流域约 80% 的人口用水都取自黄河的地表水资源。特别在取水量方面，黄河流域水资源利用率过高的情况已成为制约其开发利用的核心瓶颈。1998 年黄河总取水量为 497.12 亿立方米；2019 年黄河供水区总取水量达到 555.97 亿立方米，而当年黄河区水资源总量为 797.5 亿立方米，总取水量已占到水资源总量的 70%。②

在水资源开发利用的区域结构方面，黄河流域 9 省区水资源利用表现出明显的区域差异性。2019 年，四川省、河南省、山东省用水总量分别为 252.4 亿立方米、237.8 亿立方米、225.3 亿立方米，而青海省、宁夏回族自治区用水总量仅为 26.2 亿立方米、69.9 亿立方米。从农业用水、工业用水和生态用水的比例来看，流域内农业用水量远超其他两项用途。从具体省区的农业用水量来看，四川省、内蒙古自治区、山东省、河南省均超过了 100 亿立方米，分别为 154.5 亿立方米、139.6 亿立方米、121.8 亿立方米、138.2 亿立方米。③

（二）黄河流域水资源配置总体情况

总体来看，黄河流域水资源配置的合理性仍有待提升。实施水资源管理需要遵循"节水优先、空间均衡、系统治理、两手发力"的原则，其中科学节水是加强水资源合理配置的前提，在流域内实现空间均衡是基础，最严格的水资源管理制度是保障。

从节水型社会建设方面来看，提升水资源利用效率是节水的关键。《概要》提出，到 2020 年基本建成水资源合理配置和高效利用体系，节水型社会建设初

---

① 王保庆，李希腾. 话说黄河：黄河流域的三个维度 [J]. 焦作大学学报，2020，34（3）.
② 水利部黄河水利委员会《黄河水资源公报》（2019 年）。
③ 《中国统计年鉴 2020》。

见成效，全面保障城乡居民饮水安全，基本保障城镇、重要工业的供水安全，灌溉水利用系数由现状的 0.49 提高到 0.56，流域节水工程灌溉面积占有效灌溉面积的 75% 以上，万元工业增加值取水量比 2011 年降低 50% 左右。2019 年，黄河流域万元国内生产总值用水量已降至 55.4 立方米，万元工业增加值用水量降至 21.6 立方米，约为全国平均值的 1/2。[①]

黄河流域农业用水占用水总量六成以上，提高农业节水能力和水平是加强黄河流域水资源管理的核心。黄河流域农业节水水平不断提高，通过大力推动农业节水增效，加快大中型灌区现代化改造，推广喷灌、微灌、水肥一体化等节水技术，优化调整作物种植结构与面积等一系列措施，相关数据显示，黄河流域农田灌溉水有效利用系数已从 2019 年的 0.554 提高到 2020 年的 0.566，耕地实际灌溉亩均用水量低于全国平均水平。到 2025 年，农田灌溉水有效利用系数有望达到 0.58 以上，农业节水水平将进一步提升。

流域内水资源配置方面，区域统筹配置仍需要进一步推进。黄河流域各地区人口分布不均，经济发展水平差异较大，在国家区域发展布局中的定位不同，流域内的水资源统筹配置应作为黄河流域水资源管理的重点工作来推进。特别是龙门以下的黄河中下游地区，其流域面积仅占全流域的 32% 左右，却承载了 70% 左右的人口，需要在水资源区域间配置时予以充分考虑。

目前，黄河水资源的分配方案依然是按照 1987 年 9 月 11 日国务院办公厅转发的国家计委和水电部《关于黄河可供水量分配方案报告的通知》（国办发〔1987〕61 号）（以下简称"87 分水方案"）执行，与当前黄河流域水资源的实际需求已存在偏差，需要适时进行调整。"87 分水方案"以黄河天然径流量 580 亿立方米（1919-1975 年径流系列）为基础，安排 370 亿立方米用于沿黄各省区的农业灌溉、工业生产与城市生活，210 亿立方米用来冲刷下游河床泥沙。可供水量分配方案：青海 14.1 亿立方米、四川 0.4 亿立方米、甘肃 30.4 亿立方米、宁夏 40.0 亿立方米、内蒙古 58.6 亿立方米、陕西 38.0 亿立方米、山西 43.1 亿立方米、河南 55.4 亿立方米、山东 70.0 亿立方米、河北和天津合计 20.0 亿立方米。但实际上，各省份超用黄河分配水量已成常态，近 10 年甘肃超额 46%，宁夏超额 86%，内蒙古超额 71%，陕西超额 65%，山西、河南、山东分别超额

---

① 王浩. 精打细算，用好黄河水（大江大河·黄河治理这一年①）[N]. 人民日报，2020-09-17（15）.

4%、26%和24%，合计超额用水达148亿立方米。①

《概要》针对黄河水资源供需矛盾尖锐的现状，提出2020年基本建成水资源合理配置和高效利用体系、基本建成水资源和水生态保护体系、健全流域管理与区域管理相结合的体制及运行机制等多项目标。预计到2030年，基本建成黄河下游防洪减淤体系和水沙调控体系，实现有效控制和科学管理洪水；适时推进南水北调西线工程建设，初步缓解水资源供需矛盾；进一步完善流域管理与区域管理相结合的体制机制，基本实现流域综合管理现代化。

（三）黄河流域水资源治理保护情况

国家高度重视黄河流域水资源保护。2002年起实施的《中华人民共和国水法》为合理开发、利用、节约和保护水资源提供了法律依据。2011年中央一号文件明确提出，实行最严格的水资源管理制度，建立用水总量控制、用水效率控制和水功能区限制纳污"三项制度"，相应地划定用水总量、用水效率和水功能区限制纳污"三条红线"。2012年1月，国务院发布了《关于实行最严格水资源管理制度的意见》，对实行最严格水资源管理制度工作进行了全面部署和具体安排，进一步明确水资源管理"三条红线"的主要目标，提出了具体管理措施。2015年10月，《中共中央关于制定国民经济和社会发展第十三个五年规划的建议》明确提出，"实行最严格的水资源管理制度，以水定产、以水定城，建设节水型社会"。2019年9月，习近平总书记在黄河流域生态保护和高质量发展座谈会上指出，保护黄河是事关中华民族伟大复兴的千秋大计。

2020年8月，中央政治局召开会议审议《黄河流域生态保护和高质量发展规划纲要》，提出要把黄河流域生态保护和高质量发展作为事关中华民族伟大复兴的千秋大计，改善黄河流域生态环境，优化水资源配置。

2020年10月，《中共中央关于制定国民经济和社会发展第十四个五年规划和二〇三五远景目标的建议》再次强调推动黄河流域生态保护和高质量发展。加强黄河流域水资源保护是实现黄河流域水资源可持续开发利用的基础和前提。中华人民共和国成立以来，在防洪、排淤、水土保持等方面取得了多项举世瞩目的成就。在防洪和排淤工程建设方面，累计完成土方约13.5亿立方米、石方1800万立方米，初步形成了较完善的工程体系；在防洪方面，于黄河中游建设了三门

---

① 赵莺燕，于法稳．黄河流域水资源可持续利用：核心、路径及对策［J］．中国特色社会主义研究，2020（1）．

峡、路泽、故县、小浪底四大水库或水利枢纽，三门峡水库容量可达 354 亿立方米，小浪底水库容量可达 126.5 亿立方米；在排淤方面，于黄河下游河段稳固堤防、整治河道，保障下游不出决口和排淤通畅；为减少水土流失危害，累计人工植树造林面积已达 1.20 亿亩、种草面积 0.35 亿亩。特别是进入 21 世纪以来，我国继续在加强黄河流域水资源保护方面做了大量工作，取得了显著成绩。研究显示，20 世纪 80 年代初，黄河流域水质开始呈恶化趋势；到 2000 年左右水污染逐渐达到高峰；进入 21 世纪以后，随着国家水污染治理和水环境水生态保护力度的加大，流域水质状况整体得到改善。[①]

目前，黄河流域生态环境持续明显向好，水土流失综合防治成效显著，生态环境明显改善，上游水源涵养能力稳定提升；中游黄土高原蓄水保土能力显著增强，下游河口湿地面积逐年回升，生物多样性明显增加。

三、强化黄河流域水资源管理的战略要求

强化黄河流域水资源管理，统筹协调黄河流域水资源开发、利用、保护和配置，契合新形势下国家多项战略部署的要求，具有极其重要的战略意义。

（一）新发展理念的要求

党的十八届五中全会提出了创新、协调、绿色、开放、共享五大发展理念，这是改革开放多年来我国发展经验的集中体现，更是相当长时期我国发展思路和方向的集中体现。强化黄河流域水资源管理，需要认真贯彻新发展理念的要求。践行协调发展理念是解决黄河流域省份发展不平衡不充分问题的制胜要诀。黄河流域省份 2019 年底总人口 4.4 亿，占全国的 31.6%；地区生产总值 24.74 万亿元，约占全国的 25%。

总体来讲，黄河上中游 7 省区发展相对不充分，各省区之间的发展差距较大。水资源是黄河流域各省区发展的重要约束性资源，通过强化黄河流域水资源管理特别是优化水资源的区域配置，能更好地促进区域协调发展，引导产业转移和结构升级，平衡区域发展和城市建设，推动缩小黄河上中游与下游的发展差距。

践行绿色发展理念是实现黄河流域经济社会可持续发展的必由之路。黄河流

---

① 中国国际咨询工程有限公司研究报告《关于黄河流域生态保护和高质量发展用水保障的思考与建议》，作者曲永会。

域水资源总量少、人均占有量低等特征正在成为制约流域经济社会发展的瓶颈。为实现流域经济社会可持续发展，必须以绿色发展理念指导黄河流域水资源管理工作。通过系统科学的管理体制建设，有序利用水资源、合理配置水资源、科学保护水资源，形成流域水资源开发利用和生态保护的良性互动，为黄河流域经济社会发展提供稳定性强和可持续性强的水资源供给。践行共享发展理念是满足黄河流域人民群众对美好生活向往的有效途径。人民是推动发展的根本力量，实现好、维护好、发展好最广大人民根本利益是发展的根本目的。开展黄河流域水资源管理，其根本出发点是满足黄河流域人民群众对美好生活的向往。在流域内区域发展水平不一、发展质量普遍有待提高的现实背景下，应以共享发展理念指导水资源管理工作，探索构建以水资源为核心的跨区域利益共享机制，促进下游省区对上中游的辐射带动，形成流域协同发展的新局面。

（二）黄河流域生态保护和高质量发展战略的要求

2019 年 9 月，黄河流域生态保护和高质量发展座谈会召开，将黄河流域生态保护和高质量发展上升为重大国家战略，并提出了加强生态环境保护、保障黄河长治久安、推进水资源节约集约利用、推动黄河流域高质量发展和保护、传承、弘扬黄河文化等主要目标任务。强化水资源管理契合该项战略要求，具有较强的战略意义。强化黄河流域水资源管理是推进黄河流域生态保护工作的直接要求。黄河流域范围很广，生态地位重要，横跨三大高原和黄淮海平原，特别是其流域范围内的三江源、祁连山、河套平原、黄淮海平原等地理单元，均是具有水源涵养、防风固沙、生物多样性保护等生态功能的重要区域，对维护国家和区域生态安全发挥着重要的作用。

推进黄河流域生态保护，抓好水资源节约保护和治理是关键性、源头性问题。强化黄河流域水资源管理是实现黄河流域高质量发展的重要保障。无论生产经营还是人民生活，淡水资源均是基础性的资源保障。在供给层面，黄河流域水资源总量不大，黄河流域人口密度较高、人均水资源量明显低于全国平均水平，水资源供给能力相对有限。在需求层面，流域省份对黄河水资源的依赖性较强，随着经济总量的扩张，用水需求呈现扩张的趋势。全流域水资源紧张和水资源需求扩张的矛盾已经成为制约黄河流域高质量发展的重要瓶颈。在此背景下，迫切需要强化黄河流域水资源保护和治理，通过优化用水结构和方式、减少污染排放、加强生态保护等一系列措施，夯实高质量发展的水资源保障。

（三）深入实施乡村振兴战略的要求

乡村振兴战略包括产业振兴、人才振兴、文化振兴、生态振兴、组织振兴的全面振兴，是现阶段"三农"工作的总抓手。黄河流域农村人口众多，是乡村振兴战略实施的重要区域。能否妥善解决好黄河水资源存在的现实问题，直接影响到我国乡村振兴战略目标的实现。

强化黄河流域水资源管理是促进乡村实现全面振兴战略目标的有效途径。黄河流域及相关地区是我国农业经济开发的重点地区，耕地面积约占全国的 13%，多种农产品在全国占有重要地位，具备发展现代农业、推进乡村产业振兴的良好基础。乡村产业振兴需要各类要素禀赋支撑，通过对黄河水资源的科学开发利用，更好地匹配现代农业、特色产业发展的用水需求，助力乡村产业振兴目标的实现。乡村生态振兴同样与黄河流域生态保护密不可分，通过强化水资源治理，着力解决经济发展与生态争水的突出矛盾，能够较好地破解乡村发展的桎梏，促进乡村振兴、生态振兴目标的实现。

四、黄河流域水资源科学管理的方向与路径探讨

开展黄河流域水资源管理，需要贯彻落实五大发展理念，坚持"节水优先、空间均衡、系统治理、两手发力"的总体方向，增强水资源开发利用、配置和保护的系统性、整体性、协同性，有针对性地开展顶层设计和制度创新，以黄河流域的科学化水资源管理推进黄河流域的高质量发展。

（一）坚持"以水四定"，立足流域现状统筹规划

习近平总书记在黄河流域生态保护和高质量发展座谈会上提出，要坚持以水定城、以水定地、以水定人、以水定产，把水资源作为最大的刚性约束，合理规划人口、城市和产业发展。因此，应将黄河流域水资源管理视作一项系统工程，加强顶层设计，立足实际统筹规划，分区域、分步骤稳步推进。

一是高度重视水资源管理工作，充分认识黄河流域水资源管理所面临的严峻形势，加快黄河保护立法，在水资源利用层面进行严格的总量控制。黄河流域水资源总量有限且已高度开发利用。黄河流域各省区面积占全国的 38.5%，经济总量占全国的 21.95%，但水资源总量仅占全国水资源的 10.73%。必须充分认识黄河流域水资源总量不足这一基本现实，在此基础上开展水资源管理工作。

二是将水资源作为最大的刚性约束，统筹规划人口、城市和产业发展。将资源刚性约束指标分解至各省区、各城市，使黄河水资源指标成为和土地、能耗同

等级的经济社会发展的重要约束性指标，倒逼黄河流域加快建立绿色、低碳、循环的现代产业体系。根据对未来黄河水资源的合理估测结果来规划人口、城市和产业布局，通过合理规划，避免加剧水资源供需间的矛盾。

三是从长期可持续发展的视角出发，充分评估黄河流域水资源的开发潜力，合理规划未来相当长时期的黄河流域乃至流域各省份的区域定位和发展方向。黄河存在水资源分布不均衡、部分地区水文地质条件恶化和水质下降、地表水资源季节性变化大、挟带泥沙量大等特征，进一步开发利用难度较大，需要立足全流域可持续发展，从更长的时间维度上合理规划。2013 年，国务院批复了《黄河流域综合规划（2012-2030 年）概要》，提出了 2030 年的规划目标，目前应加快开展基于 2020 年基础的后续研究论证工作。

（二）坚持节水优先，继续强化节水型社会建设

黄河流域水资源总体匮乏，随着经济社会发展和人口增长，水资源供需矛盾有可能进一步加剧。深度节水是缓解当前黄河流域水资源供需矛盾最经济、最现实、最优先的途径。因此，需要坚持节水优先的原则，强化节水型社会建设，减缓水资源消耗量增长速度，努力实现水资源供求基本保持平衡。

一是健全完善节水制度。我国水资源利用效率低下的原因是多方面的，既有技术方面的问题，也有投入方面的问题，但从根本上看是节水制度的缺失或不合理。为进一步健全节水制度体系，应在严格实施水资源有偿使用制度、改革完善和执行水价制度、强化污水排放达标与收费制度、积极有序地实施水权交易制度、构建水资源资产核算制度、建立健全节水投入保障机制等方面扎实推进。

二是大力发展节水产业和技术。针对黄河流域水资源供需矛盾，着力夯实节水的产业基础和技术支撑。一方面，大力发展节水产业。节水产业是节水型社会建设的重要参与对象，政府是节水产业发展的牵引力量和保证主体，企业是节水产业发展的最终策动力、执行主体及需求主体，公众是节水产业的影响力和舆论主体。应建立良性的投入机制以启动节水市场，制定合理水价措施促进节水产业发展，加强节水产业调控和管理促进节水产业有效供给。另一方面，大力发展和推广节水技术。应采取积极政策措施，加强节水技术创新和科技成果转化。鼓励农业节水灌溉技术研发及推广应用，建设绿色高效生态农业。鼓励工业企业特别是高耗水行业工业企业开展节能节水技术改造。

三是以产业结构升级推动降低生产用水需求。黄河流域是我国粮食主产区，农业用水量较大，同时产业结构偏重，煤炭采选、煤化工、钢铁、建材、有色金

属冶炼等行业耗水量较大。在 2017 年黄河流域的用水结构中，农业用水总量占比达 65%，工业用水总量占比达 15%，生活用水总量占比达 14%，生态用水总量占比仅有 6%，工农业和生活用水对生态流量的严重挤压，导致水环境自净能力不足，进而对黄河流域的生态环境保护和可持续发展形成了严重的制约。在此背景下，一方面，要加快农业现代化升级，提高节水效率，降低水资源消耗；另一方面，要继续大力推进传统产业转型，坚决抑制不合理用水需求，减少新上高耗水企业，提高工业用水回用效率。

四是引导全民节水，降低生活用水总量增速。针对居民节水意识不强的现状，加强节水政策宣传，形成全民节水的舆论氛围。加强政策引导，降低人均生活用水消耗量。通过建立更加市场化的居民用水定价制度，发挥水价的经济杠杆作用，促进节水产品应用，引导居民形成良好的用水习惯。鼓励居民普遍采用节水产品，在有条件的地区适时推出节水产品强制使用政策。

（三）立足流域统筹，合理配置和引入水资源

黄河流域存在水资源分布不均衡、部分地区水文地质条件恶化和水质下降、地表水资源季节性变化大等特征，这是开展黄河水资源治理的重要前提条件。在此现实条件约束下，应立足流域统筹，合理规划配置现有水资源，增强水资源跨区域配置的能力。

一是动态优化水资源的区域配置。现行的黄河流域水资源分配方案"87 分水方案"出台已有 37 年，流域各省份和主要城市的发展和功能定位均出现了不同程度的差异，有必要根据流域主体功能定期动态优化水资源配置。最新研究表明：按照流域主体功能实现水资源分配机制，使黄河流域最大可能节水 23.01 亿立方米；流域主体功能水资源分配机制给黄河流域主体功能实现分别带来 4344.48 亿元的生产功能增量、991.35 亿元的生态功能价值增量，可多承载 8194.84 万人口；减少宁夏和山东的农业用水及内蒙古工业用水分配对黄河流域水资源优化分配至关重要。

二是改革完善引黄供水管理制度。黄河流域周边海河、淮河流域同样属于严重缺水地区，黄河还承担着向流域外供水的任务。流域外供水的城市有郑州、济南、青岛、天津、北京、沧州等，农业方面承担向黄河下游两岸流域外的河南、山东等大型引黄灌区的灌溉供水任务，此外还承担向白洋淀跨流域生态补水任务。由于黄河供水水价较低，其未来供水任务难以减轻，向流域外调生产、生活和生态用水的任务还在加重。鉴于此，应改革完善引黄供水管理制度，合理确定

黄河水资源向流域外供水的总量，提高水资源的使用效率。

三是加强相关水利基础设施建设。水利基础设施建设是强化黄河流域水资源管理的重要保障。党的十九大报告做出了加强水利基础设施网络建设的总体部署。国务院办公厅关于保持基础设施领域补短板力度的指导意见（国办发〔2018〕101号）再次强调补齐水利领域基础设施短板，加快建设一批引调水、重点水源、江河湖泊治理、大型灌区等重大水利工程，进一步完善水利基础设施网络。2019年，全国水利建设落实投资7260亿元，达到历史最高水平。龙羊峡水电站枢纽等水利工程建设在黄河治理过程中发挥了重要作用，当前解决黄河流域水资源配置问题，同样需要继续加强各类水利基础设施建设，夯实水资源科学管理的基础。

（四）加强制度创新，推进流域水资源协同治理

实现黄河流域水资源科学管理，还必须在制度创新上持续发力，通过健全和完善相关体制机制，理顺流域各主管部门、各省份、各大城市间的协调配合机制，形成强化水资源管理的合力。

一是健全黄河流域内省份水资源管理的协调配合机制。在机构设置方面，应探索整合水资源行政机关职能，以充分适配流域治理的制度需求与生态需求。在考核监督方面，由于黄河流域上中下游的水资源现状和水资源管理工作重心不同，需要配备因地制宜的考核评价机制。同时，加快建立常态化的流域水资源协同管理和沟通协调机制，将总体目标及时量化细化分解。

二是进一步健全流域内利益共享机制。流域内部各省份发展阶段和具体情况不一，对水资源的需求差异较大，很难通过简单的行政手段来推动水资源科学管理和最优化配置。因此，应进一步健全流域内的利益共享机制，鼓励上游地区加强生态保护投入提升涵养能力，中游地区加强水土保护工作力度，受益于上中游地区投入的下游地区以多种形式反哺上中游地区，形成有效的黄河共同治理利益共享的激励机制。

三是推进水资源管理向流域与区域协同治理转型。对黄河这类跨越多个省区的大型河流而言，在解决流域问题方面，流域统一管理通常较区域管理更加有效。当前黄河流域水资源治理中，存在法律规范不完善、流域管理机构自身定位不清、条块分割矛盾明显、九龙治水乱象突出、流域管理机构缺乏有效执行权力、动员社会参与能力严重不足等问题，应通过改革黄河流域水资源管理体制运行机制、增强流域管理机构服务职能、立法加强流域管理机构职权、引导社会力

量共同参与等措施，推进黄河流域水资源协同治理。

第二节　黄河流域生态保护方向与路径

一、黄河流域上游生态保护的路径探讨

黄河生态系统是一个有机整体，但是上中下游的生态差异显著，生态保护的侧重点也必然有所不同。黄河流域上游生态保护的关键在于水源涵养。本节将在系统分析上游生态保护主要短板的基础上，探讨生态保护的施力方向，提出上游生态保护政策体系完善的具体路径。

（一）上游生态保护面临的主要问题

总体来看，黄河上游生态脆弱性特征显著，气候呈现暖干化趋势并影响区域生态和高寒环境，自然条件特殊，地质条件复杂且稳定性差，草地环境恶化严重，自然灾害多发。

气候暖干化趋势下的区域生态正在发生变化。近 50 年来，黄河上游气温呈显著上升趋势，降水变化空间差异突出，整体暖干化趋势明显，局部出现暖湿现象。由于气候暖干化、人类放牧、矿石开采、地质构造作用等，水源地湖泊面积、地下水位、径流量、山体积雪面积及冻土层厚度等多项指标趋于下降，进一步导致区域生态和高寒环境发生深刻变化。

黄河上游山脉众多、东西高低悬殊，气候条件多样且年、季变化大，区内差异显著，自然条件特殊；区域地质构造复杂，岩石多已变质，谷深坡陡，断裂构造发育，稳定性较差。青铜峡下游至河口段的银川盆地、呼和浩特盆地以及六盘山西侧的陇西盆地均属于灾害性地震带。部分区域自然灾害多发，宁蒙河段易出现冰凌洪水及悬河灾害；严冬季节易形成冰凌洪水灾害；河段水沙关系有所恶化，河道淤积抬高、主槽淤积萎缩、行洪能力下降。黄河上游的草地退化或荒漠化导致草地环境日益恶化。

黄河上游地区是我国土地荒漠化最严重的地区之一，1975~2007 年，土地荒漠化面积共增加了 3499.76 平方千米，其中沙质荒漠化面积增加 3407.62 平方千米，盐碱质荒漠化面积增加了 92.14 平方千米。黄河上游是众多生物种群栖息的

地区，但在干旱半干旱区域复杂的地理环境背景下，其生态脆弱性较为显著。部分生物及其种群数量呈现锐减趋势，受威胁的物种占比为 15%～20%，高于世界平均水平（10%～15%）。[①]

（二）上游生态保护的施力方向

习近平总书记在黄河流域生态保护和高质量发展座谈会上指出，黄河生态系统是一个有机整体，要充分考虑上中下游的差异。上游要以三江源、祁连山、甘南黄河上游水源涵养区等为重点，推进实施一批重大生态保护修复和建设工程，提升水源涵养能力。这一科学论断为黄河上游生态保护指明了施力方向。

一是抓住核心问题，着力提升水源涵养区水源涵养能力。黄河上游水源涵养对黄河流域水资源可持续开发利用具有决定性的作用。三江源是黄河主要水源涵养区，属于青藏高原气候系统，有冷暖之分，无四季之别，属于典型高寒生态系统，生态环境十分脆弱。20 世纪 70 年代开始，三江源地区生态系统开始持续退化。三江源植被以高山草甸和草原为主，出于过度放牧、毒杂草蔓延、高原啮齿类动物破坏等原因，草原退化严重。从 20 世纪 70 年代至 2004 年，三江源自然保护区约 40% 的草地面积出现不同程度的退化，草地总面积减少了约 1990 平方千米，水体与湿地总面积净减少约 375 平方千米。草原退化严重降低水源涵养能力，1995～2004 年三江源自然保护区多年平均年水源涵养量为 142 亿立方米。2005 年国务院批准《青海三江源自然保护区生态保护和建设总体规划》以来，随着生态保护工程的实施，水源涵养量以 19.35 亿立方米/10 年的趋势增加，目前三江源自然保护区水源涵养能力约 200 亿立方米。

二是以生态保护修复为重点，深入推进实施重大生态保护修复和建设工程。黄河上游地区生态基础薄弱、经济发展水平较低、人口密度较少，难以满足黄河上游生态保护的资金需求，必须通过国家层面推动重大生态保护修复和建设工程实施。2005 年，国务院批准《青海三江源自然保护区生态保护和建设总体规划》，一期工程于 2005～2013 年实施，总投资 75 亿元，取得了有目共睹的效果。2014 年，国家发展和改革委员会正式印发《青海三江源生态保护和建设二期工程规划》，规划期限为 2013～2020 年。该规划对进一步加强三江源地区湿地、河流湖泊、草原生态系统保护进行了部署安排。从黄河流域高质量发展战略来考

---

① 李任时，邵治涛，张红红，等. 近 30 年来黄河上游荒漠化时空演变及成因研究 [J]. 世界地质，2014，33（2）.

虑，有必要制定《青海三江源生态保护和建设三期工程规划》。

（三）上游生态保护政策体系的完善

上游生态保护政策体系已基本建成，但是围绕提升水源涵养能力这一核心任务，生态保护政策体系应从以下方面进行完善：

一是划定上游生态保护的红线。应高度重视黄河上游生态保护工作，划定生态保护红线。在确保原生态保护红线、永久基本农田和城镇开发边界"三线"基础上，增加环境质量底线和资源消耗上限，并确定环境准入负面清单。推进三江源地区生态保护，科学确定牧草与载畜量的当量关系，构建生物防治的技术体系，加强人工优质牧草培育，减少草场压力。在黄河上游重要生态区中实施一批重大生态移民工程，缓解经济增长需求与生态保护的矛盾。

二是加快完善生态恢复政策。延续以退耕还林还草为主的生态恢复措施，推进上游生态恢复。推进黄河上游冲积平原地区生态恢复，根据降水和水资源时空分布特点，调整农业种植结构，压缩冬小麦种植规模，扩大饲草种植面积，缓减春旱缺水难题，减少河套等引黄灌区灌溉面积。

三是进一步健全生态补偿机制。目前黄河上游的生态补偿机制主要包括2010年青海省探索建立的三江源生态补偿机制、国家下达的重点生态功能区转移支付和上游省区的省内流域生态补偿机制，以及陕甘两省探索的跨省流域上下游横向生态补偿机制等。应加快探索建立系统性、整体性、全覆盖、统一的流域生态补偿机制，建立跨省流域上下游横向生态补偿机制，完善重点生态功能区转移支付制度，健全黄河流域市场化、多元化补偿机制。

二、黄河流域中游生态保护的路径探讨

（一）中游生态保护面临的主要问题

中游的晋陕大峡谷两侧属于黄土高原地区，县域经济以旱作农业、畜牧业为主，经过多年退耕还林生态治理，水土流失得到一定程度的遏制，但目前仍是黄河泥沙的主要来源区，未来水土保持生态治理仍然面临较大压力。黄河中游干线中段和东段区域人口密集，农业发达，存在生产生活污水排放、农业面源污染等环境问题，个别城镇紧邻黄河岸边，城市大型基础设施如韩合机场的布局与建设对黄河生态平衡的影响尚未得到合理论证，人类生产生活对黄河生态的影响依然广泛存在。

（二）中游生态保护的施力方向

习近平总书记在黄河流域生态保护和高质量发展座谈会上指出，黄河中游要突出抓好水土保持和污染治理。有条件的地方要大力建设旱作梯田、淤地坝等，有的地方则要以自然恢复为主，减少人为干扰，逐步改善局部小气候。对汾河等污染严重的支流，则要下大力气推进治理。上述科学论断为黄河上游生态保护指明了施力方向。

一是坚持生态优先，科学系统推进水土保持。黄河流域中游地理条件复杂，不能够简单采取"一刀切"的治理方式，而是应当因地制宜，因势利导地推进水土保持工作。一方面，结合山水林田湖草沙工程的实施，推进生态环境的综合治理。针对山西及陕北、渭北、宁东等能矿资源开采区，采取地面居民搬迁安置、地下爆破或回填等工程措施，分类分批解决能矿资源采空区历史遗留问题。管控城镇、工业园区、矿区生活生产空间污染物源头排放，提出农村污水集中式、分散式治理新模式，加强汾河、渭河等黄河支流水环境污染综合治理。另一方面，延续以退耕还林还草为主的生态恢复措施，推进黄土高原生态恢复。黄河泥沙表象在黄河，根子在黄土高原。20世纪50年代至今，黄土高原水土流失治理经历了坡面治理、沟坡联合治理、小流域综合治理和退耕还林还草四个阶段。2000年至今为退耕还林还草治理阶段，植被从1999年的31.6%增至2017年的约65%；黄土高原水土流失得到了有效控制，入黄泥沙由20世纪五六十年代中期的15亿吨左右减少至2亿吨。未来黄土高原退耕还林还草工程需要进一步优化和调整结构，巩固现有成绩，同时，须维持一定泥沙量，保障黄河三角洲海岸带生态安全。

二是结合高质量发展要求，开展大力度污染防治。黄河流域是我国农耕经济的发源地，早在西周至秦汉时期，黄河中游地区已发展成繁荣的农耕经济。中游地区产业结构不够合理，经济发展过多依赖能源与原材料产业，面临着依赖资源过度开发的困难。煤炭开采、金属冶炼、化工等高污染、高能耗企业数量多，又会加剧企业污水污染物排放达标难度，从而进一步制约黄河中游污染治理效果。中游黄土高原农业经济发展现代化程度偏低，生产经营规模偏小，水资源利用效率较低，加剧了水土流失和土地盐碱化、沙化。因此，必须以高质量带动污染防治，通过大力推进中游地区产业转型升级，坚决淘汰落后产能和高污染企业，鼓励传统产业通过技术改造等方式降低耗水量和减少污染物排放。鼓励发展现代农业，提高规模化经营主体比例，推进智慧农业、绿色农业发展。在此基础上，加大污染治理的投入力度，更能取得事半功倍的效果。

（三）中游生态保护政策体系的完善

黄河中游生态保护政策体系相对薄弱，更多的是以省为单位"各自为政"。围绕中游水土保持和污染治理这两大核心任务，中游生态保护政策体系应从以下三方面进行完善：

一是统筹构建水土保持相关政策体系。黄河中游流域面积占到全流域面积的43.3%，沿岸城市发展情况不一。而中游地区水土流失强度大，治理难度大，既需要建设大型水利枢纽设施进行调水调沙，又需要多个地区共同投入开展治理工作。因此，必须统筹构建水土保持相关政策体系，明确总体任务目标，在国家和省级加大水利设施建设的同时，明确各地市政府任务分工，形成区域内水土保持共同治理的合力。

二是健全污染治理的激励约束机制。受限于相对薄弱的资源禀赋和产业结构，中游地区污染治理难度较大，必须建立强有力的约束机制，制定严格的环境治理标准，划定资源消耗上限，并将具体任务目标分配至各地方政府，倒逼各地区产业绿色化生态化转型。同时，加大对地方政府污染治理和生态保护方面成绩的奖励力度，激励各地加大污染治理投入。着力培育全民环保意识，减少居民生活污水垃圾产生量。

三是构建流域上中下游协同配合机制。中游地区的生态保护进展情况，直接影响下游地区的经济可持续发展和生态环境保护。特别是中游水土流失会直接加剧下游地区河道泥沙淤积，上中游污染物排放会影响下游水资源质量，上中游过度取水同样会减少下游生态用水总量进而影响生态环境。鉴于此，应加快构建流域上中下游协同配合机制，探索设立高规格的黄河流域生态保护常态化对话机制，建立市场化的水资源定价机制和科学合理的跨区域生态补偿机制。

三、黄河流域下游生态保护的路径探讨

黄河流域中游生态保护的重点是湿地的治理和保护。本节将在系统分析下游生态保护主要短板的基础上，探讨生态保护的施力方向，提出下游生态保护政策体系完善的具体路径。

（一）下游生态保护面临的主要问题

下游黄河三角洲是世界上最年轻的湿地生态系统，主要为河滩地、河流故道、决口淤积地区、洼地与背河洼地、冲积岛等，其生态治理和保护主要存在以下三方面的问题：

一是黄河水沙减少导致的海水侵蚀问题。20 世纪 60~90 年代，黄河水携带泥沙进入三角洲，每年新增淤地约 1230 公顷，为该地区提供了丰富的后备土地资源。但是黄河水携带大量泥沙，也导致下游形成 800 多千米的地上悬河，水灾隐患极大。为此，毛泽东提出"要把黄河的事情办好"的要求。可是近年来黄河水沙减少，黄河三角洲被海水不断侵蚀。根据利津站水文统计数据，1998~2016 年河口面积减少约 41 平方千米，年均蚀退 2.53 平方千米，其中刁口河故道区域累计蚀退超过 10 千米，侵蚀导致退化面积超过 200 平方千米。

二是人类活动导致的环境污染问题。黄河三角洲蕴含着大量的油气资源，在石油资源开采、运输和加工过程中，由于化石燃料的不完全燃烧，大量的持久性有机污染物进入环境，并在不同环境介质中传递富集，造成盐渍化土壤被石油污染，从而导致生态系统结构破坏、功能衰退、生物多样性减少、生物生产力下降以及土壤地力衰退等环境问题。流域城镇污水处理能力不足、管网不健全、雨水污水混流溢流等现象还比较普遍，部分地区存在污水未收集处理直排入河现象。

三是多方面因素导致的湿地退化问题。黄河三角洲天然和人工湿地分别占全国湿地总面积的 68.4% 和 31.6%。黄河三角洲国家级自然保护区总面积约 15.3 万公顷，其中核心区 7.9 万公顷，缓冲区 1.1 万公顷，实验区 6.3 万公顷。黄河三角洲自然保护区为动植物提供了良好的栖息环境。据统计，黄河三角洲分布各种野生动物达 1524 种，其中，海洋性水生动物 418 种，淡水鱼类 108 种，植物 393 种，野生鸟类 368 种，其中 38 种数量超过全球 1%，是全球候鸟迁徙的重要栖息地。但 1998~2016 年湿地植被净初级生产力总量呈下降趋势，其原因除气候和土地盐碱化之外，外来物种互花米草入侵也是导致湿地退化的主要原因。截至 2018 年，互花米草已超过 4400 平方千米。互花米草具有强大的无性繁殖能力，使盐地碱蓬、海草床生境逐渐被侵占，鸟类觅食、栖息生境逐渐减少或丧失，造成鸟类种数减少、多样性降低，滩涂底栖动物密度降低了 60%，导致湿地生物群落组成和结构发生变化。①

（二）下游生态保护的施力方向

习近平总书记在"黄河流域生态保护和高质量发展"座谈会上指出，下游的黄河三角洲是我国暖温带最完整的湿地生态系统，要做好保护工作，促进河流

---

① 胡金焱. 母亲之河——黄河流域生态保护和高质量发展［M］. 重庆：重庆大学出版社，2022.

生态系统健康，提高生物多样性。上述科学论断同样为下游生态治理和保护指明了施力方向。

一是积极促进河流生态系统建设。在加强污染防治减少污染物排放的基础上，加快实施黄河三角洲国际重要湿地保护与恢复工程等重大生态修复项目，加强黄河下游水利基础设施建设，采取退耕还湿、退养还滩、河岸带生态保护与修复等一系列措施，促进黄河下游河道、河口三角洲及附近海域生态系统的结构与功能修复。

二是持续做好下游污染防治工作。黄河下游地区经济发展水平较高且呈现人多地少的特征，部分地区环境污染严重，客观上加剧了生态环境风险。下游省份已着手把油田等生产企业与设施退出黄河三角洲国家级自然保护区的核心区，避免黄河三角洲继续遭受重金属与持久性有机污染物污染。下一步，应持续做好下游污染防治工作。通过深化产业结构转型，逐步降低重化工业在经济结构中的比重，逐步关停淘汰现有高污染企业，推进传统产业企业绿色化升级改造，降低工业生产对黄河流域生态的负面影响。提高城镇和农村基础设施建设水平，规范化建设城镇集中式饮用水水源地和农村水源地，提升城乡污水处理能力，完善城乡污水管网体系，减少居民生活对黄河流域生态的影响。

三是提高黄河三角洲生物多样性。一方面，做好有害生物防控，积极遏制入侵生物。加强有害入侵生物监控，科学开展有害入侵生物防控工作，遏制以互花米草为代表的入侵生物恶性蔓延，促进河流生态系统健康，改善滩涂生物栖息地质量。另一方面，加大对黄河三角洲生物保护力度。通过实施湿地修复工程，遏制海水倒灌和侵蚀，推动恢复湿地功能和改善生态环境，为珍稀鸟类提供繁殖地和栖息地，改善原生植物物种生存环境。

（三）下游生态保护政策体系的完善

黄河下游生态治理和保护政策体系相对完善，2009年12月，国务院通过了《黄河三角洲高效生态经济区发展规划》，划定了核心保护区、控制开发区和集约开发区。下游的河南、山东两省出台了多项推进黄河流域生态保护的政策措施。就下游生态治理和保护政策体系而言，还需要做好以下三个方面工作：

一是优化黄河三角洲生态保护政策体系。建立健全自然保护区及其他重点生态区的法律法规制度，探索开展黄河三角洲保护立法。加强区域内生态治理和保护工作的协同性，建立河南、山东两省的生态保护合作机制，整合现有生态保护政策，推进跨地区共同实施重大生态修复工程。充分落实地方政府监管和保护职责，实行自然资产离任审计和终身追究制度。

二是加大下游地区污染防治的调控力度。统筹协调经济发展和生态保护的关系。严格执行核心保护区、控制开发区的相关政策，坚持以绿色发展理念指导区域经济社会发展，通过实施财政金融等政策措施，逐步降低企业生产性污染物排放规模。健全利益共享机制，加大基础设施投入力度，提升居民生活污水、垃圾处理率，杜绝污水直接排放入河。

三是围绕提高生物多样性开展系统性的制度设计。生物多样性问题已成为黄河流域下游生态保护工作中不容忽视的重要问题，而目前直接的制度设计较少，尚未形成体系化的政策框架。下一步，流域下游地区应在科学论证的基础上，针对植物多样性提高、鸟类栖息地和繁殖地保护、入侵有害物种防控等突出问题，加快出台相应政策措施。

第三节　黄河流域生态保护的长效机制

一、生态保护与经济发展关系辨析

黄河流域是我国重要的农业、工业基地，其土地、水能、矿产等资源丰富，在全国经济社会发展和生态文明建设格局中具有举足轻重的战略地位。正确认识黄河流域生态环境保护与经济发展的关系，是实现黄河流域可持续发展、高质量发展的重要前提。生态保护与经济发展的关系，归根结底是人与自然的关系。经济发展是人类社会存在和发展的基础，但经济发展必须充分考虑生态环境的承载能力，必须建立和维护生态环境与经济发展的平衡关系，实现人与自然和谐相处，这是保持经济可持续发展的必要条件。

（一）生态保护理论

18 世纪 60 年代工业革命开始以来，全球经济进入了前所未有的快速发展阶段，经济的发展和技术的进步提高了人们的生活水平。与此同时，各种生态环境问题随之出现。黄河流域在经济高速发展的过程中，自然资源开采过度，使生态体系遭到严重破坏；森林草场破坏严重，导致水土流失加剧。黄河流域生态环境愈加脆弱，水资源保障形势严峻。面对这些生态环境恶化的现实情况，生态保护变得异常重要。

有学者认为，生态是指环境和生物的生存共同体，是一种在自然环境中有结构功能的，由环境和生物、生物和生物所组成的综合体。生态保护是指人类对生态有意识地采取各种保护行动以解决已经出现的各种环境问题。

基于以上理解，生态保护可以被定义为：人类针对生态环境中已经出现的以及预期可能的环境问题采取科学的解决和防护措施。开展生态保护需要以科学方法为指导，采取生态保护措施需遵循生态自身的发展规律。

生态保护有利于解决人类与生态环境彼此影响而产生的一系列问题，可以推动人与地球生物圈的和谐共存，有利于实现人与自然和谐相处的目标，从而更好地促进人类经济社会的可持续发展。

在开展黄河流域生态保护的过程中，需要以生态学的相关理论和方法作为理论基础。国内外学者针对生态保护在不同具体领域的特点运用了不同的理论基础，主要涉及大地共同体理论、系统生态学理论等六个理论。

（1）大地共同体理论。大地共同体理论是在群落概念的基础上提出的。利奥波德（1949）指出，大地共同体理论的科学内涵为：一切事情向保持生命共同体的完整、稳定和美丽发展。大地不应作为人类的所有品存在于人的意识和行动中，人类应该把自己看作大地共同体的一分子，进而对生态进行保护。马提塔（1988）认为，我们必须在科学和良知的引导下做出行为选择，既要从道德上关心生物共同体的稳定和发展，又要考虑社会的正义、自由以及人的潜能的实现。沈清基（2013）探讨了大地共同体理论、生态现代化和智慧城镇化对中国特色新型城镇化的若干启示。

（2）系统生态学理论。系统生态学理论强调发展个体嵌套于相互影响的一系列环境系统之中，系统与个体相互作用并影响个体发展。部分学者对系统生态学的理论进行了研究，如韦达等（1969）最早对系统生态学的概念进行论述，他们指出系统生态学理论是考虑生态系统与生物环境之间相关关系的研究方法；帕夫利卡基斯等（2000）在研究中指出，系统生态学理论主要强调人与生态环境的交互作用；邦达瓦利等（2006）通过研究发现，生态系统具有开放性与环境交互性的特性；费斯等（2010）在研究中将人类角色引入生态系统中，提出了基于人类角度的"生态服务"概念，并强调指出系统生态对于人类的贡献；陈雨枫（2019）表示应该从系统的角度对系统生态学进行研究，这样才能反映生态系统的本质。也有一部分学者对系统生态学在研究中的应用进行了阐述，丰富了系统生态学的实践意义，如陈利顶等（2013）立足于中国国情，应用系统生态理论来探讨了海河流域的生态环境治理问题；黄翅勤等（2014）以湖南省衡阳市东洲岛为例，依据系统生态学的理论，对城市河流岛屿游憩生态安全问题进行了探索研究；姬翠梅（2019）以系统生态理论为基础，对山西省农业生态安全进行了评价分析。

（3）景观生态学理论。景观生态学理论是系统生态学理论的新发展。它的新颖之处主要在于景观生态学理论强调系统的等级结构、空间异质性、时间和空间尺度效应、干扰作用、人类对景观的影响以及景观管理。部分学者对景观生态学的理论进行了研究，如特洛伊（1971）提出了景观生态学的概念，并将地理学中的水平结构途径和生态学中占据着优势地位的垂直功能途径相互结合起来；杨德伟等（2006）探讨了与生物多样性相关的，包括斑块—廊道—基质模式、异质性理论、干扰理论、稳定性理论、生态交错带等多种理论在内的景观生态学理论。也有一部分学者对景观生态学在研究中的应用进行阐述，丰富了系统生态学的实践意义，如麦卡瑟等（1996）主要研究了景观生态学相关理论的应用，并将其应用于生物多样性保护等方面；汪爱华等（2003）以景观生态学为基础，通过研究区域景观破碎化、斑块间隙、空间变化、形状变化来进行景观空间格局变化研究；宋豫秦和曹明兰（2010）、张静等（2010）基于景观生态学理论，利用 RS 和 GIS 技术手段，从景观格局、活力、压力、生态敏感性、生态服务价值等多个角度进行景观生态安全进行评价，提出生态功能指标来表征景观生态功能，丰富了景观生态学的理论；刘云慧等（2012）以景观生态学为理论基础，从景观规划设计与建设方面提出了生态农业建设的侧重点，使其有助于保护生物多样性；刘兴坡等（2019）在景观生态学的指导下，研究上海城市生态网络结构，并据此提出提升上海城市生态品质的途径。

（4）生态系统稳定性理论。生态系统稳定性理论是指生态系统在面对各类不同外界干扰时，自身发生变化的同时进行重组以及维持其自身功能的基本能力。生态系统的抵抗和恢复能力共同决定着生态系统的稳定性，其中抵抗能力指的是生态系统结构抗干扰的能力，恢复能力指的是生态系统恢复最初结构的能力。如今，生态系统稳定性理论已经成为生态保护相关理论的核心理论之一。

（5）生态安全理论。生态安全理论是一种新的安全观，阐述了一种由自然生态安全、经济生态安全和社会生态安全组成的一个复合人工生态系统。20 世纪70年代，美国著名学者莱斯特·布朗（1984）提出将生态安全纳入国家安全的观点。他认为国家安全的内涵必须扩展，不能再局限于传统军事安全，环境问题对一个国家的威胁要远远大于敌军入侵带来的威胁。90年代后期，陈星和周成虎（2005）提出了我国生态安全的概念。王春益（2014）根据生态环境的要素与功能将生态安全划分为"要素安全"和"功能安全"。蔡俊煌（2015）在对生态安全的研究内容进行综述时，按照不同的标准对生态安全进行了分类。徐卫华等（2017）认为，生态承载力是指生态系统提供服务功能、预防生态问题、保障区域生态安全的能力。刘俊霞（2019）从问题、原因、对策等方面讨论了新时代我国生态安全维护问题。

（6）生态系统服务理论。生态系统服务理论指的是生态系统提供的服务和产品等。人类通过生态系统直接或间接地得到利益，而生态系统服务则正是人类和生态系统的重要纽带，主要包括供给服务、调节服务、文化服务和支持服务四种类型。其中，供给服务主要是指食物、水，以及其他生物资源等从生态系统中取得的各种产品；调节服务指的是如气候调节、空气净化等生态系统自身的调节作用；文化服务指的是如精神生活、休闲娱乐等从生态系统中所得的非物质利益；支持服务指的是如养分循环等其他生态系统服务不可或缺的服务。

（二）经济增长理论

黄河流域整体上处于工业化中期阶段，亟待加快推动工业化进程，加快产业结构调整和转型升级，进一步缩小东西部区域发展差距，实现上中下游区域经济一体化。保持一定的经济增长速度，是满足黄河流域沿岸人民群众日益增长的美好生活需要的迫切需求，对于经济社会平稳发展具有重要意义。

1. 经济增长概述

狭义的经济增长通常是指国内生产总值的增长，国内生产总值是指按照市场价格来计算的，在一定的时期内，一个国家（或地区）所有常住单位生产活动的最终产品与服务；从西方经济学的角度来看，经济增长是指一个国家（或地区），在一个给定的时期跨度内，总产值水平的持续增加，主要用国内生产总值增长率来衡量；在马克思经济增长理论的角度来看，经济增长是产出物质财富增加的过程，是指所有常驻企业生产产品数量的增加或生产产品价值总量的增加，影响产出的因素有社会总资本、劳动力的结构和数量以及科学技术等。

基于以上理解，经济增长可以定义为，在受到各种类别生产要素的综合影响下，在一定时期内，一个国家（或地区）所有常住单位最终所生产的或提供的、以市场价格计算的、有形产品与无形服务的价值总和，代表了一个国家（或地区）的整体经济实力，用国内生产总值增长率来衡量。

通过经济增长的定义可知，经济增长代表着国家财富的增加，也会通过带来更多的就业机会，促使人民增加收入，提升人民的生活质量，从而有利于社会的安定团结。因此，研究经济增长，对于改善民生、促进社会稳定和谐，具有重要意义。

2. 经济增长相关理论

从古至今，国内外有众多学者对经济增长的相关理论进行探讨，观点多样，流派众多。根据经济增长理论发展的不同时期，对不同学者关于经济增长的不同观点进行分析，可以大致将其归纳为四种理论，即古典经济增长理论、新古典经济增长理论、新经济增长理论和高质量发展理论。

（1）古典经济增长理论。古典经济增长理论的核心思想是经济增长产生于资本积累和劳动分工相互作用，即资本积累推动了生产专业化以及劳动分工的发展，与之相对应地，劳动分工通过提高总产出促进资本积累的增加。史密斯（1776）提出，土地、劳动力以及资本作为三种基本的生产要素，能够促进物质财富的增加。此外，分工会使劳动力得到有效的利用，而劳动生产率的提高是驱动经济增长的主要因素。理查德（1955）指出，不合理的收入分配制度会阻碍经济发展，应当注重收入分配在经济运行中的作用；马尔萨斯（1959）将经济增长与人口原理紧密联系起来，他认为在没有任何限制条件时，人口将以几何级数增长，而生存资料的增加速度则较为缓慢，因此人口的增长即使可以增加经济总量，但更趋于降低人均生产量。

（2）新古典经济增长理论。新古典经济增长理论的主要观点，是作为外生变量的相关技术的变动会带来全要素生产率的提升，从而推动经济增长。它重视农业的发展和人力资本投资，强调经济私有化，强调对外贸易。索洛（1957）和斯旺（1956）阐述了他们不同于以往学者将投资资本当作是决定经济增长的要素。他们认为，从长期来看，投资或者储蓄并不是经济增长的源泉，技术进步才是推动经济持续增长的动力，并将资本积累定义为包含人力资本和物质资本在内的广义资本的概念，提出了基于柯布—道格拉斯生产函数的索洛增长模型。

（3）新经济增长理论。相较于之前的经济理论，新经济增长理论开始关注之前并未关注的其他影响因素，并试图将其内化为内生变量，并以此为理论基础，研究新经济增长理论在经济中的应用，丰富了新经济增长理论的实践意义。

制度决定理论认为，制度因素对经济增长起促进作用，基于这一理论，贝茨等（2012）运用面板数据进行分析，研究得出民主制度与经济增长存在正向促进作用的结论；都阳等（2014）探讨了户籍制度因素对经济增长的影响，用实证分析探究并证实了制度因素与经济增长之间存在的正向相关关系；但贾瓦齐等（2005）运用同样的数据，却得出制度因素与经济增长之间没有正向相关关系的结论，这与部分学者的研究结论截然相反。结构转变理论认为，结构因素与经济增长之间存在较为密切的相互关联关系。阿西莫格鲁等（2008）通过实证分析，认为产业结构的调整优化与经济增长之间的联系十分紧密；易信和刘凤良（2015）基于熊彼特内生增长模型，通过数值模拟对金融发展、产业结构升级与经济增长进行定量分析，解释了产业结构转型对经济增长率的抑制作用。人口过渡理论认为，人口结构的变动与经济增长之间存在相关关系。高卢等（2000）通过探究人口发展过程与经济转型过程，发现人口增长的方式有利于经济增长模式的发展，并依据人口增长阶段将经济发展划分为三个典型的阶段；钱颖一（2017）、王维国等（2019）、王金营和刘艳华（2020）通过搜集相关数据，探究了我国人口结构变动与经济增长之间的关系，证实两者之间的互动关系明显。

（4）高质量发展理论。"高质量发展"是 2017 年党的十九大首次提出的新表述。其根本在于经济的活力、创新力和竞争力。在微观上，高质量发展要建立在生产要素、生产力、全要素效率的提高之上；在中观上，要重视国民经济结构包括产业结构、市场结构、区域结构等的升级，把宝贵资源配置到最需要的地方；在宏观上，则要求经济均衡发展。国外学者对高质量发展的研究多集中于经济增长质量、经济可持续发展，如卡马耶夫等（1983）提出"经济增长质量"的概念；马克等（2014）、波菲里耶夫（2018）分别从生态完整性、可持续水平、社会包容性、社会福利等方面对经济增长质量内涵进行解读；克拉巴尔蒂（2015）认为，经济可持续发展的根本是韧性和经济适应性。国内学者多从经济新常态下结构优化、动力转换等视角解读其质量效益型增长内涵，如任保平（2018）从经济新常态下结构优化、动力转换等视角解读其质量效益型增长内涵；洪银兴（2019）揭示了经济由量变到质变的发展规律；吴婷和易明（2019）指出，经济高质量发展意味着人才资源的匹配和技术效率的互补；涂正革等（2019）指出，要想激发减排和增效的高质量发展，需要提高地方环境规制强度；高培勇（2019）认为，实现经济高质量发展需要突破惯性思维。

（三）生态保护与经济增长协同理论

"绿水青山就是金山银山"是时任浙江省委书记习近平于 2005 年 8 月在浙江湖州安吉考察时提出的科学论断。这既阐明了生态保护和经济发展的关系，又揭示了保护生态环境就是保护生产力、改善生态环境就是发展生产力的道理。深入挖掘生态资源优势，找准"绿水青山"和"金山银山"之间的转化路径，就能够将生态资本转变为富民资本，将生态优势转变为经济发展优势，进一步激发生态经济创新发展的新动能，在国际绿色低碳竞争中赢得优势，不断增加我国绿色产业发展的韧性、持续性和竞争力，实现生态保护和经济增长的"双赢"。

1. 生态系统与经济系统的协同性

有学者认为，协同是指"两个或者两个以上的不同资源或者个体，协同一致地完成某一目标的过程或能力"。生态系统与经济系统的协同，是指在经济发展过程中，将生态系统与经济系统要素有机结合，实现相互间的协作与配合，使之和谐统一、相辅相成、互为因果。

生态环境问题归根结底是经济发展的方式问题，经济发展取得新成效和生态文明建设实现新进步，就要正确处理经济发展与生态环境保护的关系。绿色、低碳、循环发展是一种节约资源、保护生态环境的经济发展模式，具体体现在绿色生产生活的方方面面。基于以上理解，生态与经济系统的协同性可以定义为：生态系统与经济系统内部各要素相互配合与协作而组成一个有机整体，并形成具有和谐关系的良性循环关系。生态系统与经济系统协同发展的本质，是在推动经济不断发展的同时，保证生态资源与生态环境得到保护或者不断改善，是经济与生态共同发展的双赢模式。

2. 生态与经济协调发展的基础理论

随着生态环境问题的日益严峻，国内外学者对生态与经济协调发展的相关理论进行了广泛的讨论，主要涉及可持续发展理论、循环经济理论、协调发展理论等六个理论。

（1）可持续发展理论。可持续发展的概念于 1980 年在《世界自然保护纲要》被明确提出，定义为"既满足当代人的需求，又不对后代人满足其自身需求的能力构成危害的发展"。其本质是遵循自然发展规律，实现人与自然的和谐。部分学者对可持续发展理论进行了探讨，如古普塔等（2016）分析了可持续发展目标是否应优先考虑穷人和他们所面临的生态问题，并提出了包容性发展的概念。其中心论点是，如果没有对包容性发展的深入承诺，可持续发展目标就有可能无法实现实质性转变；斯特克等（2018）讨论了工业 4.0 时代，工业组织应建立包括经济、社会和环境的基本目标，这些目标旨在实现全球经济向可持续发展转型，而转型过程应实现生态与经济的协调发展；李薇薇等（2020）认为，生态与经济之间的协调发展指和谐一致的发展，这两个子系统共同构成了城市系统，社会经济发展应当考虑环境保护。也有一部分学者对可持续发展理论的应用进行了研究，丰富了可持续发展的实践意义，如魏伟等（2018）基于可持续发展理论，探究了我国陆地经济——生态协调发展的空间演变与发展路径；鹿红和王丹（2017）则基于可持续发展理论，针对海洋生态文明建设中存在的问题，给出了可持续发展战略与对策建议。

（2）循环经济理论。循环经济的思想萌芽诞生于 20 世纪 60 年代的美国，它要求经济发展遵循"资源—产品—再生资源"的循环流动式发展模式，不仅要求经济在数量上的增长，还要有质量上的增长，追求资源的高效利用以及污染的低水平排放，即经济与生态的共同发展。部分学者对循环经济理论进行了探讨，如萨维德拉等（2018）讨论了工业生态学对循环经济的理论贡献，从概念、技术和政策三个方面研究了工业生态学对循环经济的贡献，对各国的政策管理提供了启示。也有一部分学者对循环经济理论的应用进行了研究，丰富了循环经济理论的实践意义，如李英姿（2007）基于循环经济理论，探索循环经济在生态农业发展中的合理框架与典型模式。

李勇进等（2008）分析了我国 20 世纪 70 年代以来循环经济发展历程，梳理了循环经济理论对我国实现生态现代化的启示，并为我国构建环境友好型社会和节约型社会提供了相应的建议；张智光（2017）以循环经济理论为基础，探讨了我国造纸工业及其与林业和生态环境的相关关系；刁秀华和李宇（2019）基于循环经济理论，测度了区域工业生态的发展水平；朱建华等（2019）以贵州省为例，基于循环经济理论，对绿色发展、协调发展等进行了理论与路径研究。

（3）协调发展理论。20 世纪七八十年代，匈牙利经济学家亚诺什·科尔奈（1980）首次提出"只有和谐的增长才是健康增长"的协调发展思想。区域经济与生态环境协调发展是指在进行经济建设活动中，经济发展和生态环境是相互联系、相互作用的有机体，缺一不可。部分学者对协调发展理论进行了探讨，如陈甜甜等（2017）随着可持续发展概念的扩展，研究实现可持续生态经济发展的手段变得越来越重要，利用生态系统服务价值和生态系统分析了中国横断山区经济与生态的协调关系，演化特征和聚集模式；谢明霞等（2016）认为研究由资源、环境、生态、经济和社会子系统（CSR3ES）组成的复杂系统的协调的目的是实现可持续发展。也有一部分学者对协调发展理论的应用进行了研究，丰富了协调发展理论的实践意义，如张磊等（2019）、高静等（2020）基于协调发展理论，对生态文明与我国农业经济的协调发展进行了实证分析，并提出了相应的政策建议。马慧敏等（2019）、李兰冰（2020）以协调发展理论为基础，对我国区域生态文明与经济的协调发展进行深入研究，并提出了相应的政策建议。

（4）绿色发展理论。绿色发展的本质是追求环保与和谐。国内外学者结合中国经济发展实际，批判传统发展模式的局限性，论述了有关绿色发展的战略意义。一部分学者对绿色发展理论的内涵进行了探讨，如邹巅和廖小平（2017）认为绿色发展是绿色和发展内在融合，其关键是发展，核心是将资源环境视为内生增长要素，通过转变发展方式，基于绿色的理念、资本、技术以及制度等方式来实现经济的高效率、高水平发展。反过来，还可以利用高质量的发展成效来提升绿色发展的能力，从而促进人类协调、公平、可持续发展。还有一部分学者对绿色发展理论的应用进行了研究，丰富了绿色发展理论的实践意义，如卢瓦索等（2016）认为在过去的十年里，绿色经济的概念对决策者越来越有吸引力；李顺毅（2017）等基于绿色发展理论，运用 2010 年相关调查数据进行实证分析，发现绿色发展对居民幸福感的影响可以通过增长效应和绿色效应发挥作用；陈明艺和李娜（2020）基于绿色发展理念，对我国 30 个省份的碳排放与经济增长之间的关系进行实证分析，发现我国大部分省份经济增长与碳排放量处于弱脱钩状态、与碳排放强度处于强脱钩状态，经济增长并未造成大量的碳排放。

（5）环境库兹涅茨曲线理论。环境库兹涅茨曲线认为，区域经济发展与区域生态环境质量呈倒"U"型的变化趋势，即随着经济不断发展，资源环境压力首先呈上升趋势，达到拐点后，转向下降趋势，最终二者的联系断开（或叫脱钩）。格罗斯曼和克鲁格（1991）对全球环境监测系统的城市大气质量数据做了分析，发现二氧化硫和烟尘符合倒"U"型曲线关系，这是关于环境库兹涅茨曲线假设的最早研究。环境库兹涅茨曲线提出后，一部分学者从多个视角对环境库兹涅茨曲线形成的动因进行了研究，丰富了环境库兹涅茨曲线形成机理的研究。如帕纳约托（1993）认为环境库兹涅茨曲线是经济结构自然演进以及经济规模效应共同作用的结果；迪肯（1994）认为环境库兹涅茨曲线关系下降段的出现，与政府实施正确的相关环境政策有关；奥松（O-Simg，2001）通过内生经济增长模型对环境库兹涅茨曲线进行分析，发现经济增长与环境压力之间的环境库兹涅茨曲线与经济个体效用中环境舒适度对物质消费的边际效用有关。还有一部分学者基于环境库兹涅茨曲线理论，进行了相关的应用研究，丰富了环境库兹涅茨曲线理论的实践意义。如李华和高强（2017）、李志伟（2020）、蔡玲和王昕（2020）等学者分别利用环境库兹涅茨曲线理论在海洋经济发展、海洋经济绿色发展、生态环境中的应用进行了实证分析，极大地拓展了环境库兹涅茨曲线理论的应用。

（6）适应性治理理论。适应性治理理论最初源于加勒特·哈丁（1968）提出的"公地悲剧"问题。它被看作建立弹性社会生态系统的重要工具。其优越性在于，为了有效弥合各个层次现有的多级管理结构，而在地方乃至更大的区域范围内发展和利用网络以确保科学知识和地方实际相结合以调动社会资本和鼓励地方治理多样性，并通过这些方式生成或增强灵活应对、学习和调整所需的适应能力。迪茨等（2003）在 Science 上首次提出适应性治理概念；克劳迪娅（2009）、德雷塞尔等（2020）指出，社会网络、社会资本、尺度、知识与学习是该理论的共性研究课题。尽管国内早在 20 世纪 70 年代就有学者运用复杂系统自组织理论研究社会、经济领域协同发展问题，但对适应性治理的理论研究相对薄弱。如谭海波和王英伟（2018）、柴盈和曾云敏（2019）分别从分享经济治理、公共资源管理等方面关注多主体参与、协商、学习、反馈；任崇强（2019）认为适应性治理是经济可持续的核心；孙才志等（2019）利用适应机制解读经济系统脆弱性；毛征兵等（2018）通过自组织适应性治理提高稳定性和适应性；张福磊（2019）解析了粤港澳大湾区多主体协商实现跨区域良治的机制。

近年来提出的基于自然的解决方案，着眼于长期可持续发展目标，提倡依靠自然的力量应对风险，为生态保护和经济增长提供了新的思路，也扩充了适应性治理的内涵。这一概念起源于 2008 年世界银行发布的官方报告，2009 年国际自然联盟在提交的应对气候变化的工作报告定义为"一种保护、可持续管理和修复生态系统的行动"，2015 年欧盟委员会将"基于自然的解决方案"纳入"地平线2020"科研计划。至此，该方案从更广阔的视角得到了诠释，即一种受到自然启发、支撑并利用自然的解决方案，可以通过有效和适应性手段应对社会挑战，提高社会的韧性，带来经济、社会和环境效益。

二、顶层设计与机制完善

黄河流域生态保护和高质量发展作为我国发展的重大战略，关系中华民族伟大复兴，任务的完成必须依靠相关省区、部门共同合作，需要在相关法律、制度等顶层设计基础上，加强跨区域协调和统筹，创新联防联治的生态保护机制，推动全流域的一体化保护和协同治理。

（一）强化顶层设计

自党的十八大将生态文明建设纳入中国特色社会主义建设的长远布局以来，人与自然的和谐发展成为生态文明建设的根本标志。黄河是中华民族的母亲河，习近平总书记 2019 年在黄河流域生态保护和高质量发展座谈会上的讲话深刻阐明了黄河战略的重要地位和价值。黄河流域生态环境保护是高质量发展的基础和支撑，充分认识黄河流域生态环境现状与问题，强化顶层设计，是实现黄河战略，全面推进黄河流域经济与自然和谐共生，实现我国生态文明建设目标的根本举措。

加强黄河流域生态环境保护，需要牢固坚持和贯彻"绿水青山就是金山银山"的生态理念，生态环境保护与经济高质量发展并非对立，而是相互促进、和谐共生的现代发展思维。保护是为了发展，发展才能实现更好的保护。因此，在顶层设计上，要遵循生态保护的系统性、整体性和基本规律，完善相关制度，引入市场机制，形成统一协调的生态保护综合管理体制。

一是法规制度的建设和完善。在法律层面上，《中华人民共和国长江保护法》于 2021 年 3 月 1 日开始实施。相对于长江，黄河流域同样对国家发展具有极其重要的战略价值，黄河流域生态环境存在的问题甚至超过长江流域。水资源短缺却利用效率低下，部分地区生态系统退化，生态环境风险问题不仅在短期内直接影响区域经济发展，也极易引致长期性、扩散性和全局性的社会风险。解决这些问题与风险涉及政府、公民与企业法人不同主体的权利与责任，一般性的规划、管理办法等行政手段难以从根本上解决问题，需要通过严格的法律达到治本之效。因此，"黄河保护法"应在原有《中华人民共和国环境保护法》《中华人民共和国水污染防治法》等法律基础上，针对黄河流域存在的特殊性问题，遵循目标导向和问题导向，提出针对性更强的具体措施。

基于黄河流域生态环境保护存在的问题，涉及的法律性制度安排应包括黄河流域生态环境保护目标、水资源管理制度、水资源污染防治制度、流域综合管理制度、流域生态风险防范制度等多个制度安排。此外，相关制度安排的落地和有效执行，不应是一般性的管理办法，而应是"黄河保护法"的重要内容，因此应在法律基础上进一步细化明确。不同于长江、淮河、太湖等流域水污染防治的管理条例或办法，在黄河流域水资源的污染防治制度上，应与黄河流域实际紧密结合，在污水处理、企业准入与禁入、农畜养殖等不同方面提出具体化、针对性更强的要求。

二是加快专门性黄河生态环境保护规划方案制订和推广进程。2017 年 7 月，环境保护部、国家发展和改革委员会和水利部联合印发《长江经济带生态环境保护规划》，标志着长江经济带发展顶层设计日趋完善。相对长江经济带，黄河流域生态环境问题同样重要，急需加快这一顶层设计进程。2019 年 12 月，生态环境部研究起草了《黄河生态环境保护总体方案》，正处于意见征求阶段。以习近平生态文明思想为指导，科学、务实地完善和加快这一专门性生态环境保护规划方案的进程，是黄河流域生态文明建设与经济高质量发展至关重要的基础。

黄河流域与长江及其他流域存在显著差异，黄河生态环境保护的重点和内容也有着较大差异。水土涵养与保持、水污染与水土流失治理、湿地修复和保护分别是黄河上、中、下游的保护重点，也就是说明，在沿黄 9 省区的不同区域，保护重点各有不同，这成为黄河生态保护整体方案制订的难题。因此，在国家层面的黄河流域生态环境保护规划方案基础上，更为科学、具体和具有针对性的区域性生态保护规划方案不可或缺。这便要求沿黄各省份及其地市以国家层面的《黄河生态环境保护总体方案》为指引和导向，进行广泛、深入的实地调研，精准洞悉本区域黄河生态环境存在的问题和短板，编制区域性的黄河生态保护专项规划，与《黄河生态环境保护总体方案》共同构建形成完善、细致、可行的黄河生态环境保护规划体系。尤其是三江源、祁连山和甘南等重要水源涵养区，以生态保护与修复为核心的专门性规划更为紧急。

（二）推动机制完善

2015 年 9 月，中共中央、国务院印发了《生态文明体制改革总体方案》，提出加快生态文明建设，建立系统、完善的生态文明制度体系。《生态文明体制改革总体方案》的出台为黄河流域生态保护综合管理体制的建立提供了顶层指导和凭依基石。要以整体性、可持续性为原则，以生态保护和生态质量提升为目标，全流域统筹协调，制定统一的规划和生态质量标准，在生态管理上，全流域统一监测、统一评价，统一和严格执法，构建统一、协调、高效的系统化综合管理体制。

一是应从全流域视角，分类施策，构建黄河生态治理与保护的制度体系。"黄河治理，重在保护，要在治理"。要在《黄河生态环境保护总体方案》的指导下，就黄河生态保护所涉及的水污染治理、生态保护和修复、水资源利用、湿地修复和保护等不同方面加以系统化、一体化、长期化设计，出台生态治理和保护的专项具体治理方案，形成黄河流域生态治理和保护的制度体系。具体来看，其一是在上游水土涵养区，针对植被破坏、草原退化和荒漠化等问题，通过绿化、自然林保护、退耕还林以及生态移民等制度措施，以及严格的涵养区生态保护制度，限制污染产业进入，加强草地、湿地保护，防止土地退化。其二是针对中游地区降水少、水资源紧张导致的生态难题，要在已有的退耕还林还草政策和制度基础上，完善生态恢复保护的补偿退出机制。通过相关政策设计，鼓励农民调整种植结构，压缩冬小麦种植规模，缓解春旱问题。其三是针对下游湿地面积减少和功能退化问题，应在《全国湿地保护"十三五"实施规划》的基础上，通过湿地生态修复补偿制度，结合湿地生态人文环境建设，引导企业参与湿地生态修复和湿地面积工程建设，提升湿地生态系统功能。

二是形成全流域生态保护治理的政府间协同合作、分类考核机制。黄河流域是一个整体的有机生态系统，全流域的治理必然是跨区域、多部门的协同性工作，各省或区域的治理规划更多的是基于本区域存在的问题，如区域间的分工、协作不足等。因此，在方案或规划中，要设计相关制度安排，坚决打破区域协作的壁垒，协调上中下游不同省份、地区的政策、规划与具体行动。如水污染等生态问题具有极强的跨区域性，地方与区域性的生态治理难以真正有效，需要在统一的全局性战略规划设计下，形成跨区域的协同治理机制，构建协调沟通机制，通过省际间的地方会商研判机制，分解不同地方的治理重点和协同责任，建立标准相同、措施相辅、合作执法、监管统一的生态保护合作机制。另外，由于黄河全流域生态特征不同，治理与保护重点存在差异，在流域生态治理与保护的分工管理、协同合作过程中，要根据区域的生态特征差异，差异化分类分区域考核。如对上游地区以生态保护为主实行监管考核，中游地区以污染治理和水土保持为重点，下游地区应将湿地保护作为考核主要内容，激励与约束相结合，推动全流域生态治理和保护工作顺利开展。

三是构建完善统一的生态治理运行机制、激励机制和评估问责机制。黄河流域生态环境质量的全面提升，不仅需要强化保护，基于黄河生态存在问题的复杂性、长期性，更需要强化治理，保护与治理协同并进，才能不断促进黄河生态环境发生根本性优化。因此，需要建立完善的生态治理运行机制、评估激励机制和问责惩戒机制。在治理运行机制上，上中下游不同省市政府应相互沟通、协调，明确协同责任与治理任务，针对差异性任务创新和改革生态治理运行机制。应以生态环境绿色指标为治理导向和评估指针，研究和出台黄河流域生态治理的技术评价指标体系，为黄河生态治理的绩效评估、激励以及问责提供技术支撑和科学依据。在黄河生态治理的激励机制上，要在法律基础上，综合运用经济、行政手段，形成奖励先进、鞭策后进的激励体系；黄河全流域的生态治理，需要依靠包括政府、企业以及居民在内的所有相关主体共同努力，因此通过价格、财税、金融等行政或市场手段，加大对生态治理的公共财政投入和补贴力度，引导企业、居民主动修复、治理和保护黄河生态环境。在评估问责上，要完善生态治理评估、跟踪和问责制度，对引发区域性、流域性的生态环境问题、事件要依法依规进行问责和处罚。

四是构建政产学研多主体、跨区域合作机制。黄河流域生态保护是一个长期、艰巨的历史性任务，绝非一朝一夕就可以根治和解决，防洪、水土涵养、水沙调控、污染治理与湿地修复等多样化、复杂化的生态修复和保护任务存在于不同区域，涉及省份、主管部门和管理机构众多，需要构建一个政府、企业和研究机构共同参与的多主体、跨区域合作机制。政府作为黄河生态环境保护的主导者和政策制定者、监督者，不仅需要制定规划和路径，也应制定相应的引导、激励性政策，鼓励政府与企业的资本合作，引导企业投入资本，共同致力于黄河流域生态修复和建设。如在水土保持和防护林建设等生态工程上，可以积极探索和利用政府购买、企业投标形式，由优质的环保企业建设和维护相关生态工程；以前期财政部分补贴、后期政府购买等形式鼓励企业开展荒漠、荒滩治理；探讨和尝试生态维护的政企合作机制，建设生态旅游、特色养殖、特色农业等项目，实现生态环境的根本性优化和改变。

另外，黄河生态环境保护作为一个系统化、动态化的战略性任务，需要广大科研工作者和相关研究机构以务实、求是的态度和工作方法，对黄河全流域生态环境现状、存在问题以及修复和治理展开科学研究，与政府、企业在资金、技术、治理等方面展开合作。包括黄河全流域生态质量调查以及水污染、水土保持、水资源管理、湿地保护等各类专项调查研究，为政府监督、调控和管理提供依据，同时也对黄河生态保护的相关法律法规、政府决策提供理论与经验支持。此外，鼓励政产学研多主体建立深度相互合作关系，政府出政策，企业出资金与人力，研究机构出技术和智力，各方协同，深度合作，实现资源互补，合力推进黄河生态环境优化。

三、黄河流域生态环境协同治理路径

黄河是中华民族的母亲河，但她"善淤、善决、善徙"，使"安澜黄河"一直难以完全实现。受生产力水平、政权更迭以及人为因素影响，黄河治理虽广受重视，但屡治之下，问题屡出。在一定程度上，中华民族的历史也可以称得上是一部"治黄史"，也是中华民族的苦难史和奋斗史。黄河水利委员会统计，公元前602年（东周）至1946年，仅有记载的黄河决口就有1593次、改道26次，治理黄河也成为历届王朝最为重要的"国事"之一。中华人民共和国成立以后，中国共产党带领人民经过70多年艰辛奋斗，从被动治理到主动治理，不断探索和创新治黄方略，黄河决口再未出现，改变了黄河暴虐害民的历史。但是，黄河流域生态系统全面恢复和提升，让黄河成为中华民族真正的母亲河、幸福河，仍然需要加大生态保护和治理的力度。

黄河生态环境具有分布广、跨度大，地形地势复杂多样，生态系统极为脆弱的特征，存在极大的环境保护与治理难度。因此，黄河生态环境保护与治理应充分发挥和利用全社会不同主体力量，以协同理念指导生态环境保护和治理。基于这一思想，政府间协同，政府与市场、社会主体的协同，以及各主体之间的协同成为协同治理的基本路径。

（一）政府间协同

一是加强中央政府与地方政府的协同。黄河生态环境的保护与治理，政府具有主导和核心地位，历史上不同朝代的黄河治理更是以政府为主，甚至是单独由政府施行，政府作用至关重要。政府体系包括中央政府、地方政府及其相关机构部门，它们之间的相互协同与合作质量、效率直接影响治理效果。在这一协同体系中，中央政府负责领导、指挥与决策，包括政策与规划的制定、监督与管理；地方政府负责贯彻落实中央政策，制订细化措施并具体执行操作。但由于地方政府与中央政府的目标往往是区域与全社会的差别，地方政府往往在自身利益最大化的追求下，与中央政府目标存在一定偏离，尤其是与环保有关的政策，不可避免地对地方经济利益带来一定影响，与地方政府的配合协作往往存在一些障碍。

对于黄河生态环境保护与治理的中央与地方政府协同而言，首先，必须确保中央政府的权威性和政策的统一性，地方政府应严格、认真执行和贯彻中央政府的治理政策与规划；其次，在保证统一性的前提下，兼顾不同省份、地区的流域

差异特征，给予地方政府适当灵活运用的权利；最后，基于流域内不同地方间对水资源存在的竞争，应由中央政府以法规政策形式，对不同地方政府的职责、权利加以明确。此外，为激励地方政府积极修复和治理黄河流域生态环境，中央政府不仅要改变对地方官员以 GDP 为导向的考核和晋升机制，也应根据治理实际情况差异，通过中央政府财政补贴的形式对地方政府提供支持。

二是地方政府间的协同问题。由于包括水污染在内的环境问题具有典型的外部性，因此生态环境保护治理具有极强的跨区域性，需要地方政府部门间的协同合作。但从地方政府目标以及官员升迁考核的利益角度来看，GDP 导向下的经济目标和生态环境保护带来的治污成本与企业负担上升必然存在矛盾，如果相邻地区生态环境投入低，而本地区的生态治理投入高，那么无论是对方少投入带来的负外部性还是本地区高投入的正外部性，都将导致本地经济发展受到抑制，与官员自身升迁直接相关，也往往驱动地方政府决策的本位化和地方化。因此，跨区域的生态环境保护与治理往往陷入典型的囚徒两难困境，零和博弈的认识往往导致有的地方政府存在典型的本位主义，阻碍全流域生态环境改善。

由于黄河流域生态环境保护与治理涉及省份多，地方政府间的协同因而也极为困难。但是，全流域的生态环境保护与治理必须依赖于各省及其下属地市政府的协同，这种协同应是在中央政府的统一政策、规划下，建立起不同区域的协同机制，以务实、高效的合作提高协同度。在具体的治理过程中，一是要强化地方政府生态环境保护的属地责任和意识，以全流域一盘棋的思想理念要求各地方政府保持政策和行动一致；二是构建地方政府间的合作机制，要求不同地方政府应主动相互沟通，协同治理任务、目标、执行工作情况；三是政府不同部门间的协同问题。在流域生态环境的保护与治理中，往往需要中央以及地方政府内的若干部门相互合作和协同。在政府部门中，最为直接相关的是生态环境部与地方政府部门的生态环境厅，但诸如自然资源部、农业农村部甚至民政部门也与生态环境的保护治理存在职能上的交叉。

不同部门间往往也有着自身不同的行政目标和责任，工作内容和解决形式自然存在不同，面对环境保护问题带来的部门间协同，难免出现相互推诿责任和不配合、难统一的问题。不同部门职能重叠、权责不清，必然直接影响黄河流域的生态环境保护与治理。因此，一是成立由中央政府牵头，相关各政府部门、地方政府共同参加的跨部门、跨区域的协同机构，解决信息在不同部门、省份的沟通不畅、效率低下问题，对流域内的生态治理相关项目建设、资源分配等重大问题统一协商，科学决策；二是要在中央政府的统一调度和指挥下，明确各部门的责、权、利，清晰划分各部门职能要求，避免职能工作相互交叉带来的推诿扯皮和管理不善；三是要求各职能部门具备整体观、大局观，以对国家和历史负责的精神与意识，以黄河流域整体生态环境全面优化为目标，主动与其他相关部门沟通、协调。

(二) 政府与社会不同主体的协同

一是与流域居民的协同问题。"绿水青山就是金山银山"，生态环境质量与流域居民利益直接相关。生态环境的恶化最直接的就是对所在区域公民权益的损害，生活质量、发展环境的恶化不仅降低了百姓的幸福感，更使其长远利益受损。生态环境污染、破坏往往具有极强的长久性、代际性和空间上的跨区域扩散性。生态破坏问题往往影响区域性的经济发展和居民健康，对整个生态系统和社会造成的间接危害虽然相对滞后但影响可能更大和更为长远，如水污染不仅使居民饮用水质量下降，甚至导致胎儿早产或畸形等重大人类健康问题。因此，近年来，广大社会公众的环保意识日趋增强，要求政府加强环境保护与生态治理的诉求不断上升。

文化程度低、环境保护意识薄弱的流域居民在利益驱使下，往往成为生态环境的破坏者。毁林造田、开荒种地、大量使用农药等不仅造成水土流失严重，也严重污染了水土环境。面对生态环境破坏，受制于技术、成本以及个体主动意愿，一般民众不可能采取环境保护和修复行为。长期以来，保护环境与生态修复被公众认为应该是政府的事，是政府公共服务的内容。因此，如何加强政府与流域居民的协同，提高流域居民生态环境保护意识，引导流域居民积极投身生态环境保护和修复，成为包括黄河流域在内的生态环境保护的重要内容。

黄河生态环境保护治理，政府规划、政策的落实以及治理效果与流域居民的支持密不可分，发挥群众的力量，强化二者协同，是生态环境保护与治理的关键。首先，政府要创新宣传教育方式，主动加强黄河生态环境保护的宣传教育，增强流域居民的环保意识、守法观念，积极投身于黄河生态保护与治理。其次，要积极引导居民参与，不断创新居民与政府的信息沟通渠道，积极向居民公众传递和沟通有关生态环境的相关信息，并通过不同渠道获取居民对环境保护与治理、政府政策与规划、政府治理工作与行为等若干方面的建议和意见。最后，推进全民参与，共同治理和保护黄河生态环境。创新居民参与的黄河生态保护和治理模式，诸如省、市、县甚至到乡镇的居民志愿者队伍建设，生态保护文艺宣传队建设及下乡活动的开展，生态环保科学普及教育活动等，推动流域居民全民参与，在种植业污染、城乡垃圾与污水治理、植树造林、退耕还林等诸多方面发挥群众参与的力量。

二是与非政府组织的协同问题。与生态环境保护相关的非政府组织主要是环保非政府组织（NGO）等民间环保公益组织。从我国环保 NGO 发展的 20 多年历史来看，虽然数量众多，但是大都规模相对较小且作用有限。从目前来看，受其公信力以及自身资源限制，且由于 NGO 成员多为志愿者，环保行为更多取决于个人意愿及积极性，存在管理不规范、制度不完善且执行效率低下的问题。虽然，我国政府一直支持非政府组织参与环保行动，鼓励 NGO 组织参与政府关于环境保护与治理的法规制度建设，并对政府以及企业的环境保护行动、治理行为开展监督，但是受制于 NGO 资金、公信力以及人员、信息等资源限制，NGO 环保组织难以在实质层面与政府和其他主体展开协同。从目前参与黄河流域环境保护与生态治理的 NGO 组织参与情况来看，与上述存在的问题基本相同，并且不存在专门针对黄河流域环境保护与生态治理的 NGO 组织，绝大多数 NGO 组织参与或服务范围往往具有多元和交叉的特征。

从国际上其他国家环境保护与生态治理的经验来看，民间环保公益组织具有重要作用，我国 NGO 组织作用尚未得到有效发挥，其原因大多是这些组织资源有限、与政府间的协同度不足。因此，首先要支持环保组织加强自身资源建设，如人力资源、物质资源与技术资源。目前，环保组织成员多由在校学生和志愿者构成，不仅规模小，并且在参与度、自身的技术和专业性上远不能满足需求，吸引更多经验丰富、专业知识与能力强的专家型、技术型成员，成为环保组织发挥作用的急切需求。单纯依赖 NGO 组织难以解决上述问题，各级政府应主动与环保组织沟通交流，互通有无，不仅在资金等物质资源上给予支持，而且通过设立财政性专项基金，在激励和引导更多优秀人才加入环保志愿者队伍的同时，对相关人员进行技术培训，提高志愿者技术水平。

其次要畅通政府与 NGO 组织的桥梁，政府在支持 NGO 组织发展的同时，要给予其更多发展和运作空间，某些更为适合环保组织治理或介入的领域，可通过与这些组织协商，由其承接治理。同时，政府应积极创造优良的 NGO 发展环境，在保护其组织权益的同时，积极向社会宣传，提高环保组织在社会的影响力、认知度和社会公信力。

（三）政府与企业市场主体的协同

一是政府与环保企业主体的协同。虽然政府在生态环境保护与治理体系中居于核心和主导地位，但受资金、技术、人员等诸多因素的制约，单纯依赖政府是不可能的，需要外部其他社会主体的介入和协同。在这些外部主体中，各类环保企业是最为重要的主体。环境保护与生态治理虽然具有公共物品性质，但并不意味着一定会导致市场失灵。但是，如果缺乏政府的监督、约束和引导，企业在利润最大化动机下，市场失灵现象则必然出现。因此二者的协同，不仅要加大对环保类企业的监督和约束，也需要为企业创造良好的政策环境，立足服务这一政府职能，推动企业盈利与生态改善双赢局面产生。

如何解决环保企业的资金困境也是政府与环保企业协同要重点解决的问题。在国家发展和改革委员会、自然资源部发布的《全国重要生态系统保护和修复重大工程总体规划（2021—2035 年）》（以下简称《规划》）中，黄河流域将打造 8 个重点项目，这无疑为相关环保企业在水处理、环境修复领域提供了巨大市场。由于环保行业资金需求量大、投资回报周期长，无论是中原环保、蒙草生态等上市公司还是民营环保企业可能都会存在不同程度的融资难问题，政策已经释放出巨大市场需求，但要考虑如何才能更好地改善融资环境，推进企业加大投入，协同治理黄河生态。

"黄河流域大保护"刺激环保与生态治理需求急剧增长，产业发力点已然呈现，为环保企业带来了极为巨大的市场机会。但逐利的资本涉足带有一定公共产品属性的生态保护与治理，短视下的局限性难以避免。因此，在黄河生态保护与治理进程中，既要避免政府失灵，也要防止市场失灵，政府与市场各负其责、各尽其职，才能达到相辅相成的协同效果。

对于政府而言，"全能型"既不现实也无必要，在定位上要明确自身的"服务者""监督者""激励者"身份。在黄河生态环境保护与治理的"服务者"定位下，政府应主动与环保企业构建共同协商、相互合作的政企关系，提供政策、信息等不同支持，赋予企业以更大的生态治理主动性。在"监督者"定位下，既要正视政府与企业在追求目标、运作模式上的差异，允许企业的自主经营活动，但又绝对不可充分信任。因此，要不断加强政府对相关企业或具体治理项目的监督管理，无论是在治理合同的规范、具体项目的跟踪和监督还是通过环保部门与地方政府的联动管理，实现对重点治理工程项目的监督。同时，可借助第三方机构，经常性开展相关项目的专项检查或问题排查，有效监督和约束相关企业的治理行为，实现治理目标。在"激励者"定位下，政府应不断探索激励的手段和方式，借助价格、信贷、税收以及补贴等不同形式，调节企业利益，激励和约束企业行为。如对环保企业实行绿色补贴机制，采取绿色政府采购，不仅可以培育和扶植环保企业发展，也可更大限度地激励相关企业投入环境保护与治理。

对于相关环保企业而言，首先，应主动承担起自身保护生态、节约自然资源的环境责任，从传统的被管理者向生态环境治理的积极参与者转变，成为生态环境保护与治理的主力军。其次，要严格依据政府政策、规划开展环保治理，主动接受政府或第三方监管与考核。在明确项目治理内容、责任权利边界的前提下展开企业的生态治理活动。最后，要主动公开企业的项目进展情况，完整、客观的项目进度与治理信息公开，不仅有利于与政府的有效沟通和交流，也有利于政府或第三方的监督，共同促进治理目标完成。

二是政府与一般企业主体的协同。在生态恶化的诸多因素中，居民生活以及生产带来的危害远不及"三高"类企业严重。部分企业以利润为导向，不主动与政府协同保护环境，忽视甚至无视环保政府政策要求，对自然环境造成严重损害。对于相关企业而言，应主动与政府沟通和协同，强化绿色、环保经营理念，积极落实和贯彻政府有关环境保护和生态治理的文件和精神。

在二者的一般关系认识上，政府是环境保护与治理的施政方，企业是排污等环境破坏的主要源头，因此二者是管理与被管理、监督与被监督的关系。在这种关系认识下，利益的冲突如果难以通过沟通或其他渠道得到解决，那么二者的关系紧张甚至扭曲则成为一种常态。因此，二者的协同应是在各自正确定位下，政府从强势的控制者、管理者向服务者、监督者转变，企业从被管理者、被监督者向主动的协作者、合作者转变。

与上述政府、环保企业间的协同方式类似，在与一般企业的协同上，政府同样应站在服务者的角度，通过各类财政、信贷或价格杠杆政策、措施激励企业主动采取环保型、绿色型企业经营行为，主动控制和降低环境污染，履行保护环境的社会责任。当然，政府的监督者角色应始终坚守，企业行为的绿色化、环保化往往带来企业经营成本的上升，逐利动机下企业主动降低排污等非规范行为的动机不强，政府的定期或不定期检查将有助于确保企业合法生产和经营。

对于一般企业而言，应牢固树立"人与自然和谐共生""绿水青山就是金山银山"的发展理念，摒弃"环保就是提升企业成本"的意识，主动承担环境保护的责任和义务。企业要积极与政府沟通，接受政府或第三方机构的技术培训、环保教育等。在具体的政府与企业协同的环境治理路径上，可探讨实行"环境行政协议""环保约谈"等不同的治理路径。环境行政协议反映政府与企业为达到环境治理目标，双方在沟通和协商的基础上，确立双方权利和义务；而为防止企业发生违法行为，政府也可基于科学预判的问题隐患，通过约谈形式引导和规范企业行为。当排污企业自身在技术、管理上难以达到治污环保要求时，可与政府协商或自主选择第三方企业，由专业的污染治理企业以更高效、更专业的形式帮助企业开展环保治理，从"谁污染，谁治理"向"谁污染，谁付费，专业治理"的新型环保治理模式转变。

四、黄河流域生态环境保护的长效机制建设

"生态兴则文明兴，生态衰则文明衰"，习近平生态文明思想指出，美丽中国建设必须坚持"两山"理论，黄河流域作为中华文明的重要构成，只有更好地保护黄河生态，才能更好地实现黄河生态文明。目前，黄河流域生态环境的保护与治理已经成为国家重大战略，在中央的统筹和领导下，相关政策、规划以及保护与治理的目标、设计正逐步完善，中央与地方协同、各省区间的协同保护与治理也在逐步推进，黄河流域生态保护和治理成效显著。而要进一步推动黄河流域生态环境保护与治理的长效化，保护与治理信息化、监测网络一体化以及财政、金融支持体系的建设不可或缺。信息系统的建设和完善是实现监测网络一体化的基础，财政与金融的协同支持则是实现黄河流域生态保护与治理长效机制的重要保障。

（一）全流域生态治理的"智慧黄河"建设

保护与治理的前提是流域环境现状及其变化情况的掌握。信息化是黄河生态保护与治理的基础性工作，其涉及内容涵盖水资源及其利用、水土涵养与保持、防汛与护林等若干方面。推动"智慧黄河"建设，需要构建完善、齐全、真实可靠的生态保护公共信息平台，不断充实和完善信息内容，打造全流域的生态环境大数据中心，为相关部门和省份的黄河保护与治理提供坚实依据，协同保护和治理黄河生态。

从目前黄河流域信息化和智慧黄河的建设情况来看，在黄河水利委员会的领导和主持下，以黄河治理为问题导向，初步构建了黄河治理的信息化系统，智慧黄河建设进程不断加快。在顶层设计上，2013 年，黄河水利委员会发布了《黄河水利信息化发展战略》；2015 年，发布了《黄委信息化资源整合共享实施方案》；2016 年，黄河水利委员会部署和推出信息化的"六个一"重点工作；2019年，水利部印发了《智慧水利总体方案》。从实际工作来看，目前黄河水利委员会已经建成了先进的黄河水量管理调度信息化系统，包括"智慧黄河项目建议书""智慧黄河实施方案"在内的智慧黄河项目正快速推进，信息化建设不断提档升级，客观全面、可靠实用与智慧高效的黄河信息大系统正逐步形成。但是，由于信息化、智慧化建设投入大、周期长，这在相关信息的采集上受制于网络通信能力以及数据资源的存储计算能力的不足，在应用上也存在协同效应较弱，部分系统难以在短期内有效整合，条块化、碎片化的问题比较突出，信息共享机制尚未真正形成。同时，由于黄河生态保护与治理涉及的对象、组织多，历史积累下的问题复杂，因此现有信息化建设对黄河生态保护与治理的决策应用支持还存在不足。

推动黄河生态保护与治理的"智慧黄河"建设，需要运用新兴信息化技术，将云计算、大数据、人工智能在内的新一代信息技术与黄河生态保护与治理深度融合，以智慧化促进生态保护和治理的现代化、科学化。

首先，实现黄河生态保护与治理的信息收集与监测的网络一体化。生态保护与治理的基础是相关信息的采集，要利用现代遥测、遥感技术，不断扩大黄河水文资源环境、水土流失、水利工程以及水利管理活动等的监测范围，实现生态环保与治理的监测网络一体化。一是对上游黄河重要水源涵养区以及中游地区的水土流失重点区域的雨水情况、土壤情况、植被覆盖情况的信息收集和动态监测；二是不断提高黄河信息智慧化、智能化水平，利用新兴信息技术、物联网技术，不断升级各类智能化传感设备、计量监测设备技术，提高对黄河水情、险情、水土流失、非法采砂、山洪滑坡、植被破坏等情况的智能化识别，实时监控和感知，提高全流域的信息预警能力。

其次，构建黄河生态保护与治理的智能化信息共享平台。在大量相关信息采集的基础上，充分利用大数据、云计算信息技术，不断扩展数据处理和挖掘，构建黄河生态保护与治理的数据资源库，共享相关信息数据，为黄河生态保护与治理提供智慧化预报和辅助。一是不断扩展和丰富黄河生态信息资源，形成黄河生态大数据云基础设施平台；二是在云端平台不断丰富、统筹和整合相关信息、数据的基础上，根据生态保护与治理的实际需要，运用数据抽取、转换等服务，根据水情险情、水土保持、植被覆盖等治理项目或流域省区等不同分类依据，形成不同实时、历史或综合性、分类性的多层次化数据库；三是实现数据资源管理、开发的协同和共享，在不断规范黄河生态保护与治理相关数据收集与建设的基础上，提高信息管理水平，完善数据更新维护机制，实现相关信息在不同行业、不同部门、不同省份的信息共享。

最后，实现黄河生态保护与治理智慧化协同应用。构建信息网络一体化与智能信息共享平台的目的在于应用，提高相关信息数据的智慧化协同应用是黄河生态保护与治理的关键与核心保障因素。在黄河生态动态监管上，以相关数据、影像等信息资源为支撑形成黄河流域水环境动态监测系统。同时，完善相关标准规范，提升数据分析能力和协同水平。根据黄河生态保护与治理对智能化、信息化建设的需要，制定相关技术标准和评价体系，并不断完善系统运行和维护机制，明确不同机构的职责和权利，构建畅通的协同通道。

（二）支持黄河生态保护与治理的生态金融体系构建

保护与治理黄河的脆弱生态环境，金融作用不可或缺，创新和完善金融体系，不仅与黄河生态保护息息相关，而且也是以绿色经济转型支持黄河流域高质量发展的重要保证。生态环境的保护与治理往往体现出更强的公共产品属性，完全依靠市场化机制无法实现企业利益与社会公共利益的和谐共生，需要倡导金融服务生态文明的价值理念，形成服务黄河生态保护与治理的生态金融组织体系，创新绿色金融产品，发展特色金融和普惠金融，服务黄河生态保护与治理的重点领域，构建支持黄河生态治理的生态金融体系。

1. 塑造生态文明观下的生态金融价值理念

黄河流域生态保护和高质量发展关系中华民族伟大复兴，引导金融机构以及相关主体塑造以生态保护与治理为基本目标，服务流域生态与经济发展质量共同提升的生态金融价值理念，是金融支持黄河生态保护与治理的指导方针。生态金融理念应遵循服务国家战略与社会文明进步的基本原则。保护环境，需要金融部门提供资金支持，面对商业利益与社会利益、长远利益与短期利益、局部利益与全局利益的相互冲突，银行业等金融机构应树立国家战略和社会利益至上的理念。以黄河流域生态保护为例，历史已经证明，只有保护好黄河流域生态质量，才能奠定好沿黄9省区的经济基石，才能为金融机构自身的发展和成长奠定基础，也就是说，保护黄河就是保护自己。因此，对于包括银行业在内的所有金融机构来说，塑造生态文明观下的生态金融理念，既是落实和执行国家发展重大战略的要求，也是社会文明进步与实现自身社会价值的要求。这需要金融机构以生态文明思想促进业务转型。

2. 完善服务黄河生态保护与治理的生态金融组织体系

黄河生态保护与治理范围广、任务重，涉及地区和行业多，需要的金融配套服务多、投入大且回报率低，传统商业金融模式难以有效达到目标。这需要不断优化金融供给侧改革，打造和完善"政府性金融+绿色金融+普惠金融"三位一体的生态金融组织体系，发挥不同金融组织自身优势，确保金融资源供给高效、持续，满足黄河生态治理体系中的不同需求。

首先，发挥政策性金融优势，服务黄河生态保护与治理。与商业银行、商业保险等其他商业性金融相比，政策性金融无论是在专业性还是在资金实力上，往往具有更强的优势，因此要充分发挥政策性金融在资金实力、专业性上的优势，突出其引导性、补充性和政策性的功能作用。如发挥国家开发银行在工程开发支持的专业优势和资金优势，在与生态保护与治理相关的基础设施、重点工程建设和改造上发挥积极作用；发挥农业发展银行的政策性金融优势，在退牧还草、湿地保护、特色农业、生态移民等方面提供资金支持。要充分利用政策性金融机构的银政合作优势，紧密了解和掌握中央和地方涉及黄河生态保护与治理的战略规划与工作部署，统筹谋划，以生态保护为前提，优化银行信贷资源在区域、部门的布局；同时利用自身资金规模、专业优势，重点面向黄河流域生态保护的融资难点、重点领域，与商业性金融、普惠性金融合作互补，共同促进黄河流域生态保护。

其次，不断推进服务黄河生态保护与治理的绿色金融组织体系完善。习近平总书记提出要"牢固树立保护生态环境就是保护生产力、改善生态环境就是发展生产力的理念"，构建服务黄河生态保护与治理的绿色金融组织体系，是有效支持黄河流域生态保护和高质量发展的基础。而发展绿色金融，需要健全和完善绿色金融组织。一是发展鼓励商业性金融机构的绿色转型。作为我国金融体系的主体构成，商业性金融机构以市场化原则开展商业性资金运作，盈利目标下的资金效率相对更高，但这并不意味着商业性原则同生态保护与治理的公共产品性质矛盾，不可调和。要通过财政引导、税收优惠等不同政策性措施，引导各类商业性金融机构投入生态保护与治理，向绿色金融转型，形成全国和地方性的股份制商业银行、民营银行、消费金融公司、融资担保公司等在内的商业性金融组织体系。二是推进绿色保险机构发展，加大政策支持，鼓励各类商业保险机构开展绿色保险，创新和发展包括森林、种植以及水资源、湿地等在内的各类农业保险品种。三是设立绿色专营支行。作为特色性支行，绿色专营支行的运行可探讨和尝试"政府+银行+社会"的合作模式，运营资本可由财政资金、社会资本以及商业银行三方提供，构成绿色信贷资源，产品的设计、定价、业务流程与风险管理由商业银行给予支持。

最后，构建和完善服务沿黄农牧产业发展的普惠金融组织体系。黄河生态环境问题与经济发展、居民收入具有直接关系，基于对生存、发展、高质量生活的追求的驱动，自然条件相对较差的沿黄地区居民与企业更为重视短期利益，忽视长期利益与生态保护，恶化当地生态环境。由此，改变传统生产、生活方式，由传统的农牧作业与产业形态向新型的绿色生产、生活形态转变，不仅有助于沿黄居民生活水平与收入提升，在促进经济增长与发展的同时，也促进了环境保护。但是，发展新型农牧业等绿色经济业态，依赖于居民、企业积累以及民间借贷极不现实，必须不断创新普惠金融组织形式，因地、因人而异，鼓励普惠金融组织的健全和完善。从普惠金融机构体系来看，除大型商业银行、股份制商业银行所设立的普惠金融部外，城市商业银行、农村商业银行、农村信用社、邮储银行、村镇银行以及农村资金互助社、新型民营银行甚至融资租赁、小贷、担保、流动式的农村金融服务车等都在普惠金融组织范畴之内。因此，构建和完善沿黄地区的普惠金融组织，无疑有助于当地小微企业与农民的生产与生活，在助力经济发展的同时，也有助于生态环境的保护。此外，不断夯实黄河流域的普惠金融基础设施体系。类似于村镇银行、农村资金互助社等新型普惠金融机构规模小、实力弱，在人员、技术、产品设计、风险防范、信用信息等方面存在较大不足，需要政府与社会提供支持，尤其是信用信息、技术等部分基础设施领域，政府的支持将直接关系这些组织的运营和发展。

3. 构建和完善服务黄河生态保护与治理的金融产品供给体系

保护生态与治理环境，金融是重要的推动力。服务黄河流域生态保护与治理的金融体系需要健全和完善的组织体系，更需要类型丰富、价格合理、方便迅捷的产品供给。

首先，积极推动黄河流域相关金融机构开展绿色信贷业务，完善绿色信贷监管机制和激励机制。一方面，由于我国的绿色金融市场和相关制度建设起步晚，包括绿色信贷工具在内的金融产品及其服务仍然处于较低水平；另一方面，目前开展绿色信贷的金融机构的主动意愿不强，多为政府政策推动和任务驱动。因此，一方面，要鼓励黄河流域内的相关金融机构积极开展绿色信贷业务；另一方面，要构建和完善相关的监管与激励机制。在政策上，一方面，要通过再贷款、专业化担保等措施优先支持商业银行开展绿色信贷，建立以绿色信贷理念为主的信贷业务体系，引导和鼓励商业银行等金融机构提供中长期信贷，支持黄河生态环境保护和治理；另一方面，建立绿色信贷风险管理框架，建立绿色信贷统计制度、定期报告制度和问责制度，实行动态评估与考核，将相关评价结果作为重要指标，形成绿色信贷业务的监管和激励机制。

其次，支持黄河流域生态保护与治理的绿色基金大力发展。目前，节能减排、生态治理、环境保护已经成为包括私募基金、创业投资等社会资本以及一些国际资本关注的热门投资领域，在黄河高质量发展战略下，生态保护与治理领域必然会成为各类社会资本和国际资本关注的重点。沿黄各级政府应积极推进包括PPP（政府和社会资本合作）模式在内的绿色基金和环保基金发展，如绿色产业投资基金、绿色产业并购基金、PPP环保产业基金等，支持包括黄河水环境治理、土壤治理、湿地保护、绿化环保、节能减排等生态项目。实现这一目标，需要政府在财政金融、市场准入、产品定价、土地等相关政策上细化支持措施，不断完善收益和风险共担机制，建立和完善绿色项目的风险补偿基金，完善绿色证券政策，扶持优质环保类企业上市，降低企业上市成本和相关费用，提高社会资本积极性，推动绿色基金发展。

最后，积极推进黄河流域生态保护相关的绿色债券与绿色证券化发展。绿色债券已经成为我国绿色金融体系的重要构成。绿色债券具有额度大、期限长的特点，这非常适合于黄河流域生态保护和治理的相关项目融资，因此，需要积极推进涉及黄河相关生态项目的绿色债券与资产证券化发展。一是积极鼓励商业银行发行绿色金融债，增加金融机构绿色信贷资金来源；二是出台专项财政激励政策，政府与地方市场化机构相互合作，以专业化担保和增信形式支持上市绿色企业或非上市绿色企业发行绿色债券；三是对部分优质绿色公司的资产证券化提供支持，在政策上给予适度优惠，降低绿色公司上市成本。

（三）支持黄河生态保护与治理的绿色财税体系建设

生态环境保护与治理具有较强的公共产品性质，并且具有高投入和长期性、非竞争性以及受益的公共性和外部性特征，从世界各国的经验来看，财政支持以及税收政策在生态保护与治理中均具有重要的作用和地位。公共财政在市场失灵领域具有不可或缺的作用，这种作用包括奖抑效应、乘数效应与杠杆效应等。黄河生态保护与治理需要强力发挥财政税收的上述作用，直接的资金支持和间接引导社会资本的投入将有助于解决黄河生态保护与治理的资金困境。

"保护黄河是事关中华民族伟大复兴和永续发展的千秋大计"，中央财政从2016年起设立专项资金，推动对山水林田湖草的系统保护和修复，其中重点就遴选了黄河流域的陕西黄土高原、青海祁连山等黄河生态保护与治理工程，纳入了中央财政试点支持范围。在中央财政以及地方财政支持下，陕西省启动"黄土高原生态保护修复工程"，河南省启动了"黄河流域'百千万'试点工程"，四川省推出"财政林业防沙治沙项目""川西藏区生态保护与建设工程"并正在制定《黄河流域污染防治规划》，甘肃省制定了《黄河流域生态保护和高质量发展污染防治专项规划》，其他沿黄各省区也均在中央和地方财政支持下，制定黄河生态保护与治理的规划，启动相关治理工程，已经取得了较为明显的效果。面对黄河生态保护与治理这样一项长期、艰巨的历史性任务，需要加大中央以及地方财政投入，严格监管财政资金使用，加强横向与纵向转移支付，建立科学合理的生态补偿机制，推进绿色税收改革，有效发挥税收杠杆和税收优惠政策的调控作用。

1. 持续增加专项生态建设财政资金投入，严格监管财政资金使用

稳定增长的财政投入是黄河生态保护与治理的根本。由于黄河流域跨度大、生态多样，环境问题复杂，各省区包括属地市县在流域的生态保护与治理内容上存在较大差异，应建立由中央财政以及省级财政统筹规划、地方财政专项建设相结合的生态建设财政投入机制。在黄河生态保护与治理上，涉及专项领域如水、大气以及土壤污染防治及其处理，山水林田湖草生态保护等。中央财政资金优先支持三江源、祁连山地区生态修复与保护以及生态移民扶贫后续产业支持等，地方财政积极争取中央财政以及省级财政支持，针对本区域生态保护与治理的核心重要领域开展专项建设。

在财政资金的使用管理上，一方面，要不断强化财政资金预算管理，以生态保护与治理项目为导向，加强财政资金使用的统筹谋划，避免资金的多头管理和分散使用，集中财政资金科学使用；另一方面，要强化监管，无论是中央还是地方，针对生态保护与治理项目出台监控制度，明晰绩效目标，并采取过程化管理以治理目标和执行进度双目标评价资金使用。在绩效考核上，以生态质量提升作为核心指标，采取"任务清单"财政资金管理模式，以奖代补，将资金投入与项目完成质量挂钩，实现财政环保资金的科学、高效使用。

2. 不断深化改革，构建财政引导下的多元化投入机制

在经济持续下行的国家减税降费政策下，各级财政收入持续放缓，而黄河生态保护治理投入大、周期长，治理任务艰巨，二者的矛盾问题日趋突出。因此，必须以财政资金为引导，不断引导和激励社会资本投入，激发市场主体环保投融资积极性。在污水治理、垃圾及黑臭水体治理、湿地开发与保护、农村环境整治等领域，探讨市场投资、政府购买服务等模式，形成政府财政引导下的多元环保投资结构模式。

具体而言，一是充分利用政府专项债券政策，基于流域内不同区域环保治理需求和社会资金供给情况，适度扩大生态治理专项债券的发行；二是推广和规范黄河生态保护与治理的 PPP 项目，以政府组织、社会参与为基本原则，择优选择部分社会资本参与投资相关生态治理项目；三是发挥财政资金引导作用，发展绿色金融，通过绿色发展基金形式，吸引社保基金、保险资金以及其他社会资本，探索信托融资、项目融资、绿色债券等不同形式，引导社会资本进入。

3. 以市场化、多元化为方向，构建良性动态生态保护补偿机制

生态保护补偿机制体现了"谁保护、谁受益"和"谁受益、谁补偿"的原则，这一机制对调动生态保护者的积极性，实现各方共同保护生态环境具有重要作用。在《国务院办公厅关于健全生态保护补偿机制的意见》（国办发〔2016〕31 号）和国家发展和改革委员会、自然资源部等 9 部门联合印发的《建立市场化、多元化生态保护补偿机制行动计划》（发改西部〔2018〕1960 号）等政策指导下，目前各省区都发布和出台了地方性的生态保护补偿机制方案。其中，沿黄各省区的生态保护补偿方案中不乏针对黄河生态保护与治理而提出的，补偿范围以及力度不断加大，有效激发了相关主体和个人的黄河生态保护积极性。但是，长期以来，生态保护补偿资金的财政单一来源不仅限制了补偿范围，标准也相对偏低，一定程度上抑制了保护者的积极性。因此，需要按照"谁受益、谁补偿"的原则，构建以市场化、多元化为方向的良性动态生态补偿机制。

从黄河生态保护与治理实践来看，涉及沿黄地区的各类资源开发、污染物减排、水资源利用等多个方面。对于资源开发者来说，应在合理界定资源开发边界和总量前提下，开发者自身或委托专业第三方机构实施修复，对开发造成的损失进行补偿，依法对占有自然资源及其生态空间实施补偿；在污染物减排方面，应建立黄河生态保护区的排污权交易制度，实现买方对卖方市场化的货币补偿；在水资源利用方面，通过水权的确权，引导黄河水资源的水权交易，实现黄河水资

源的合理配置和高效利用。

4. 改革和完善绿色税收制度，加大对生态保护与治理的支持力度

在税收制度上，近年来我国不断改革和优化税收结构，出台不同的税收优惠政策，发挥税收的杠杆调节作用，支持我国环境保护与生态治理，取得了较好的效果和成绩，但仍然需要进一步改革和完善包括环境税在内的绿色税收制度，推进绿色税制改革。

一是需要及时开征生态环境税。生态环境税作为地方财政收入的重要构成，支持地方政府财政投入环境保护与生态治理，改变财政主要依赖于污染收费获取收入支持环境保护与治理，从费到税，强制力与权威性不同，稳定性与持续性也不同，需要借鉴国际经验，尽快开征生态环境税，为地方自然生态的保护与治理提供资金保障。

二是不断优化和完善资源税政策。在资源税的征税范围上适度拓宽，除传统的矿产资源、盐业资源等外，尤其针对水资源缺乏的现状开征水资源税，并结合包括黄河生态保护中森林、草场资源的保护需求，开征森林资源税和草场资源税。此外，对煤炭、石油、天然气等矿产资源税提高标准，不仅可适度节约资源，减少高污染和高排放，也有利于调控这些资源的开发和利用。

三是不断完善税收优惠政策。税收政策直接影响企业成本和收益，可有效引导纳税主体的经营行为。为鼓励各类企业或社会资本投资生态环境保护与治理，采取税收减免或税率折扣往往具有直接的刺激作用，因此，不断完善税收优惠政策是保护和治理生态环境的基本税收政策选择之一。如企业采用可再生资源作为生产资料、开发利用节能环保设备、开发绿色环保技术等，都可通过税收优惠形式予以鼓励。

第四章　黄河流域民生与城市
高质量发展

高质量发展是经济总量与规模增长到一定阶段后，经济结构优化、新旧动能转换、经济社会协同发展、人民生活水平显著提高的结果。高质量发展的一个重要内涵就是"人民生活高质量"。要更加聚焦人民群众普遍关心关注的民生问题，提高人民的收入和消费水平，促进人民的稳定就业，让不同人群能享受到同等待遇的教育、医疗等公共服务和社会保障等。本章即针对黄河流域民生与城市高质量发展加以分析。

第一节　黄河流域民生发展

黄河流域是我国重要的生态屏障和重要的经济地带，在我国经济社会发展和生态安全方面具有十分重要的地位。2019 年 9 月，习近平总书记在郑州主持召开的黄河流域生态保护和高质量发展座谈会上指出，黄河流域生态保护和高质量发展，同京津冀协同发展、长江经济带发展、粤港澳大湾区建设、长三角一体化发展一样，是重大国家战略。黄河流域的高质量发展已经上升到国家战略高度。

一、黄河流域居民收入水平偏低、区域城乡间收入差距较大

黄河流域人口众多，其经济的发展、居民收入水平的提高和收入差距的缩小，对优化我国区域经济结构、实现高质量发展有举足轻重的作用。近 1/3 黄河流域 9 省区的 GDP 总额、居民收入的总和也分别占到全国的 25.0%、25.5%。

另外，黄河流域的GDP、居民收入在全国所占比重略比人口比重低5个百分点，也反映出黄河流域的经济发展水平、居民收入水平与全国相比还存在一定的差距。

（一）黄河流域居民的收入低于全国平均水平

黄河流域居民的人均收入水平偏低，仅相当于全国平均水平的84.8%。2019年黄河流域9省区居民的人均可支配收入为26054元，比全国平均水平（30733元）低4679元；与发达省份的差距更大，比如，约相当于同期浙江（49899元）、江苏（41400元）、广东（39014元）居民人均可支配收入的52.2%、62.9%、66.8%。2021年黄河流域9省区居民人均可支配收入持续增长。其中，山东人均可支配收入最高，且高于全国人均可支配收入水平；四川增速最快，且高于全国增长水平。

黄河流域居民的收入存在区域间发展不平衡问题。上游和中游居民的收入水平明显低于下游。分上中下游看，黄河流域上游5省区、中游2省的人均可支配收入分别为24613元、24255元，分别比下游2省的人均可支配收入低3221元、3579元，相当于下游的87%~88%。黄河流域各省间的居民收入差异也很明显。黄河流域居民收入最低的3个省份依次是黄河上游的甘肃（19139元）和青海（22618元）、中游的山西（23828元），分别比居民收入最高的山东省（31597元）低12458元、8979元、7769元。[①]

（二）黄河流域居民收入逐渐低于全国平均水平

2013年之前国家统计局对我国城镇居民和农村居民采用不同的收入统计口径，对城市居民统计的是人均可支配收入，对农村居民统计的是人均纯收入。自2013年以来，国家统计局才统一城镇和农村居民收入的统计口径，都为人均可支配收入。所以本部分只关注黄河流域2013年后各年份的收入增长情况。黄河流域居民收入的名义增速逐渐下降，逐渐由高于全国平均水平转为低于全国平均水平。整体而言，2014年、2015年黄河流域居民的名义收入增速分别为10.2%、9.1%，分别比全国平均水平高出0.1个百分点、0.2个百分点；2016~2018年，收入增速与全国平均水平基本相当；而到2019年，黄河流域居民的收入增速降为8.8%，比全国平均水平低0.1个百分点。上游5省区居民收入虽然基数低，

---

① 南小英.黄河流域生态保护背景下县域经济高质量发展探索——以延安市黄龙县为例［J］.延安职业技术学院学报，2023，37（6）

但整体的收入增速高于中游和下游。2013~2019年，上游5省区居民收入的年均增速为9.4%，高于中游2省的8.7%、下游2省的8.9%，甚至还高于发达省份中的浙江（9.0%）、江苏（8.9%）、广东（8.9%）的年均增速。另外，2019年黄河上游5省区居民的平均收入是2013年的1.71倍，中游2省、下游2省居民的平均收入则分别是2013年的1.65倍、1.67倍。分具体省区来看，目前居民收入年均增速最快的3个省区分别是黄河流域上游的青海（9.7%）、甘肃（9.7%）、四川（9.6%）。年均增速最低的3个省区依次是中游的山西（7.9%）、上游的内蒙古（8.5%）、下游的山东（8.8%）。①

（三）黄河流域城乡间居民收入差距大但呈现逐渐缩小趋势

黄河流域农村居民的收入明显低于城镇居民，后者约是前者的2.53倍。黄河流域9省区农村居民的人均可支配收入为14675元，比城镇居民的人均可支配收入（37127元）低22452元。黄河流域城乡间居民收入之比是2.53，略低于全国平均水平（2.64），但高于浙江（2.01）和江苏（2.25）。分上中下游看，黄河流域上游城乡居民收入差距最大，高于中游和下游。黄河流域上游5省区的城镇居民收入为36282元，农村居民收入为13538元，城乡居民收入之比是2.68，高于中游（2.44）和下游（2.38）。分具体省区看，城乡间居民收入差距最大的3个省依次是黄河上游的甘肃（3.36）、青海（2.94）、黄河中游的陕西（2.93）。城乡间收入差距最小的2个省份是黄河下游的河南（2.26）与山东（2.38）。②

不过，自2013年以来黄河流域城乡间居民收入差距呈逐渐缩小趋势。与全国趋势相同，随着时间的推移，黄河流域城镇居民与农村居民之间的收入比在逐渐缩小，由2.71下降到2.53。分上中下游看，上游5省区的城乡间居民收入之比由2.90下降到2.68，中游2省的城乡间居民收入之比由2.87下降到2.75，下游2省的城乡间居民收入之比从2.52下降到2.37。黄河流域城乡间居民收入差距之所以缩小，主要源于农村居民的收入增速基本高于城镇居民的收入增速。就收入增速而言，无论是黄河流域整体，或是分上中下游，还是分具体省份看，依赖于农村居民的收入增速都高于城镇居民的收入增速。

二、黄河流域居民的消费水平偏低，不过与全国的差距呈逐渐缩小趋势

与收入类似，由于国家统计局在2013年之后才统一城乡居民的消费支出口

---

① ②　资料来源：国家统计局。

径，所以本部分也仅关注 2013 年之后黄河流域各省份居民的消费情况，并与全国总体水平和发达省份作比较。本部分主要从消费支出水平、消费率（消费支出占收入的比重）、消费结构三个方面来作分析。

（一）黄河流域居民的消费水平偏低且增速逐渐放缓

黄河流域居民的人均消费支出明显低于全国平均水平。目前黄河流域居民的人均消费支出为 17994 元，比全国平均水平（21559 元）低 3565 元，相当于全国平均水平的 83.5%；与东部发达省份的差距更大，约相当于同期浙江（32026 元）、广东（28995 元）、江苏（26697 元）居民人均消费支出的 56.2%、62.1%、67.4%。

黄河流域内部不同地域居民的消费水平差异明显，区域间发展不平衡。分上中下游看，2019 年黄河中游 2 省居民的人均消费支出最低，平均为 15228 元，比上游 5 省区（18840 元）、下游 2 省（18424 元）分别低 3612 元、3196 元，更是比全国平均水平低 6331 元。分具体省份看，人均消费支出最低的山西（12902 元）比最高的内蒙古（20743 元）低 7841 元。①

目前，黄河流域各省份居民人均消费支出的增速逐渐放缓，不过年均增速略高于全国平均水平。与全国趋势相同，黄河流域 9 省区居民人均消费支出的增速也呈下降趋势，由 10.8% 下降到 8.4%。不过，2013 年以来黄河流域人均消费支出的年均增速（8.8%）略比全国平均增速（8.5%）高 0.3 个百分点。分上中下游看，黄河中游 2 省人均消费支出的年均增速（8.0%）最低，黄河下游 2 省的年均增速最高（9.0%）。分具体省份看，甘肃（10.0%）和四川（9.8%）的年均增速最高，内蒙古（5.7%）的年均增速最低。②

（二）黄河流域城乡居民间的消费水平仍差距较大，不过有缩小趋势

黄河流域城乡居民消费支出之比是 2.03，略低于全国平均水平（2.11），但高于浙江（1.76）和江苏（1.77）。分上中下游看，黄河流域中游城乡居民人均消费差距最大，高于上游和下游。黄河流域中游 2 省的城镇居民人均消费支出为 22357 元，农村居民人均消费支出为 10345 元，城乡居民消费之比是 2.16，高于上游（1.94）和下游（2.07）。分具体省区看，城乡居民人均消费支出差距最大的 3 个省依次是甘肃（2.52）、山西（2.17）、山东（2.17），差距最小的 2 个省

---

① 资料来源：国家统计局。
② 陈兴旺，刘斌，裴潇. 黄河流域共同富裕发展水平差异、动态演化与驱动性分析［J］. 河北农业科学，2024，28（2）.

区分别是四川（1.80）、内蒙古（1.84）。①

不过，随着时间的推移，黄河流域农村居民消费水平与城镇居民之间存在的差距呈逐渐缩小趋势。与全国趋势相同，黄河流域城镇居民与农村居民之间的消费支出比在逐渐缩小。分具体省份看，近年来黄河流域的所有省份的城乡居民消费支出比基本呈现逐渐下降的趋势。

（三）黄河流域上游农村居民的收支压力相对较大

黄河流域居民整体的收支压力与全国水平相当。这里用居民的人均消费支出占人均收入的比重（以下简称"消费率"）来衡量居民的家庭收支压力或收支情况。数据显示，黄河流域居民的消费率为69.1%，接近全国平均水平70.1%。分上中下游看，上游居民的消费率最高，为76.5%，高于中游（65.9%）和下游（64.7%）。随着时间的推移，黄河流域的青海、内蒙古、陕西3省区居民的消费率有所下降，其他省份基本保持不变。

分城乡看，黄河流域农村居民的家庭收支压力明显大于城镇，其中上游农村居民收支压力最大。目前黄河流域农村居民的消费率为81.9%，比城镇居民高出16.3个百分点。分上中下游看，上游农村居民的消费率高达95.5%，比上游城镇居民（69.2%）高出26.3个百分点。由此看出，黄河流域上游的农村居民几乎没有什么储蓄，未来抵御风险和外部冲击的能力较弱。分具体省份看，黄河上游的甘肃（100.7%）、青海（98.6%）、四川（95.8%）3省农村居民的消费率都超过95%，这3个省农村居民的收支压力较大，家庭经济状况相对窘迫。作为贫困县和贫困人口较集中的地区，虽然这3个省的所有贫困县于2020年底全部宣布脱贫，但仍需政府高度关注和扶持，以防范其再次返贫。

得益于近些年脱贫攻坚工作的开展，黄河流域农村居民的家庭收支状况得到明显改善。黄河流域各省区农村居民的消费率都出现了不同幅度的下降。其中，消费率下降幅度最大的3个省区依次是青海（-17.5%）、内蒙古（-10.7%）、山西（-5.8%）。以青海为例，青海的农村居民消费率由2013年的116.2%下降为2019年的98.6%，即由入不敷出变为收支基本平衡甚至略有结余。这从某种程度上也反映出近些年当地的扶贫工作取得了有目共睹的进展和成效。②

---

① 徐雪，王永瑜．基于双重逻辑视角的黄河流域城乡融合发展评价及空间差异分析［J］．中国沙漠，2024（6）．

② 资料来源：国家统计局。

三、黄河流域的就业总量压力依然存在，就业人口的城乡结构有待改善

就业是最大的民生。"实施就业优先政策"被写入党的十九届四中全会《中共中央关于坚持和完善中国特色社会主义制度，推进国家治理体系和治理能力现代化若干重大问题的决定》。2020 年以来，以习近平同志为核心的党中央在强调扎实做好"六稳"工作的同时，提出全面落实"六保"任务。在"六稳"工作中，稳就业居于首位。在"六保"任务中，保居民就业同样居于首位。因此，本部分利用来自各省份统计年鉴的关于人口和就业的数据重点分析黄河流域的就业问题。

（一）随着我国人口老龄化，黄河流域的总就业人数开始出现下降

黄河流域的就业人数约占全国总就业人数的 1/3，是我国就业人口的主力军。黄河流域就业总人数为 25828 万人，占全国总就业人数的 33.3%。分上中下游看，下游的河南和山东的总就业人数最多，为 13342 万人，占全国总就业人数的 17.2%；上游 5 省区和中游 2 省，就业人数分别为 8505 万人、3981 万人，分别占全国总就业人数的 11.0%、5.1%。

黄河流域整体的就业人数占当地常住人口的比重高于全国平均水平。黄河流域 9 省区的总就业人数占常住人口总数的比重为 61.4%，高于全国平均水平 55.6%。分上中下游看，黄河下游 2 省（河南、山东）对应的就业人数占常住人口的比重为 67.9%，明显高于黄河上游 5 省区（57.5%）、黄河中游 2 省（52.5%），更比全国平均水平高出 12.3 个百分点。

河南、山东、四川不仅是全国更是黄河流域的就业主力军所在地。分省区看，黄河流域就业人数最多的 3 个省分别是河南、山东、四川，2018 年这 3 个省的就业人数分别为 6692 万人、6650 万人、4881 万人，分别约占全国就业总人数的 8.6%、8.6%、6.3%。黄河流域就业人数最少的 3 个省区分别是青海、宁夏与内蒙古，对应的就业人数分别是 329 万人、381 万人、1349 万人，分别占全国就业总人数的 0.4%、0.5%、1.7%。随着人口老龄化和我国人口结构的变化，黄河流域就业人数在 2017 年达到峰值后开始下降。

自 2000 年以来，黄河流域 9 省区的总就业人数由 21975 万人逐渐增加到 2017 年的 25949 万人，达到峰值后开始出现下降势头。分上中下游看，上游和中游的就业人数也同样是到达峰值后出现下降，而下游则一直保持上升势头。具体而言，上游的就业人数从 2000 年的 7756 万人逐渐上升到 8576 万人的峰值后，

开始出现逐年下降趋势；而中游则是从 2000 年的 8777 万人逐渐上升到 2017 年 10753 万人的峰值后，开始出现下降趋势；下游的就业人数则从 2000 年至今一直保持上升趋势。①

（二）黄河流域城镇就业人口比重偏低，就业的城乡结构有待进一步优化

城镇化的核心是人口就业结构、经济产业结构的转化过程和城乡空间社区结构的变迁过程。城镇化的本质特征主要体现在三个方面：一是农村人口在空间上的转换；二是非农产业向城镇聚集；三是农业劳动力向非农业劳动力转移。本部分将重点分析黄河流域的人口就业结构，即城镇就业人口比重和农村就业人口比重，进而探析黄河流域的城镇化发展水平。

黄河流域就业人员中的城镇就业人员所占比重低于全国平均水平，城镇化水平偏低。在黄河流域的 25350 万就业人员中，14855 万属于农村就业人员，10495 万属于城镇就业人员，分别占到 58.6%、41.4%。黄河流域就业人员中的城镇就业人员比重比全国平均水平（56%）低 14.6 个百分点。分上中下游看，黄河上游就业人员中城镇就业人员所占比重最低，仅为 38.6%，中游对应的比重最高，达到 54.1%。②

黄河流域就业人员中的城镇就业人员所占比重也低于黄河流域常住人口中的城镇人口比重，二者之间的差距大于全国平均水平。前者衡量就业人口的城乡结构，后者衡量常住人口的城乡结构。黄河流域就业人员中的城镇就业人员比重为 41.4%，黄河流域常住人口中的城镇人口比重为 55.8%，前者比后者低 14.4 个百分点，两者之间的差距明显大于全国对应的平均差距。分上中下游看，黄河上中下游对应的就业人口中的城镇人口比重分别比常住人口中的城镇人口比重低 15.1 个、4.1 个、17.2 个百分点，黄河下游对应的差距最大。虽然黄河流域的城镇化水平低于全国，但一直处于稳步提高趋势。

四、黄河流域的教育、医疗、养老三大民生问题明显改善

近些年，随着经济的发展，政府在公共服务和社会保障方面的支出逐渐加大。例如，2018 年，黄河流域 9 省区的地方财政一般公共服务支出总计 4584.8

---

① 王之语，路昌，蔡雪芹，等.黄河流域山东段"空间—经济—人口"碳强度与生态系统服务的时空互动关系［J］.环境科学，2024（6）.

② 朱肖勇，付占辉，乔家君，等.黄河流域城镇人口和用地变化的关联格局及地域类型［J］.西北大学学报（自然科学版），2024，54（3）.

亿元，是 2008 年（2170.5 亿元）的 2.1 倍。就人均地方财政一般公共服务支出而言，2018 年黄河流域为 1090.6 元，是 2008 年（538.9 元）的 2.02 倍。随着政府投入的加大，黄河流域的社会公共服务水平逐渐提高，各项社保政策覆盖人群逐渐扩大，流域内人民的基本生产生活条件明显改善。

在各项民生问题中，教育、医疗、养老是人们最关注的三大问题。在各项公共服务中，教育和医疗又是重中之重，社会养老保险也是社会保障制度的重要组成部分。所以，本部分分别从教育、医疗、城乡居民社会养老保险普及率三个方面来分析黄河流域政府的投入支出变化以及居民享受到的公共服务和社保情况，并与全国平均水平作比较。

（一）教育与全国平均水平和发达地区还存在一定差距

近 20 年来黄河流域的教育经费大幅提高。随着黄河流域经济发展水平的提高，政府在教育方面投入的经费也在逐年上涨。黄河流域的人均教育经费从 2000 年的 227 元逐渐上涨到 2017 年的 2466 元，后者约是前者的 11 倍，年均增速为 15.1%。随着我国经济进入新常态和 GDP 增速逐渐放缓，教育经费的增速也有所放缓，不过 2013 年以来的年均增速仍然达到 7.0%。分上中下游看，黄河流域上游教育经费的增长速度快于中游和下游。上中下游的人均教育经费分别从 2000 年的 211 元、263 元、226 元上涨到 2017 年的 2619 元、2531 元、2325 元，2000~2017 年的年均增速分别为 16.0%、14.3%、14.7%，2013 年以来的年均增速也分别达到 7.9%、4.3%、7.5%。2023 年全国教育经费总投入为 64595 亿元，比上年增长 5.3%。[①]

黄河流域的教育经费投入与全国平均水平和发达省份还存在一定差距。2017 年黄河流域的人均教育经费（2466 元），仅相当于全国同期人均教育经费（3062 元）的 80.5%；与发达省份的差距更大，仅相当于同期浙江（3770 元）、广东（3457 元）、江苏（3233 元）人均教育经费的 65.4%、71.3%、76.3%。不过，随着时间的推移，黄河流域的教育经费投入与全国平均水平和发达省份的差距在逐渐缩小。比如，2000 年时黄河流域 9 省区的人均教育经费（227 元）相当于全国人均教育经费（304 元）的 74.7%，到 2017 年则提高到 80.5%，相对差距缩小了约 6 个百分点。[②]

---

① 2023 年全国教育经费执行情况统计快报。

② 资料来源：国家统计局。

分上中下游看，上游的追赶速度相对较快。上游 5 省区人均教育经费与全国人均教育经费的比值由 2000 年的 69.4%提高到 85.5%，提高了 16.1 个百分点；下游 2 省由 2000 年的 74.3%提高到 75.9%，上升了 1.6 个百分点；中游 2 省则不升反降，由 2000 年的 86.5%下降到 82.7%，下降了 3.8 个百分点。黄河流域在教育方面还存在明显的不平衡和不充分问题。进入 21 世纪后黄河流域在义务教育的公共投资方面取得了一些实质性进步，教育经费与经济基本上保持了同步增长，城乡之间义务教育经费的差距有所缩小。然而，在非义务教育阶段如高中教育，城乡之间和地区之间公共教育经费支出的差别仍然很大。另外，学前教育是个人能力发展过程中最重要的人生阶段，由于我们国家没有将学前教育纳入义务教育范围，一些农村地区仍有相当大比例的学前儿童没有接受正规的学前教育。

（二）医疗条件逐步改善，但不均衡问题仍然突出

黄河流域医疗卫生硬件方面的条件进一步改善，医疗卫生机构数和卫生机构床位数明显增加。医疗卫生机构数由 2010 年的 35.3 万个增加到 2018 年的 37.5 万个，8 年间增加了 2.2 万个，增长幅度为 6%，占到全国医疗卫生机构总数的 37.6%，每万人对应的医疗卫生机构数由 2010 年的 8.7 个增加到 2018 年的 8.92 个，增长了 2.6%。

黄河流域的卫生机构床位数比全国平均水平还略高。黄河流域的卫生机构床位数由 2000 年的 97 万张增加到 2018 年的 268 万张。18 年间增加了 171 万张，2018 年约是 2000 年的 2.8 倍，占到全国卫生机构床位总数的 31.9%；每万人对应的卫生机构床位数由 2000 年的 24.5 张增加到 2018 年的 63.7 张，后者约是前者的 2.6 倍，比全国平均水平（60.2 张）还略高出 3.5 张。黄河流域医疗卫生软件方面的条件也明显改善，卫生人员数和执业医师数大幅增加。黄河流域的卫生人员数由 2000 年的 166.6 万人增加到 2018 年的 388.6 万人，18 年间增加了222 万人，2018 年约是 2000 年的 2.3 倍，占到全国卫生人员总数的 31.6%；每万人对应的卫生人员数由 2000 年的 42 人增加到 2018 年的 92.4 人，后者约是前者的 2.2 倍，比全国平均水平（88.2 人）还多出 4.2 人。黄河流域的执业医师数由 2008 年的 51.4 万人增加到 90.8 万人，占到全国执业医师总数的 30.2%；每万人对应的执业医师数由 2008 年的 12.8 人增加到 21.6 人，后者约是前者的 1.7 倍，与全国平均水平（21.6 人）相当。但黄河流域医疗卫生服务质量不均衡问题仍然突出。尽管过去 10 多年黄河流域医疗卫生的公益性水平有所提高，医

疗供给也进一步提高，但目前医疗卫生服务质量仍然不均衡，健康不平等问题、优质医疗资源分布不均衡问题仍很突出。大多数优质医疗资源集中在中心城市，广大农村地区尤其是经济欠发达农村地区的医疗服务质量还相对较差，导致广大民众利用优质医疗资源存在困难，形成"看病难、看病贵"问题。①

（三）养老：黄河流域城乡居民社会养老保险虽实现"制度全覆盖"，但并未实现"人员全覆盖"，参保率偏低

养老保险是社会保险和社会保障体系的重中之重，是优化老年人养老服务的经济保障、实现"老有所养"的重要制度安排。在我国人口老龄化程度加深的背景下，养老保险政策的改革与推广，对老年人摆脱贫困起着举足轻重的作用，与我国老年人口的贫困问题密切相关。目前我国基本养老保险制度主要包括城镇职工基本养老保险制度和城乡居民养老保险制度。城镇职工基本养老保险制度覆盖的人群是城镇各类企业职工、个体工商户和灵活就业人员。城乡居民养老保险制度统一覆盖全体城乡居民，具体包括年满16周岁（不含在校学生）、非国家机关和事业单位工作人员及不属于职工基本养老保险制度覆盖范围的城乡居民。

黄河流域各省区已实现养老保险"制度全覆盖"，近些年参保人群大幅增加。通过多年的努力，黄河流域各省区为不同身份的人员建立了不同的养老保险制度，越来越多的人加入了养老保险制度。2012年黄河流域城乡居民社会养老保险的参保人数为17456万，目前已增长到18672万，增长幅度为7.0%。黄河流域城乡居民社会养老保险的覆盖范围在逐步扩大。但黄河流域并未实现养老保险"人员全覆盖"。虽然黄河流域养老保险已实行"制度全覆盖"，但现实中仍有不少农村居民和农民工尤其是那些贫困人口和低收入者，由于收入水平低、缴费能力受到限制，而未参加养老保险。再加上城乡居民养老保险制度的参保原则是自愿参保，且保障水平低，转移接续难，很多农村居民和农民工参保的积极性不高。

第二节　黄河流域城市群发展

黄河流经青海、四川、甘肃、宁夏、内蒙古、山西、陕西、河南、山东9省

---

① 赵晨阳，赵文星，卜美玲. 构建黄河流域跨区域基层医疗卫生职业教育协同创新机制的实践与思考——以黄河流域卫生职业教育创新发展联盟为例 [J]. 菏泽医学专科学校学报，2023，35（4）.

区，全长 5464 千米，是连接青藏高原、黄土高原、华北平原的生态廊道，拥有三江源、祁连山等多个国家公园和国家重点生态功能区。2019 年，黄河流域省份总人口为 4.2 亿，占全国总人口的 30.3%；地区生产总值 24.7 万亿元，占全国的 26.5%。①

黄河流域覆盖兰西城市群、呼包鄂榆城市群、中原城市群、关中平原城市群等国家级城市群，在我国生态安全、经济社会发展和国土空间开发上具有重要的战略地位。黄河流域与密西西比河、莱茵河、长江经济带相比，航运能力不足，经济发展水平有待进一步提升，上中下游地区城市发展水平空间不均衡性更加突出，使得实现流域城市一体化发展尤为重要。推动黄河流域区域一体化发展要求构建以中心城市—节点城市—边缘城市三级城市社会经济联系网络，促进上中下游城市群之间互动、一体化发展。

黄河流域是我国重要的生态保护屏障和经济地带，近年来颇受学术界关注，主要研究包括生态保护、资源管理、流域城市发展差异、流域协调发展战略等方面，并形成了一系列丰硕成果。但研究的不足之处在于在空间上未能覆盖到黄河流域全域。因此，本书以黄河流域地级市为研究单元，考虑到黄河仅流经四川省一小部分区域，故未将四川省纳入研究范畴，选取了黄河流域 8 省区 55 个地级城市为研究对象，构建黄河流域城市综合能级评价指标体系，科学评价并进行能级划分。在此基础上运用社会网络分析方法，讨论黄河流域城市间经济联系强度，并进行网络可视化表达，探寻上中下游地区网络空间结构及合作路径，为实现黄河流域区域协调和一体化发展提供参考。

一、黄河流域城市群体分析

（一）城市中心性分析

从外向中心度来看，前 3 位城市分别为西安市、郑州市、洛阳市，表明与其产生经济联系的城市最多，经济的对外辐射范围最广，在中下游起着核心的辐射带动作用。在外向中心度前 20 名的城市中，下游城市占据 11 个，中游城市占据 9 个，表明中下游城市之间的城市联系较为紧密。值得注意的是，由于黄河上游处于西部内陆，经济发展的区位条件优势不足，兰州市、银川市、西宁市 3 个上游省会城市的外向中心度较低，对外经济辐射能力较弱，导致上游城市间经济联

---

① 《中国统计年鉴（2020）》。

系不强。整体来看，黄河流域城市的群体外向度为59.225%，表明其对外辐射带动的整体能力较强。

从内向中心度来看，太原市、晋中市、吕梁市位列前三，表明其具有较强的凝聚力和吸引力。需要指出的是，除太原市外，其他外向中心度较高的城市如西安市、郑州市、济南市，内向中心度相对较低，其对外辐射能力远高于凝聚力和吸引力。在内向中心度前20名的城市中，中游城市占据14个，下游城市占据6个，表明受中游中间区位影响，中游城市的凝聚力和吸引力较强。济南市内向中心度较低，主要是因为郑州市经济辐射范围更广，又受中原城市群影响，导致下游地区与郑州市的经济合作意愿增强。上游地区省会城市的内向中心度与外向中心度均处于较低水平，表明其经济的辐射能力和凝聚能力处于对等均衡状态。整体来看，黄河流域城市的群体内向度为27.160%，表明黄河流域的内向凝聚吸引力较弱。

从中介中心度来看，前3位城市分别为西安市、兰州市、银川市。表明西安市作为连通黄河中游与下游的重要中心城市，发挥着连接以西安市为核心与以郑州市和济南市为核心的中、下游地区两大城市群体的关键作用。黄河中游与下游地区城市的中介中心度普遍较低，这是由于其外向中心度与内向中心度较高，加之交通区位优势，城市间的经济联系较为便捷紧密，对中介城市的依赖偏弱。黄河流域城市的群体中介度（17%）相较外向中心度与内向中心度偏低，表明黄河流域城市之间经济联系较为紧密，缺少依赖中介城市。

从接近中心度来看，西安市、郑州市、洛阳市位列前三。通过对比外向中心度与接近中心度，可以发现：外向中心度与接近中心度的城市排序具有相当的一致性，排名前20位的接近中心度城市在空间上都处于西安市、郑州市、洛阳市、济南市的外围圈层，表明黄河流域中心城市的经济辐射强度与辐射范围呈正相关关系，从而建立起紧密的经济联系。

（二）网络空间结构分析

黄河流域城市间经济联系在空间上呈现出"南强北弱、东密西疏"的特征。已经形成以西安市、郑州市、洛阳市、济南市、淄博市、太原市等城市为中心的黄河中下游城市经济联系网络密集区域，处于经济联系最外围的则是黄河上游的青海、甘肃、宁夏、内蒙古等省区综合能级较低的边缘城市。从城市群角度进一步分析，以西安市为中心的关中平原城市群，以郑州市、洛阳市为中心的中原城市群，以济南市、淄博市为中心的山东半岛城市群之间在经济联系方面已经实现深度融合。不可否认的是，兰州市、银川市、呼和浩特市、榆林市虽然在黄河上游城市经济联系的网络中发挥着重要的中介作用，但以其为中心的兰西城市群与呼包鄂榆城市群内部与外部之间的经济联系还可以进一步优化与增强。

（三）城市子群体空间格局分析

在城市网络空间分析的基础上，运用 Ucinet 6.0 网络分析软件中的"结构—CONCOR"凝聚子群分析功能，借助 Netdraw 工具对黄河流域具有紧密经济联系的群体进行可视化表达，进一步分析黄河流域城市群体网络群体空间结构和区域差异。结果表明：黄河流域已形成四大城市集群及经济联系网络，即以兰州市、银川市为双中心和以西宁市为单中心的黄河上游两大城市集群，以呼和浩特市为单中心的黄河上中游城市集群，西安市、郑州市、济南市、太原市多中心引领的黄河中下游城市集群。

黄河上游城市小群体的空间结构较为疏松和分散，形成"兰州市—银川市—鄂尔多斯市—包头市""西宁市—定西市—白银市"等联系轴带。黄河中上游城市小群体的空间结构较为紧密，形成"宝鸡市—咸阳市—渭南市—商洛市""呼和浩特市—榆林市"两条紧密联系轴带。黄河中下游城市小群体的空间网络结构十分紧密，已经形成"郑州市—菏泽市—安阳市—焦作市""济南市—淄博市—泰安市—聊城市""太原市—郑州市—新乡市—濮阳市""西安市—洛阳市—济南市"等多条联系轴带，可以看出黄河中下游地区所涉及的中原城市群、山东半岛城市群在经济联系上已经形成了深度融合的格局。值得注意的是，按照城市群合作的路径分析，黄河上游的兰西城市群两大中心城市未能进行深度融合发展；相反，西宁市则借助兰州市强大的中介作用与关中平原城市群的部分城市（天水市、庆阳市、平凉市、铜川市）发生经济联系，形成紧密的经济联系网络。呼包鄂榆城市群分割成鄂包、呼榆两个城市网络发展群体，未能发挥连通黄河上游与中游"金三角"的作用。

二、黄河流域城市集群空间合作路径分析

探索黄河流域城市集群空间合作路径，实现黄河流域生态保护和高质量发展、区域一体化发展，应构建"三区四群"的国土空间保护与城市发展格局。"三区"指上游生态保护与限制开发区、中游生态保护开发区与经济发展协调发展区、下游入海高质量发展与开放区。"四群"指构建以省会城市为核心、以城市群为主体形态、"人口—产业—城镇"重点集聚的黄河流域城市发展集群，具

体如下：

（1）黄河上游"兰西银"城市发展集群。以兰州市为黄河上游的中心城市，以西宁市、银川市为副中心，发挥兰州市的强大中介作用，深度融合兰西城市群和宁夏沿黄城市群，以生态保护为重点，形成辐射带动黄河上游沿岸和我国西北地区城市的紧密联系区域。

（2）黄河上中游"呼包鄂榆"城市发展集群。突出呼和浩特市区域中心城市作用，继续强化包头市、鄂尔多斯市、榆林市区域重要节点城市地位，加强城市间的多向联系，进一步完善黄河流域沿边开发开放格局，打造黄河上游与中游分界处最具活力的城市群体。

（3）黄河中游"西太洛"城市发展集群。以西安市和太原市分别作为黄河中游南北两端的中心城市，以洛阳市作为副中心，发挥重要的经济辐射能力。重点融合关中平原城市群和太原城市群两大城市群，打造黄河流域高质量发展的重要增长极。

（4）黄河下游"济郑"城市发展集群。以济南市和郑州市作为黄河下游的两个中心城市，以济郑综合运输通道为发展轴线，突出菏泽市和新乡市的节点作用，加强中原城市群与山东半岛城市群的合作与交流，打造黄河流域开放出口的前沿地带。

第三节　黄河流域城镇化高质量发展

从黄河流域流经的 9 个省区的城镇化水平来看，总体上低于全国平均水平。2019 年，黄河流域的乡村人口总规模约为 1.8 亿，占全国乡村人口的比重近 1/3。随着地区经济发展水平进一步提高，以及农业生产率的改进，预计在未来 5～10 年，该流域人口向城镇集聚的趋势仍将保持，城镇化也将处在加速发展的阶段。但黄河流域的生态环境条件与其他地区相比不仅没有明显优势，还面临着更加严重的水资源短缺、荒漠化、水土流失、地质坍塌、农业面源污染等一些特殊的区域性生态环境问题。在此背景下，如何创新流域城镇化的路径与模式，构建更加绿色的城镇空间体系，是推动黄河流域生态保护和高质量发展亟须解决的重要问题。

一、黄河流域城镇化水平与发展阶段的总体判断

自 2005 年以来，黄河流域的 9 个省区中，内蒙古和山东城镇化率（城镇人口所占比重）一直高于全国平均水平；甘肃城镇化率最低，为 48.5%，略低于中低收入国家的平均水平；河南和四川分别为 53.2% 和 53.8%，与中等收入国家水平相当；位于黄河中游的宁夏、陕西、山西城镇化率约为 60%，与全国平均水平的差距已明显缩小，但尚未达到中高等收入国家的水平。

对全球不同国家的人均 GDP 和城镇人口的比重进行非线性拟合，在发展水平达到人均 GDP 大约 1 万美元、城镇化率大约 70% 之前，多数国家的城镇化都处在快速增长的阶段。目前，我国城镇化率刚超过 60%，黄河流域 9 省区的城镇化率基本处在 50%~60%。从国际经验可以初步判断，黄河流域的城镇化整体上处在快速发展的中后期阶段，还有较大的发展空间。

二、黄河流域城镇化的主要特征与突出问题

以黄河流域 8 省区（不包括四川省）60 个主要城市为重点，从人口分布、城市规模、土地利用等方面对整个黄河流域城镇化的主要特征、区域性的突出问题进行了分析。具体如下：

（一）黄河流域"异地城镇化"的特征显著

黄河流域中游地区集中出现了人口与就业"双收缩"的城市。在所比较的黄河流域沿线 60 个城市中，35 个地市常住人口的规模低于户籍人口规模，过半数属于人口净流出地区。甘肃、陕西、河南等省份人口流出的规模和范围更大，除了兰州、西安、郑州等省会城市之外，省内其他沿线城市均为人口净流出地区。目前，黄河沿线地市层面人口净流出的总规模比 2010 年增加了大约 22.2%。由此可见，这些地区的城镇化在某种意义上属于"异地城镇化"，这也是河南、甘肃、四川等黄河流域沿线地区城镇化率相对较低的原因之一。随着人口流动和产业结构的深度调整，"收缩城市"的现象在黄河流域愈加显著。

目前，上述 60 个沿线主要城市中，有 7 个地市（如吴忠、铜川、开封、济宁等）的常住人口规模与 2010 年相比出现了绝对数量的下降，即人口"收缩"。更加需要重视的是，部分地区由于结构调整和发展水平的制约，在人口净流出的情况下还同时出现了城镇就业规模的下降，即"双收缩"的现象，集中分布在黄河中游地区的一些传统资源型城市，如山西的吕梁、甘肃的定西、宁夏的中卫等。一些中小城市，如宁夏的固原，陕西的铜川，甘肃的白银、平凉等地市就业增长幅度也非常小，临近于"双收缩"对于这些城市，人均 GDP 水平在短期内可能并未出现下降，甚至还可能因人口的减少而出现"增长"，但这只是统计意义上的，并非真正意义上的"增长"。从发达国家的一些收缩城市来看（最典型的是底特律），人口和就业规模同时"收缩"的城市相对于仅是人口规模减小的城市而言，人口结构和地方财政状况恶化的趋势会更加严重，极有可能在区域上形成一种新型的"萧条"地区。①

（二）黄河流域已初步形成多中心、多层级的城市空间格局

从整个黄河流域的城镇空间布局来看，已初步形成以 II 型大城市（市区常住人口在 100 万~300 万）为主体的规模体系。整个流域中小城市的数量有所减少，由 34 个降至 28 个；3 个市区人口超过 500 万的特大城市，分别为西安、郑州和青岛，在黄河中游和下游地区形成了具有较高首位度的区域性中心。由于地理条件和生态环境的不同，黄河上中下游的城市空间格局存在显著差异。上中游地区城市的首位度相对较高，总体呈现为单中心的空间结构。如西安常住人口占陕西的比重超过 1/5，是陕西第二大城市咸阳常住人口的 1.7 倍。中下游地区城市规模体系相对均衡，但城市规模整体偏小，属于低水平的分散性均衡，流域内具有较强辐射影响力的中心城市数量还比较少。从长期来看，这种空间结构并不利于缓解黄河流域生态环境与经济发展之间的矛盾，是黄河流域生态环境治理和高质量发展所面临的结构性约束之一。

随着经济发展水平的提高，黄河流域的人口向大城市集聚的趋势有所加强，但人口密度并未同步提高。2018 年，在黄河流域沿线 33 个市区常住人口超过 100 万的大城市中，近半数城市的人口密度（单位市区面积集聚的常住人口）降低。西宁、西安、兰州、济南等省会城市在人口规模扩大的同时，市区人口密度也都出现了不同程度的下降。该变化表明这些地区城镇化率的提高更大程度上是来自居民户籍身份的就地变更，并没有通过"城镇化"形成更高效率的人口和经济的空间集聚。这种"城镇化"对改进居民福利、释放经济增长潜能的作用非常有限。

（三）黄河流域土地城镇化进程不够协调

黄河流域沿线主要城市存在一个普遍特征，就是多数地市的城区规模较小，

---

① 侯永志，何建武，卓贤. 黄河流域生态保护和高质量发展总体思路和战略重点 2021［M］. 北京：中国发展出版社，2021.

在城镇化水平快速提高的过程中也未显著扩大，即所谓的"小城区、大城市"。黄河流域 60 个主要城市的城镇化率平均水平为 58%，但城区人口所占比重的平均水平仅为 25.1%，扣除人口自然增长的因素，城区人口规模在城镇化进程中基本没有变化。山东、河南等黄河下游地区的城市这一特征就更加突出，其平均水平相对更低，约为 21.5%。即使对于城镇化率较高的省会城市，如兰州城镇化率为 81%，城区人口比重仅为 51.4%，郑州城镇化率为 73.4%，城区人口比重仅为 36.8%，均存在显著差距。这主要与我国地市的行政区划有关，即地市一般会下辖多个县或县级市（如河南周口市下辖 7 个县，1 个县级市），在体制上推动形成了以县乡镇为主体的分散化的城镇化模式。

从黄河流域主要城市的建成区来看，多数地区建成区扩张的速度要高于市区人口增长的速度。本书所比较的黄河流域沿线城市，建成区面积扩大了 52.1%，同期市区人口规模平均增长 29.8%。人口的城镇化与土地的城镇化在空间上存在显著偏离，形成了以土地驱动的蔓延式城镇化。短期内虽然可以拉动经济增长，但由于并未形成要素的规模集聚，公共服务、基础设施等供给成本也因集聚规模效应不足而提高，城市整体功能难以改进。建设用地的过度扩张对流域的生态环境也形成了更大压力。此外，黄河流域沿线地区多是经济欠发达地区，土地驱动的城镇化会导致其财政过度依赖"土地"，可持续性降低。

三、推动黄河流域高质量城镇化的对策建议

黄河流域是涵盖森林、荒漠、草地、湿地等多种形式的综合性生态系统，承担着国家生态安全屏障的战略功能，同时又是我国能源和粮食生产的核心区，对于维护国家的能源安全和粮食安全具有同样的战略地位。因此，该流域的城镇化需要以生态、能源、粮食安全为底线，以全流域"大协同"来推动城镇空间体系的优化，切实转向以"人"为中心的绿色城镇化。具体建议如下：

第一，遵循人口流动和区域经济发展的基本规律，理性认识城镇化过程中"城市收缩"的现象。在新一代产业变革和现代基础设施的推动下，人口向大城市或城市群集聚的趋势将在相当长时期内保持，经济活动在空间上也将出现更大规模的网络集聚。因此，在城镇化过程中，部分区域出现城市"收缩"的现象有其客观必然性，政策层面也很难完全避免。重要的是减少因城市"收缩"而产生的负面影响。要在科学评估的基础上，采取更加差异化的城市规划政策，不能所有类型城市均以"人口增长"为基准。对于生态脆弱地区或者资源枯竭、

生态环境恶化相对严重的城市应更加主动地"收缩",降低人口规模,为生态恢复性治理创造更大的空间。对"收缩城市",尤其是"双收缩"的城市,不能简单地进行规模干预,要将政策重心置于此类地区居民的社会保障、生态环境的治理上,提升其产业转型的能力。

第二,加强黄河全流域城镇化的"大协同","宜大则大、宜小则小",建立与生态环境相适宜的城镇空间体系。黄河流域的生态环境条件非常复杂,不同流域面临的生态问题也不完全相同。因此,必须加强黄河全流域的"大协同"。上游地区人口基数相对较小,城镇化应以省会城市为中心,适度发展Ⅱ型大城市,提高人口、经济的空间集中度;中游地区则要着力构建以大中城市为主体的城市群或城市绵延带,考虑到生态环境的约束,不宜发展人口规模过大的特大城市;下游地区要进一步扩大城市规模,培育更多具有更强辐射影响力的中心城市,构建多中心、网络化的空间格局。

第三,建立全流域一体化协调发展机制,引导区域内人口、资源、资本、生态等各类要素更合理地配置。由于财税体制、土地规划、考核机制等方面的限制,整个流域内要素的流动仍存在诸多限制,是当前制约黄河流域高质量城镇化的根本原因。这就需要从全流域的视角构建一体化协调机制加以引导实现。以水权、碳排放权、森林/草原碳汇等为核心建立全流域生态产品价值实现的一体化机制,推动人口、产业等空间布局的优化。以流域内的城市群或城市绵延带为重点,建立财政能力均等化机制和公共服务成本分担的一体化机制,推动流域之间不同地区功能分工的深化,充分释放"城镇化"对资源要素的空间集聚效应。建立城乡一体化发展机制,拓展和延伸城市功能,改变整个流域点状分散化的城镇化模式,加快实现以"土地"为中心的"城镇化"向以"人"为中心的"城市化"转型。

第四,完善相关配套政策,在更高的层面统筹推动黄河流域的城镇化。由于生态、气候等方面的约束,黄河流域部分地区并不适合大规模、就地城镇化,再加上黄河流域农村人口规模基数较大,整体发展水平较低,承担城镇化成本的能力有限。因此,推动"异地城镇化"是实现该流域更高质量城镇化的有效路径之一。这就需要在国家层面完善住房、教育、医疗、社保等领域的相关政策,降低人口跨区域流动的成本,尤其是要采取更有效的政策激励发达地区对黄河流域欠发达地区非就业人口的吸纳。适时调整黄河中下游地区的行政区划,增强中心城市对人口、经济的集聚功能,提高公共服务、基础设施等的规模效应,降低城镇化成本。通过财政补贴、绿色金融、专项人才引进、技术集群布局等政策工具，推动生态技术、新能源、数字技术等新一代技术在黄河流域的应用推广，推动该地区农业、工业生产模式的变革，形成以"新型产业、新型消费"为支撑的新型城镇化；加快推动黄河流域智慧能源、智慧城市的建设，减轻城镇化对流域生态环境的影响，创造更高功能品质的城市空间，实现以"人"为中心的高质量城镇化。

第五章　黄河流域文化旅游资源高质量发展

黄河流域是人类文明的摇篮。在中华文明发祥、形成、发展、演化和复兴的过程中，黄河文明一直发挥着中流砥柱的作用。因此，黄河流域文化旅游资源丰富多彩。本章即针对黄河流域文化旅游资源高质量发展以及保护进行一定的阐述与分析。

第一节　黄河流域传统文化旅游资源发展

一、传统文化旅游

（一）传统文化旅游定义

提升城市文化品位在文化旅游发展中极其重要，景区的文化个性内涵可以通过旅游载体表达，这样既可以丰富旅游者的切身体验又能促进旅游者的旅游消费，从而带动地方经济结构调整和高质量发展。

文化旅游以旅游文化的地域差异为特点，以文化的相互融合为结果。文化旅游资源的民族性、神秘性和多样性等特征都对旅游者具有持久且强烈的吸引力，旅游者通过对它们的探索来感知文化资源的不同魅力。不同国家和地区的文化项目、名人遗址或者各种文化活动都可以吸引其他国家和地区的旅游者参与其中，感受文化乐趣，满足精神享受。旅游产业本身是关联度非常高的产业，尤其是与运输物流业、餐饮业、住宿业、零售业等产业高度相关，在此基础上，文化旅游产业还和"互联网+"产业紧密相连，成为引导时代的风向标。

（二）传统文化核心价值

创意是文化旅游的核心价值。一般旅游寻找资源差异和特色，焦点是资源，较少考虑市场需求竞争关系，但是文化旅游在某种意义上摆脱了资源的束缚，能够综合资源、环境、市场等各方面因素进行创造，这是文化旅游的创意之处，也是经济发展创新驱动力因素。随着社会的发展，文化创意产业在世界各地兴起，包括建筑设计、影视演艺、民族风情、文化节庆、新闻出版等。文化旅游的核心是创意，找到资源的特色进行创造性的发挥就形成了创意，没有创意的文化旅游就没有吸引力，无法为文化旅游的发展提供持续驱动力。由政府出台政策推动创意产业发展在发达国家如美国和日本等较为典型。哪些文化资源可开发成旅游资源要以旅游吸引力为标准。在数字时代，大数据具有相当大的优势，对各种黄河流域文化资源进行分类整合，利用影视作品和书籍报刊收录宣传黄河流域文化，构建黄河流域文化旅游资源的资料数据库，再对旅游价值进行评估。中国是文化大国，尤其是黄河流域，具有很多地方文化素材，资源丰富且历史悠久，而如赤壁之战等古遗址一般具有小、散、虚的弱点，在开发的时候更加需要好的创意。

根植于黄河流域的黄河文化是中华文明中最具代表性的主体文化，黄河是中华民族的母亲河，黄河流域是中华民族的发祥地，孕育了中华民族五千多年的血脉，也是我国传统文化的诞生地。北起长城，南至秦岭，西抵青海湖，东至黄海，产生发展于黄河流域的地域性文化即黄河文化，其存在的空间包括黄河流域的全部地区，即青海、四川、甘肃、宁夏、山西、陕西、河南、河北、山东九省区。黄河跨越青藏高原、黄土高原、河套地区、中下游平原和滨海地区，流经地区的广阔和地理环境的复杂、多样的自然环境和人文环境使得黄河文化的内容极其丰富。中华文明与印度文明、埃及文明、两河流域文明并称为世界四大文明。

黄河文明是中华文明的典型代表，是东亚文明的核心。习近平总书记明确指出黄河文化是中华文明的重要组成部分，是中华民族的根和魂，在中国乃至世界文明史上都留下了浓墨重彩的印记，是增强中华民族文化自信的重要载体。黄河文化发展大致经历三个阶段：第一阶段是先秦至秦汉时期，是主体文化的形成时期，上游的马家窑文化、中游的仰韶文化、下游的大汶口文化及龙山文化异彩纷呈。第二阶段是魏晋南北朝至隋唐时期。以黄河文化为核心，对南方江淮流域文化和珠江流域文化产生影响。第三阶段是宋元明清时期，是黄河文化和其他地域性文化融合时期。在民族文化融合中它起主导作用，但逐渐丧失独立性，最终融入中华文明体系。应以开放的眼光，把黄河文化上升到中国的主体文化、国家文化、主流文化，黄河作为我们国家和民族的重要象征和精神图腾，时刻牵动着海内外所有中华儿女的心，每到中华民族的关键历史节点，黄河总能为我们注入澎湃的时代力量，最终成为我国民族团结和统一复兴的精神文化信仰支柱。

（三）传统文化时代价值

考古学家刘庆柱先生指出："在中华民族发展史上，中原地区发挥着极其重要的作用，它们集中反映在鲜卑人建立的北魏王朝，从长城地带的山西大同迁到河南省内的洛阳，发展壮大了中华民族的政治文化格局，多民族中央集权制国家得以建立，黄河文化也成为多民族形成的'国族'——中华民族的核心文化。"中华民族发展史上有着里程碑意义的事情是北魏王朝迁徙到黄河流域的中原地区，以开放的胸怀，把伊洛河与黄河所构成的河洛文化、沁河与河内文化、济水与河济文化，以及淮河与黄淮文化推向新的高度。汉族祖先长期活跃在中原地区，孝文帝迁都洛阳之后，制定了一系列礼乐制度，先后实施了一系列重大改革措施。其内容主要包括：禁穿胡服；改定郊祀宗庙礼；禁鲜卑语，改用汉族语言；改鲜卑复姓；改变籍贯等。河南地处中原，作为农业大省，水资源有极其重要的地位，黄河作为水源提供地，孕育了河南灿烂的地区文化和古代都城。

黄河流域传统文化源远流长，新时代必须挖掘相关时代文化价值。传统文化只有闪耀时代精神，才能具有更久远的生命力。黄河文化是中华文明的重要组成部分，历经千百年的历史沉淀，蕴含着伟大的劳动精神、创新精神和民族精神。应深入挖掘，广泛宣传，讲好黄河故事河南篇章，展示黄河文化魅力，弘扬真善美、传递正能量。在现实生产生活实践中，要考虑如何把传统文化与当前时代价值元素相结合，践行新时代中国特色社会主义核心价值观。

（四）传统文化未来展望

黄河的长度是有限的，在民族心理上的重量却是无限的。习近平总书记在河南视察工作后亲自召开座谈会，把黄河流域生态保护和高质量发展确定为国家战略，强调深入挖掘黄河文化蕴含的经济、社会、环境、时代价值，讲好黄河故事，延续历史文脉，坚定文化自信。2020年1月，习近平总书记在中央财经委第六次会议上再次发出"大力弘扬黄河文化"的号召。从习近平总书记浓厚的"黄河情结"，到第十一届全国少数民族传统体育运动会期间56个民族的兄弟姐妹欢聚在黄河岸边，再到央视春晚将分会场设在黄河中下游分界点的郑州，有一种深意一脉相承，那就是彰显母亲河的伟大凝聚力和中华民族的强大向心力，振奋民族精神，塑造文化自信。天地之中，文化之心。中原文化在黄河文化中处于中心地位，是黄河文化的基本支撑和集中体现。中原大地创造的每一项奇迹、绽放的每一个精彩，也都浸透着黄河文化的滋养。黄河的气势磅礴让我们对黄河充满敬畏，黄河的悠长博大养育了中华儿女，让我们对黄河充满了感恩。央视春晚凸显"黄河主题"，并将分会场设在郑州，是对中华民族文化本源的自觉回归，是对历久弥新文化传统的由衷致敬，也是对中原大地在"黄河故事"中重要角色地位的充分肯定。

黄河是不断变迁的，从西到东情况极为复杂。黄河流域西部主要是游牧民族的游牧文化，中部和东部主要是农耕文化。黄河文化包括黄河流域物质、精神和制度层面的所有文化总和。而以关中与河洛为代表的黄河文化，不仅是核心文化，而且也是主干文化，更是我们所认识的狭义的黄河文化。

以开放的心态，努力在新时代奏响黄河大合唱最强音。与时俱进，凝聚奋进新时代的精神力量。进入新时代，黄河流域文化若想重现光辉，必须加入新的时代元素，使黄河流域文化重新迸发出时代最强音，焕发出昔日的辉煌。黄河流域孕育出了母亲情结，同根同源的民族认同感可以支撑强大的寻根寻祖行动，深入挖掘姓氏文化旅游资源，为了国家、民族的团结、繁荣、富强做出应有的贡献。要有大的气派、大的构想、大的谋划。一个大的城市必须依傍大河，有大的江河穿城而过，使城市更有朝气、更有魄力，更加增强了城市的魅力。要接纳多种文化，依据黄河流域文化旅游资源优势，打造具有国际影响力的黄河流域精品文化旅游路线。这就需要在国家顶层设计和区域协同开发上下足功夫，全力推进黄河文化资源整合与文化旅游协作，在保护黄河流域生态环境的前提下促进黄河流域文化旅游的可持续高质量发展。

二、传统文化旅游开发原则和方法

（一）开发原则

文化旅游开发需要遵循一定的原则：存真、深挖、活化和延伸。首先要在客观的基础上尊重历史，在现有资源的基础上复原原有资源，如修旧如旧，尽量使用传统工艺和材料。其次是深挖内涵，丰富内容，如利用各种人物的喜怒哀乐和事物的前因后果，通过细节打动游客，让旅客清晰地感受历史文化。再次是活化，把虚的文化做实，让游客能够直接看到物质背后的文化故事。最后还可以通过互联网的强大传播力，把文化旅游资源传播出去，后续通过影视作品和动漫等影音载体将文化资源进行多途径开发和利用，积极开发文化旅游类商品，多产业链融合发展。

（二）开发方法

从国内和国际的发展实践来看，文化旅游产品应当具有一定的规模，尽量集中布局，小、弱、散的状态很难吸引游客。区位市场和门槛效应决定了要创造条件，做出规模，做大做强。首先是归类，完成从点到类的抽象化；其次是扩面，从点做到面；再次是沿线，利用点拉出发展历史链，依据时间线介绍历史故事；最后是拓链，形成产业链，利用民间故事做出文化产业，甚至文化产业园区。

借助开发原则和方法，化资源为产品，化无形为有形，化虚为实开拓文化旅游市场。文化旅游资源走向市场还需要具有制造媒体热点事件等文化营销意识，通过运用低成本网络直播或者营销网红产品，促进文化旅游的创新发展。发展文化旅游时，政府需要引导投资商提高文化和市场经营水平，做出精品文化旅游品牌，传播文化的同时发展壮大文化旅游产业。

三、传统文化旅游开发的基本路径及方式

（一）基本路径

黄河流域传统文化旅游资源的开发侧重于建筑类和遗址类等，开发路径如下：

（1）让古代建筑类的旅游资源重新焕发生机，修旧如旧的古建筑让游客体验古人生活工作的场所，了解古代建筑的风格和外形。

（2）向游客展示充满地方魅力的人文活动，包括婚俗与特色食俗、传统与现代节庆活动、民族文化和文学艺术类旅游资源，如各种地方菜、茶、水果、地方剧、山歌、文化节、重大历史事件、名人事迹等。

（3）尽量挖掘当地独特的旅游商品类资源，如刺绣、年画、剪纸、雕刻等。

（二）开发形式

文化旅游有多种开发形式，如博物馆、主题园或风情街、表演、节庆等。

（1）博物馆，如名人故居和一些主题博物馆。

（2）主题园或风情街。开发手段主要有原生自然式、复古再现式、集锦荟萃式和原地浓缩式。

（3）表演。通过表演本身的宣传和带动作用，充分发挥表演的各种功能，

如场景、服饰、餐饮等时代流行特征元素。

由于黄河流域的广泛性，作为文化载体的旅游资源比较分散，客观条件制约着旅游门槛和集聚要求，这样就需要设计精品文化旅游线路和景区，把这些优质资源串联起来，吸引更多旅游者到此品美食、住民宿、观美景。

四、黄河流域传统文化旅游资源及特点

黄河作为中华民族的母亲河，悠久的农耕历史承载着厚重的历史文化。由于黄河流域广泛，不同地区产生了不同的文化习俗，这些文化习俗反映了当地先民的生产生活习惯，黄河流域文化的包容性又使得黄河流域文化海纳百川、博大恢宏。俗语说："千里不同风，百里不同俗。"千百年来，黄河流域的百姓织其衣冠，筑其梁屋，果其口腹，担其出行。这些举动看似普通，实则皆是传统习俗。各个地方的生产生活方式不同，形成黄河流域不同地区的习俗差异。

（一）传统居民文化

早期居住在黄河流域的半坡先民利用天然山体或者土岭建造半地穴式的房屋，现今河南省三门峡地区的地坑院和山陕等地的窑洞都是以这种穴居方式的变形延伸。黄土高坡特殊的地质地貌环境给了当地黄河流域先民特殊的资源，他们一般采用靠崖式居住方式，因地制宜地利用环境优势挖建窑洞。黄河流域上游的土质粗糙且戈壁较多，不适合挖窑，而黄土高坡的深厚结实土层就非常适合挖窑居住。河南省荥阳等地采用打井开挖地下的方式，建成地坑院，具有冬暖夏凉的特征，这也是窑洞所具有的特征，深得黄河流域先民的喜爱并流传下来，成为黄河流域的穴居特色。

（二）传统服饰文化

黄河流域人民的衣服饰物以素雅简单、实用为主，质地多为棉布。从季节来看，百姓夏日着一层布制衣服，春秋穿内外两层抵御凉风的夹衣，冬日穿填充了棉絮软毛等物的棉袄，以抵御寒冷，平日里农忙耕作以短打为主。如劳作在黄河中下游流域的祖先为了劳动方便，多穿无裆棉裤，外面罩上单裤，适合劳作和长途跋涉。在日常生活中，百姓衣着也是为了方便劳作。如冬季寒冷时，黄河流域祖先会用黑色棉质布带将裤腿儿扎住，在抵御寒冷的同时可以防止灰尘进入。夏天扎住裤管可以防止昆虫进入。在陕西、河南一带，普通百姓头上系一块头巾既可遮挡沙尘又可擦汗。黄河流域先民在特殊的节日里，根据习俗穿戴特殊服饰，给孩童穿绣着癞蛤蟆、蜘蛛、蝎子、壁虎和蛇的五毒兜肚的习惯在河南、陕西、

甘肃等地流行。

（三）黄河流域传统文化

旅游资源的地方特色黄河流域独特的地理环境造就了黄河流域独特的生产生活方式，长久流传下来的习惯风俗成就了黄河流域的传统文化地方特色。从总体上看，具有以下三个特点：

（1）黄河流域的传统文化旅游资源具有多样性，传统文化的产生与环境是密切相关的。黄河流域干旱的气候特征决定了草原植被的大面积覆盖，进而发展出不同的游牧文化，黄河流域的黄土高坡地质地貌特征为黄河流域的祖先挖建窑洞作为生活场所提供了条件。

（2）黄河流域的传统文化旅游资源具有包容开放性。黄河流域的祖先占据草原，游牧的生产生活方式产生了黄河流域特有的游牧文化，在历史发展中，黄河流域的传统文化并没有失传，而是以开放包容的心态接纳其他种类文化，从而绽放出更加璀璨的文化光芒。

（3）黄河流域的传统文化具有连续性。尽管黄河流域自然灾害频发，但是这并没有导致黄河流域文化的断层，反而使人们在对抗各种灾害中练就了吃苦耐劳、不屈不挠的民族个性，这让黄河流域的传统文化充满活力和顽强的生命力。白驹过隙，时代发展到现在，黄河流域传统文化依然有着它强大的经济、社会和政治文化价值。

五、黄河流域传统文化旅游资源创新发展

黄河流域传统文化旅游资源的创新发展离不开载体，若想把黄河流域传统文化通过载体发扬光大就需要旅游的介入。要用黄河流域传统文化节点、主线和片区串联黄河流域传统文化旅游景点、路线和景区。核心主题涉及产品统领、功能聚焦和形象强化，分主题则涉及产品多样化与市场的多元化。有了文化主题，功能布局和线路便有了着落，地域化文化产品和活动便有了创意空间。当代旅游业的发展趋势，使得当代旅游者的市场需求日益多样化，尤其是文化旅游参与性和创新性，必须最大限度满足这些需求才能在未来旅游业发展中获得极高份额。

（一）黄河流域传统文化旅游资源当代创新发展路径

1. 用文化创意挖掘黄河流域传统文化旅游资源

现代旅游业依托旅游资源建立实虚相间的旅游产品，优化资源组合。用文化创意挖掘黄河流域传统文化旅游资源，对即将遗失的传统文化旅游资源进行抢

救、整理、挖掘与重现，并且进行更深层次的民族文化旅游价值探索，在挖掘整理的基础上突出民族感、亲切度，筛选出核心黄河流域传统文化当代新价值，侧重于借助可视文化载体全方位地展示、侧重于其互动性价值的充分发挥、侧重于旅游者心境体验的满足。开发层次性、系列化和高品位的文化旅游产品重要的是围绕核心价值，重塑黄河流域传统民族文化旅游产品和文旅产业品牌形象。

2. 用文化创意创造增强文化旅游产品核心竞争力

用文化创意创造黄河流域传统文化旅游产品，主要从以下三个方面入手：一是选准切入点，突出黄河流域传统文化旅游产品的层次性；二是提炼主题，突出黄河流域传统文化旅游产品的系列性；三是丰富文化内涵，突出黄河流域传统文化产品的高品位性。突出黄河流域传统文化旅游产品、旅游场景和旅游环境的文化性特征，并且凸显创意黄河流域传统文化的旅游产品对传统文化旅游需求日益多元化的关怀与满足。黄河流域传统文化旅游产品的主题越鲜明，创意主体层次和视角越突出，越能通过强化、充实、剪裁、协调和烘托等创意手法，使其文化内涵得到充分发挥，为旅游者带来丰富深刻的旅游体验。

3. 以文化创意旅游提高旅游吸引力

随着社会的发展和人们对文化旅游品位的要求，当今旅游整体环境的策划和设计打造就更应注重文化和人文内涵的挖掘，充分满足旅游者在旅游过程中的各种需求，尤其是精神方面的需求。整个旅游环境要求有新的表现方式，黄河流域传统文化资源、黄河流域传统文化资源旅游思想、黄河流域传统文化资源旅游精品都需要创意。整个黄河流域所具有的传统文化旅游环境需要处处有创意，打造地方对外推广黄河流域文旅项目的亮丽名片。

4. 符合旅游市场需求的文化创意

为了更好地发展黄河流域传统文化资源旅游业，除了设计出有吸引力、创造力的产品外，还需要强化营销。首先是构筑黄河流域传统文化产品竞争优势，用体验的创意思维创造黄河流域传统文化资源旅游产品。最好的营销方式是旅游者的口碑，最好的广告宣传是顾客的满意，旅游者的好口碑来自对旅游产品的真实体验。旅游企业从黄河流域传统文化资源旅游产品与服务的生产者转变为体验的策划者，将旅游者感觉、感受甚至思维等诉求融入黄河流域传统文化资源旅游产品的创造，构筑竞争优势。其次是建立目标客源市场的品牌忠诚度，用弹性的思维进行营销。针对不同的旅游人群、不同的客源市场、不同的黄河流域传统文化资源旅游产品体系，在营销主题、内容、形式、渠道等方面采用不同的有效营销策略。

（二）黄河流域传统文化旅游资源当代创新发展方式

1. 黄河流域传统文化宣传演出

想成为具有旅游吸引力的文化旅游城市，必须具有鲜明特色，根据当代旅游市场的需求，围绕黄河流域传统文化的主题线，打造符合现代游客口味的传统文化旅游项目，通过项目的实施带动，发展与黄河流域传统文化相关的产业，使之成为新的区域增长极，集聚更多人气，达到跨越式的高质量发展。随着时代的进步和科技水平的提高，人们的旅游需求日益多样化，传统的观光旅游已经不能适应旅游发展的时代脚步，传统旅游项目以静态展示为主，旅游客体体现的仅仅是观光功能，极度缺乏体验性和深度游览性，不能满足现代旅游者的需求。让科技和资本进行高效对接，广泛采用情境体验、影视场景、游戏玩法、动漫形象、个性创意商品、生态建筑景观及丰富演艺活动，让黄河流域传统文化资源从静态到动态，活起来，呈献给旅游者完美的深度文化体验，从而使旅游者乐在其中。有研究表明，文化演出直接受益与其对周边相关产业带动效益的比率为 1：7，黄河流域传统文化旅游资源的开发可借助文化创意演出来驱动产业发展，与其他产业相比，这种方式对环境污染和破坏较少，产生的效益辐射范围很大，是黄河流域传统文化旅游资源与现代旅游业互动融合的最佳经济模式。要在文化创意新的引领下，使旅游业复合其他相关产业，实现黄河流域传统文化资源与现代旅游业的耦合互动，形成新的旅游产品，带动旅游的综合消费，提升黄河流域文化产业附加值，延伸黄河流域传统文化资源旅游产业链条，拓展发展空间，真正实现产业集群之间的互融。

2. 创建黄河流域传统文化相关主题街区和主题公园

黄河流域的传统文化街区蕴含着丰富厚重的黄河流域文化，极具黄河流域地方特色，详细真实地展现了黄河流域的各种人文风情，浓缩了黄河流域祖先的生产生活等。黄河流域传统文化街区自身承载大量信息，包括历史与现代的物质及精神、建筑及生活、饮食及出行等方面。在处理好保护与开发的关系的基础上，通过合理的规划开发和严格的制度管理，可以取得更好的生态经济、社会和环境等方面的综合效益。随着国民文化素质的不断提高，古老的黄河流域传统文化街区会吸引越来越多的寻根人和休闲旅游者。黄河流域传统文化主题公园注重黄河流域传统文化的展现，以黄河流域传统文化为主题，利用黄河流域传统文化的符号及实物设计相关主题景区，再利用黄河流域传统文化的互动和参与性打造具有黄河流域传统文化特色的旅游项目和场所，让旅游者体验黄河流域丰富的传统文化，激发黄河流域传统文化的当代价值，创新发展黄河流域传统文化新领域。

3. 黄河流域传统文化节庆

把旅游和节庆结合起来，形成新的节庆旅游文化资源，体现地域的风土人情。随着国家对美丽乡村的建设及对农民生活的重视，丰收节横空出世（这是对劳动者最大的致敬），黄河流域传统文化应利用好此类节日庆典，大力发展黄河流域传统文化在此类节日庆典中的引领作用，拓宽黄河流域传统文化与现代旅游的互动路径。黄河流域传统文化创意具有一定的公益性，通过树立黄河流域传统文化旅游资源品牌、提升产品价值等模式，降低投资风险，保障无形和有形资产的升值。

第二节　黄河流域农耕文化旅游资源发展

一、农耕文化旅游资源定义

狭义的农耕文化是指在早期劳动分工基础上，长期农业生产生活过程中所形成的一种习俗，核心是农业服务和农民自身的生活，包含儒家、道家等各类宗教文化思想。广义的农耕文化是指以传统农业为基础的农业生产、农民生活、农耕制度以及与之相适应的道德、民俗、文化、宗教信仰等意识形态的总和，产生于农民长期的农业生产和生活中，以思想意识形态和价值观念为核心。在农业生产过程中，需要用农耕器具进行生产，产生了农耕器具的物质文化，当然在使用农耕器具过程中也会产生如吃苦耐劳、不屈不挠等农业劳动方面的精神财富。它既包括农耕遗址、地域民居、农耕器具、农业书籍、水田水利等有形的财富，也包括农业科技、农业思想、农业制度与法令、农事节日、习俗礼仪、饮食文化等无形的财富。

黄河流域居民世代以农业生产为主要发展对象，旱地的农业特征又制约着农业的发展，因此有必要大力发展农业灌溉水利工程，解决农业发展过程中的用水难题，投入大量的人力、物力进行水利工程建设。由于黄河流域的这种投资代价不是一个家庭或部落群组所能承担的，是一个稳定的统一的国家来负担承建的，所以也从侧面证明了国家的稳定和强大。

经济的快速发展必然带来许多问题，如环境污染、食品安全、资源匮乏、生态环境遭到严重的破坏等，这些都会使发展陷入瓶颈。要想从根本上解决这些问题，就要明白人与自然和谐相处才能长效发展的道理，重视环境友好型社会建设，而农耕文化中所蕴含的观念为此提供了良好的发展道路。合理地开发利用自然资源，顺应客观自然规律，深入研究黄河流域农耕文化的思想内涵，有助于我们形成新的协调人与自然和谐共生的生态环境观念，实现经济社会稳定长效发展。

二、黄河流域农耕文化的特征及当代价值

（一）黄河流域农耕文化的特征

（1）典型的北方旱地农业需要遵从自然。黄河流域干旱状况比较常见，气候特点是冬春干旱夏季多雨，土壤类型主要是黄土及次生黄土，这些气候条件和土壤条件非常有利于旱作物的种植。粟最大的特点是耐干旱，早在新石器时代，人们就有种植粟的习惯，随着农业种植的多样化，黄河流域种植的小麦、玉米、大豆等农作物依然是与环境相适应的旱地农作物，这与黄河流域所处的地理环境和气候条件相适应，这就是顺应天时，遵从自然的表现。

（2）黄河流域农耕文化灿烂多元。黄河流域祖先从事农业生产，产生了丰富的农耕文化历史，最终发展成为璀璨的农耕文明，直到现在依然指导着我们生活的方方面面。黄河流域先辈在农业生产过程中，掌握了精耕细作、蓄水保湿、作物沤肥和作物轮耕等多种黄河流域农业种植经验，意识到水利工程对于干旱农业发展的重要性，兴建水利工程。在生活饮食方面，因地制宜形成了以小麦、玉米、大豆、红薯等旱地作物为主食的饮食文化，由于水资源的短缺，旱灾频繁，从事农业生产的农耕人在科学技术极端落后的农耕社会只能祈求龙王等神灵降雨，以期获得好的收成，由于各种客观因素的存在，如旱灾或者战争等，黄河流域农耕人群不断迁移，黄河流域的农耕文化也随着这些黄河流域的农耕人群进行传播，随着历史的不断推进，不同区域的农耕文化相继融合，形成了辉煌灿烂的中国农耕文化。

（3）黄河流域农耕文化各显特色。受到传统封建思想及交通条件不便的影响，在原始农业及传统农业时期社会人口流动率低，不同地域的社会风俗习惯有着很大的区别。由于流经9个省区的黄河流域全长5000多千米，黄河流域的上

中下游各自呈现不同的地域特点。黄河流域上游多为山地，利于产生游牧农耕文化，黄河流域的中下游多为丘陵和平原，利于产生深厚的农业种植文化，形成了黄河流域不同地区农耕文化巨大的差异性。

（二）黄河流域农耕文化的当代价值

（1）促进人与自然关系和谐。大约 1 万年前，黄河流域气候温暖，降水量较多。此外，黄河流域的土壤多为黄土和次生黄土，土壤肥沃且疏松，土壤状况优良，抽水和排水能力强，养分和水分易上升被农作物所吸收，适于农作物的生长，黄河流域农耕文化就在这样优越的地理位置、良好的自然条件下应运而生了。

（2）生态环境促进乡村旅游发展。黄河流域具有 5000 多年的文明历史，形成了许多独具地域特色的农耕文明，包括物质农耕文化要素和非物质农耕文化要素，将这些农耕文明要素提取出来就成为乡村旅游的核心与灵魂。农耕文化中的农耕体验为乡村旅游注入活力，乡村旅游不只满足于游客的吃、喝、玩、乐，更重要的是调动游客主动参与的积极性，使其通过参与农事活动来了解当地的民俗风情，感受农耕文化给予的精神熏陶，给游客带来心灵上的抚慰及精神上的震撼。

（3）形成勤劳务实的民族风尚。种瓜得瓜，种豆得豆。黄河流域的农耕文化铸就了中华民族勤劳务实的道德风尚，劳动人民日出而作，日落而息，在生产过程中积累了宝贵的种植经验和农事理论，勤劳务实地开展农事活动，如此生生不息，铸就了中华儿女勤劳务实的民族精神。

三、黄河流域农耕文化要素

（一）农耕器具

黄河流域农业生产离不开工具，农耕器具是农民进行农业生产的利器，农业节气反映气温变化，如小暑、大暑、处暑、小寒、大寒，利用农耕器具耕种土地，收获粮食及各种经济作物，保证黄河流域居民的持续发展和传承。常见的农耕器具包括：为农业种植做准备的整地及播种器具，用于收获运输、清选脱粒和晾晒存储的农业器具。用于收获的农耕器具可分为收获器具、运输器具、脱粒器具、清选器具以及晾晒器具。按照农耕器具功能的不同可将农耕器具分为耕种类、管理类、收获类、储藏类。

（二）农田水利

黄河流域居住地祖先开始农业生产活动，最早出现在新石器时代。由于黄河流域所处的地理位置降水量较少，在农业生产过程中遇到的最大问题就是干旱，要解决干旱问题，取得较好的农业收成，就必须提供充足的水资源，引黄河水灌溉就成为黄河流域沿岸农业发展必经途径。夏朝有关于农田水利工程的记载，到了商朝，从甲骨文"田"字的字形中可以看出，每块田地之间是有排灌沟渠的。西周黄河流域已经形成了有灌有排的农田水利系统，有了很大的发展。春秋战国时期铁质工具的广泛使用让农业生产力有了较大的发展，黄河流域水利工程也达到了一个全新的高度。西汉时，又修建了汉渠和汉延渠等，东汉时基本保持西汉时的水利工程规模。魏晋南北朝时期，由于战事不断，新修水利工程寥寥无几，旧的水利工程遭到毁坏。宋朝掀起了引黄放淤和改碱治田的高潮，形成了大片肥沃土地，极大地促进了当时黄河流域农业的发展。金元明清农田水利工程起起伏伏，到了鸦片战争时期已经停滞。中华人民共和国成立以后，黄河流域农田水利工程在国家大力支持下取得突飞猛进的发展，灌溉面积大幅度增加，农作物年年增产，到处呈现一片繁荣的景象。①

（三）仪式制度

在古代农业社会时期，黄河流域的居民非常重视农业的生产发展，在此基础上产生了一些关于农神祭祀等农业生产发展的礼仪制度。在中国封建社会，农业占据主导地位，是中国封建社会发展的决定性产业。当时，由于科学技术的落后，粮食、经济作物种子及水利灌溉技术落后，严重制约着农业的发展，人类无法抵抗各种自然灾害，处在原始农业阶段的劳动人民认为这是上天神灵有意惩罚人类的结果。为了获得农业的充足发展，提供生产生活物质保障，人类开始祭拜神灵，祈求他们的保护，免于自然灾害，获得农业丰收。皇帝亲耕的礼仪显示其对农业生产的重视，也为文武百官做出示范，反映了劳动的重要性，告诫每个人必须履行自己的职责。农业社会时期的周朝，每年要举行一次国家大典——亲蚕礼，中华民族古代男耕女织的社会把蚕桑纺织的发明者尊为蚕神，黄河流域对蚕神有很高的崇拜，亲蚕礼是由皇后所主持并率领众嫔妃采桑喂蚕，以此来鼓励妇女勤于纺织。自周代以后，历朝历代多有沿袭这样的礼仪制度，以示对农业经济

---

① 李丽娟，黄建军，李山勇. 河南省实施黄河流域生态保护和高质量发展路径研究［M］. 北京：中国经济出版社，2023.

的重视。

（四）农学思想

根据黄河流域长期的农业实践活动总结出的生态和谐农学思想是凝结着黄河流域先民智慧的结晶，现在依然影响着我们的农事活动，农学思想是黄河流域农耕文化的重要组成部分，指导着黄河流域的农业发展，使得现代农业实现更高质量发展。

主要的农学思想包括农时观、三才观、生态循环观等。农时观是随着农业的起源而发生的，黄河流域的先人在农业生产过程中会按照时间顺序开展各类农事活动，称为"农时"。"稼"指作为农业生产对象的农作物，农业生产的主体是人，农业生产的环境条件由天和地共同构成。将农作物与自然环境和人类劳动看成一个统一整体，农作物在其共同作用下生长的过程是相互协调关系下的自然规律，在开发利用自然资源、发展农业经济的基础上尊重自然，同时注重保护自然资源，防止无限制的开发利用，为保障社会经济的可持续发展，必须保护好基本的现代农业生态环境系统，以便实现现代农业的高质量发展。

四、黄河流域的农耕文化历史与现代农业

黄河流域农耕文化是中华民族千百年来智慧的结晶，蕴含着丰富的哲学历史、文化艺术等内容，将这些蕴含着中华民族智慧的结晶融入现代农业，可以为农业持续发展指引方向。

黄河流域农耕文化中存在地区差别，所以蕴含不同地域饮食特色，如用小麦做成的各种特色面食，还有各种庆祝丰收的节日庆典等。人文因素决定了不同区域独具特色的风俗习惯，将这些元素应用到现代农业中，增加了现代农业的景观异质性、文化特异性，为游客呈现丰富多彩的画面、场景，增加现代农业的观光参与性。黄河流域农耕文化强调人与自然和谐相处，尊重自然，合理利用自然资源，促进生态系统平衡的天人合一的农学思想。可持续发展理念，强调各种生产生活资源的节约和重复利用。几千年来，黄河流域居民世代耕种，具有丰富久远的农耕文化历史，这些传承下来的黄河流域农耕文化对现代社会农业的科技发展也具有重要的参考价值，必须通过一定的载体来体现，而现代农业园就为农耕文化的继承与发扬提供了表达载体。可在植物、建筑、道路、水体、活动场所等各个构成空间中，将农耕文化中蕴含的物质元素和非物质元素与现代农业园中的景观要素相融合，通过合理地展现，帮助游客从不同角度了解黄河流域农耕文化的魅力。

　　黄河流域的特色农作物种类繁多，可选取一定的农作物种类将其种植在现代农业园区内，打造出独特景观，丰富园区的景观内容，提升园区的观赏性及景观价值。在现代农业园区内建设农业生产活动体验中心，营造出充满黄河流域特色的农业劳动场景。黄河流域农耕文化内含"天人合一"的农学思想，包含着黄河流域先民的智慧。我们一直强调人地和谐理论，发展现代农业科学也要尊崇人地和谐的生态学理论，顺应自然规律，合理利用土壤资源和水资源，保持水土平衡，促进生态系统的稳定，保护环境，发展高质量农业。让生态系统发挥自我调节功能，维护生物多样性，发挥黄河流域农耕文化在现代农业园中的生态价值。黄河流域农耕文化是几千年来深厚的文化底蕴的见证，超出本身具有的物质功能，已成为地域的文化特色。

第三节　黄河流域红色文化旅游资源发展

　　用好红色资源，讲好革命故事，弘扬英雄精神，坚定理想信念。党的十八大召开后，全国各地学习党史蔚然成风，中国共产党百年华诞的到来，更是激励人们通过学习党史，以史为镜、以史明志激发国民奋斗的信心和动力，在奋发有为的工作实践中实现中华民族的伟大复兴。党的十九届五中全会也强调文旅产业的发展，尤其是要把红色旅游资源充分挖掘出来，为实施乡村振兴战略做出贡献。

一、红色文化旅游资源内涵

（一）红色文化旅游资源概况

　　历史遗址旅游资源把革命活动遗址按时代分类为太平天国和早期反抗外来侵略活动遗址、辛亥革命遗址、北伐战争遗址、土地革命战争遗址、抗日战争遗址、解放战争遗址。历史遗址类旅游资源包含了红色旅游资源。在中国共产党的领导下，中国人民在实现民族解放和民族独立的过程中以及社会主义改造和建设的过程中创造了先进文化，拥有革命历史文化遗址与纪念场所等物质资源及红色革命精神等非物质文化资源。这些红色文化旅游资源承载着为民族求解放、为国家谋独立和为人民谋幸福的永恒记忆。红色旅游资源主题突出，带有明显的政治色彩，不同的历史时期革命斗争的中心位于不同的地区，但多位于偏僻落后的地区。

进入新时代，中国特色社会主义的红色文化引领作用更加突出，在人们思想观念日益丰富多样化的今天，亟须凝聚人心来面对日趋激烈的国际竞争，提升国家文化软实力，增强文化自信，开发红色文化旅游资源，挖掘红色文化旅游资源的时代价值，把握其中的政治文化、经济教育价值的时代内涵。在新的发展阶段，要传承我们的红色基因并弘扬红色文化，精准对接乡村振兴。新时代红色旅游资源创新发展的主体是青少年，中国许多地区都拥有红色旅游资源，已经成为学生思想政治教育的基地。

（二）红色文化旅游资源的政治价值

中国从封建社会和半殖民地半封建社会走过，红色文化说明了共产党执政的历史必然性，从浙江南湖到北京天安门，从井冈山到延安，都有着历经重重磨难的红色文化的政治价值，抗日战争、解放战争后最终实现了中华人民共和国的成立，红色文化包含了共产主义的理念信念，培植了勇于牺牲的无私奉献精神，为伟大的革命事业取得最终胜利提供了强大的精神财富，同时始终贯彻实事求是的工作方法，将马克思主义和中国革命实践相结合，探索出一条符合中国国情的农村包围城市的革命道路。

这些红色文化记忆向大家展示了党的核心领导和军民同心的鱼水之情。党和人民创造了历史，凝聚着血肉亲情，齐心合力战胜各种天灾人祸，充分体现了党与人民同呼吸共命运的红色文化精神信念。

红色文化内涵中"不忘初心，牢记使命"的政治宗旨增强了民族认同感，是我们中华民族伟大复兴的现实动力，也是巩固党的执政地位的重要思想武器。水能载舟亦能覆舟，人民群众的政治认同是我党执政的基础，也是维护政治稳定的基础，维护好政治秩序有利于社会的稳定发展。红色文化内涵在传播政治意识、引导政治方向时会起到纠正人民群众政治立场的作用，从而排除各种杂音干扰，防止"和平演变"和政治误导。红色文化所承载的艰苦奋斗精神和实事求是的实践方法，对以后的各项工作具有良好的指导作用。

（三）红色文化旅游资源的文化价值

中国特色社会主义实践有助于中国特色社会主义文化的繁荣发展。红色文化旅游资源带着固有的时代印记，体现了初心使命的时代特点，利用红色文化旅游资源使当地百姓脱贫致富是新时代的经济、社会、政治、环境、文化的需要，这些追求抛去完全抽象的价值标准，让百姓真切地享受新时代国家的发展红利。当代红色文化基因特色促进了我们中华传统文化向现代迈进，中国共产党创造性地把马克思主义的基本原理同中国的具体实际相结合，探索出了中国的革命建设发展道路，结合传统文化弘扬了红色文化的精神，奠定了新型文化地位，革命烈士事迹发生地、重大战役旧址和重要名人故居等都成为红色文化的物质遗存，也是红色文化旅游资源的重要来源。这些红色文化物质遗存作为历史红色文化旅游资源的见证，宣传了延安精神、长征精神，这些融入了中华优秀传统文化的民族精神文化，成为当代我国重要的精神财富。

（四）红色文化旅游资源的经济价值

革命的硝烟已经远去，红色文化的物质遗存及由此倡导的革命人文精神却是永恒的。红色文化旅游资源逐渐显示出巨大的经济效益，尤其是运用市场化手段，在突出红色文化旅游资源精神价值的基础上，获得了巨大的产业发展，得到了社会的广泛认可。若是失去红色文化旅游资源的特点，其吸引力会大大降低，从而影响红色文化旅游业的发展。红色文化旅游资源开发需要从内容和形式等方面进行创新。从历史人物的成长经历到革命烈士的牺牲奉献，从重大历史事件到普通英雄人物的奋斗过程，都包含着爱国主义、勇于牺牲奉献、爱好和平等内容，形式包括红色小说、电影、戏曲等，适应新时代人民群众生活文化水平提高的市场需求。

（五）红色文化旅游资源的教育价值

中国城镇化进程加快，进入新型城镇化阶段，社会矛盾发生了深刻的变化，人们对美好生活的追求日益提高，物质生活水平提高了，精神需求也会跟着提高。在满足人民群众需求的同时，注重培植优秀民族精神，也是中华民族伟大复兴的强烈需要。为了民族复兴而艰苦奋斗的精神已经融入了中华民族的血液之中，成为优秀的中华民族基因，从延安窑洞和"小米加步枪"开始的艰苦卓绝的革命精神导向符合时代发展需要，符合青少年发展需要。崇高的理想信念包含悲壮感人的英雄事迹，也是我们中华民族的脊梁，激励着新时代每个个体的奋斗激情和爱国情怀。依靠学校、家庭、社会的共同宣传及法制的力量，对个体进行思想教育行为规范，挖掘新时代的文化价值，不断拓展新的思路，让红色文化旅游资源的教育与新时代实现伟大复兴的中国梦相结合，发挥更大作用。

把具有历史性、实践性、趣味性、教育性的历史遗址类旅游资源展示给学生，具有重大的教育意义，并且会起到事半功倍的效果。要发挥思想政治多元化载体的协同效应，在日常管理、教学或活动中，思政教育将革命活动遗址类旅游资源和当前学校教育的思想品德教育相结合，让祖国的新生代更加有责任心和担当。

二、红色旅游资源融合青少年思想政治教育的重要意义

（一）培养青少年的家国情怀

教育在人才培养过程中必须以"立德树人"为根本，培养合格接班人。青少年要想成为真正合格的人才，必须在学好专业知识的同时做到道德情操高尚、理想信念明确，成为德才兼备的接班人。革命活动遗址类旅游资源中革命基因和传统是对青少年进行思想政治教育的宝贵载体及素材，对学生具有"润物细无声"的家国情怀培养作用，从而弘扬革命传统，增强文化自信。

（二）培养青少年的责任担当

在多元文化思潮的冲击下，学校需要在专业课教授中主动开创思想政治教育途径，培养学生的爱国情操及担当精神。在课程中融入思想政治教育，既满足青少年求知需求，又将潜在的价值转化为与时俱进的现实需要。革命活动遗址类旅游资源是具有教育性和启迪性的思想政治教育素材。革命遗址让青少年接受灵魂洗礼，在耳濡目染中有所感悟，从而达到渗透青少年思想政治教育的目的。对于革命先辈浴血奋战、甘于奉献的奋斗历史，在和平时代过着安逸生活的青少年需要熟悉了解并体验。

三、革命活动遗址类旅游资源引导思想政治教育创新路径

（一）提升课堂中红色文化内涵

在教学中，要始终把爱国思想和思政教育引入其中，对学生进行多元化的道德养成教育，着力培育学生的社会责任感。作为教师，引导学生在接触红色旅游资源时学习党史，牢记先烈用他们的牺牲和奉献才换来我们现有的幸福生活。

开展思想政治教育的目的是培养有纪律、有理想、有文化、有道德的新人，培养具有中国特色社会主义事业政治方向。在课堂上可以组织相关的演讲、讨论、辩论等，课下组织学生利用校刊或宣传栏介绍本地的历史遗址类旅游资源。将红色文化融入课堂文化中，提高课堂的红色旅游资源内涵。教师和教育工作者不忘立德树人初心，牢记为党育人、为国育才使命，积极探索新时代教育教学方法，利用多种渠道达到思想教育的目的。

（二）为红色景区提供志愿者服务

中国共产党一百年的奋斗历史所积累的精神财富植根人民群众，昂扬斗志、攻坚克难。我们学史明理、学史增信、学史崇德、学史力行，通过学党史、悟思想、办实事、开新局。志愿者服务促进了景区的党史宣传，同时也是自身对党史的感悟。"不忘初心、砥砺前行"成为新时代最强号角。

全国旅游业蓬勃发展，旅游收入和接待量都不断提高，基础设施建设逐步完善，但在历史遗址类旅游资源的发展和保护方面还存在一些不足，如管理制度不完善；缺乏知识储备和专业技能技术；教育内容缺乏震撼力、感染力。历史遗址类旅游资源的开发和利用有待进一步提高。青少年可以提供志愿者服务，利用节假日为红色基地的游客做解说，使其接受革命传统教育，向旅游者发放宣传册等印有标识的纪念品。这是比思政课更有意义的实践，既推动红色旅游景区的相关宣传工作，又推进青少年思想政治教育。

（三）红色影视作品等电子作品进入课堂

互联网时代，应用网络资源下载电影电视作品向青少年宣扬我们党的光辉历史，寓教于乐，不仅活跃学习氛围，而且还可以使学生在轻松氛围下学习革命人物的先进事迹，学习他们勇敢、忠诚的革命精神，展现为实现祖国现代化努力奋斗的先进形象和个体风尚，包括爱国主义等思想，具有深刻的价值含义，可以使青少年直观感受和了解红色旅游资源的文化内涵，潜移默化地影响他们的价值观。让学生写下观后感，增强其对红色旅游资源和影片的理解，体现革命历史人物的情怀和爱国主义情操，从内心深处提升思想觉悟。借用 QQ、微信等交流平台，让青少年表达思想，树立正确的人生观和价值观。还可以设计红色旅游游戏，让更多的人参与进来感受家国情怀。

（四）利用互联网开发红色旅游资源

互联网时代，开发红色旅游资源时可以引入科技创新丰富旅游者的游览体验，运用智慧化管理提升红色旅游景区的服务水平。云旅游、云演艺、云娱乐、云展览等新兴产业蓬勃发展，以互联网为代表的现代信息技术正带来旅游业的蝶变，要优化"互联网+红色旅游"的营商环境，以数字赋能推进红色旅游资源的高质量开发。从线上找旅行社到线上查旅游攻略，再到网上预约景区门票，景区完善分时段预约游览、流量监测监控等措施，改善游览体验；预计到 2025 年，"互联网+红色旅游"融合更加深化，在智慧红色旅游景区，以互联网为代表的信息技术成为红色旅游发展的重要动力。随着消费升级，红色旅游会更加注重红色文化、创意和科技的应用，在5G、大数据、云计算、人工智能、虚拟现实等新技术的带动下，红色旅游领域数字化、网络化、智能化将进一步深入，培育出更多红色旅游发展新模式。

"互联网+红色旅游"丰富和创新旅游体验方式，催化旅游业态创新，军事博物馆推出丰富多样的线上展览，架起旅游者和军事博物馆之间的桥梁，实现身临其境的观赏效果，利用微信、微博和其他数字网络平台，推出数字展览、网上讲座、网上直播、网上红色游戏等传递红色文化，让旅游者在高质量红色旅游体验中厚植家国情怀和感受幸福生活。在红色旅游实现自身健康可持续发展的同时，更好满足不断升级的红色旅游消费需求，释放出更大的消费潜力。

（五）参与设计红色旅游纪念品

青少年在红色旅游教育发展中的思想政治教育需要国家、社会和学校的共同参与。在红色旅游景区内，国内大部分的红色旅游景点和纪念品都是以观赏为主，面临如何满足消费者的个性化红色旅游纪念品需求的问题。开发设计特定旅游群体的专项纪念品，也是红色旅游产业振兴发展的有效动力，可根据市场需求，积极推动景区间的合作，并与创意产业合作，开发具有特殊意义的旅游纪念品，增强红色旅游吸引力，实现优势互补。借助红色旅游纪念品，青少年体验革命先辈的情怀，接受革命传统教育，提升爱国主义情怀，提高政治觉悟。

第四节　黄河流域文化旅游资源的现代保护

在旅游活动日益大众化的今天，如何充分发挥黄河流域旅游文化的价值，以旅游开发带动流域经济发展和贫困地区的脱贫致富，如何使黄河旅游文化更好地得以延续和保护是研究的最终落脚点。

一、黄河流域旅游文化的开发模式与驱动机制

（一）国外河流与黄河流域旅游文化的开发模式

1. 国外河流开发模式借鉴

黄河是人类文明最早的发源地之一，也是中国人类文明的发源地。黄河被称为中国的"母亲河"，是中国第二长河、世界第五长河，也是世界上含沙量最大

的一条河。纵观世界各国的江河旅游，都与其独特的景观和丰富的文化密切相关。对于黄河旅游开发来说，借鉴国外河流、水域的开发模式，并据此确定黄河旅游的开发主题、运作模式，对黄河旅游的开发具有启示意义。目前，已有诸多国家的河流旅游开发通过对其历史遗产的开发、利用，取得了良好的旅游效益，如莱茵河、尼罗河、多瑙河、塞纳河等。

（1）莱茵河。作为德国的"父亲河"，莱茵河是西欧第一大河，也是德国第一长河。莱茵河全长 1232 千米，发源于阿尔卑斯山北麓，西北流经列支敦士登、奥地利、法国、德国和荷兰，最后在鹿特丹附近注入北海，是一条著名的国际河流。莱茵河是具有历史意义和文化传统的欧洲大河之一，因其流经国家众多，所以莱茵河在不同区域的旅游资源利用也各有不同。中上游莱茵河河谷 2002 年被列入《世界遗产名录》。莱茵河的开发特点包括：第一，自然与人文相结合。莱茵河的旅游开发比较注重对自然资源、人文资源的全方位开发，以莱茵河河谷为例，莱茵河河谷不但环境优美、风景如画，而且积聚了 2000 年的丰厚文化底蕴，其民居、运输设施、土地使用都有浓厚的传统文化色彩。莱茵河河谷和莱茵河沿途的古堡、历史小城、葡萄园，共同记录了与多变的自然环境相互依存的漫长的人类历史。在开发的过程中，注重将文化与自然旅游资源相结合，是莱茵河全方位开发的一大特点。第二，旅游公共服务设施和文化设施公益性与便利性相结合。莱茵河两岸的旅游开发过程中，不仅注重旅游设施的建设，而且也注重对其他公共服务设施的建设，以斯德哥尔摩文化中心为例，这里不仅为学生和年轻人提供阅读、交流的便利，也为老人、儿童和孕妇等特殊人群提供了特殊的服务便利，颇具人文关怀。另外，当地的旅游设施也注意对外国游客服务的友好度，通过提供多种语言讲解的语音导览系统，为来自世界各国的游客提供便利。

（2）尼罗河。尼罗河是一条流经非洲东部与北部的河流，自南向北注入地中海。与刚果河、尼日尔河并列为非洲最大的三个河流系统。尼罗河全长 6670 千米，是非洲第一大河，也是世界上最长的河流。尼罗河通航水道长约 300 千米。尼罗河河谷是世界文化的发源地之一，它孕育了埃及文化。流经埃及境内的尼罗河河段全长 1350 千米，两岸形成了 3000~6000 米宽的河谷。该区域自然条件优越，平均河宽 800~1000 米，深 10~12 米，且水流平缓。该区域的人民在古代科学发展的历史长河中做出了杰出的贡献，如金字塔、纸草、古船、木乃伊等，都标志着古埃及科技的成就和辉煌。尼罗河的富饶使当地人产生了无与伦比的艺术想象力。气势恢宏的神庙、蜿蜒流淌的尼罗河，共同勾勒出了一幅动人的画卷。现在的尼罗河上，游船众多，很多游船都跟国外通航。游客乘船夜游尼罗河时，可以观看歌舞表演，感受埃及文化，在"法老号"等游船上欣赏两岸动人的风光。尼罗河的游轮管理实行的是"政府管控，协调管理，效益第一"的模式，尼罗河游船接待的观光客人占据全国旅游客人的30%以上。

（3）多瑙河。多瑙河是欧洲第二长河，其长度仅次于伏尔加河。多瑙河发源于德国西南部，自西向东流，流经9个国家，是世界上干流流经国家最多的河流。多瑙河干流从河源至维也纳为上游，从维也纳至铁门为中游，铁门以下为下游。多瑙河流经的国家众多，流域较长，地形复杂，被地理学家认为是一个地理奇迹。在多瑙河开发的过程中，开发者注重对生态的保护，将生态保护、科学研究与旅游观光很好地结合在了一起。以多瑙河三角洲为例，这里是欧、亚、非三大洲来自五条道路候鸟的会合地，也是欧洲飞禽和水鸟最多的地方，被称作"鸟类的天堂"。三角洲上，由于有奇特的地理现象——浮岛，有名目繁多的植物，有鱼类、鸟类多种动物，所以，也被称为"欧洲最大的地质、生物实验室"。多瑙河航运发达，沿岸有100多个码头，是沿岸各国的运输大动脉，因此多瑙河的旅游开发也以游轮旅游为主。国际游轮公司有许多河流旅游线路，其中大部分采用邮轮公司经营的豪华游轮模式。游客在游轮上可以方便地欣赏到两岸文化景观和欧洲风光。游轮停靠在历史悠久的欧洲城市，使得游客有充足的时间去观光。游轮度假方便游客一次性入住，移动参观游览，游轮在沿河的各个城市停靠，内河游览的方式方便游客到各个国家进行参观游览。游客有充裕的时间游览参观各个城市，游客可以在布达佩斯市漫步，在维也纳歌剧院聆听歌剧，或参观欧洲的中世纪教堂、城堡，或去葡萄园品尝当地的葡萄酒，这种舒适悠闲的旅行方式是多瑙河旅游的魅力所在。

（4）塞纳河。塞纳河是法国北部大河，全长776.6千米，包括支流在内的流域总面积为78700平方千米。塞纳河的河源位于朗格勒高原，从发源地到巴黎，塞纳河流经一连串年轻的沉积岩，填实构造盆地的同心地带，地带的中心就是紧紧环绕巴黎周围的石灰岩台地。富饶的中部地区被称作"法兰西岛"，这里是法国的核心和城市化的心脏区域。作为一条货运的通衢，塞纳河将巴黎同大海及大海港勒哈佛尔连接起来。塞纳河影响了巴黎的城市发展、水运发展、工业发展、市民生活和都市风景的形成。塞纳河右岸的历史古迹，记录了巴黎的发展史和法国的发展史。塞纳河被称作巴黎人"慈爱的母亲"，巴黎被称作"塞纳河的女儿"。塞纳河上名桥荟萃，其中最古老的三座桥分别是玛力桥、王桥和新桥。塞纳河的重要游览方式也是游轮旅游。塞纳河上的船有不同档次，豪华型的船上有乐队奏乐，游客可以在高出地面约 10 平方米的"舞池"中跳舞，可以享用到著名的法国大餐，如法国蜗牛、鹅肝酱等；普通型的游船不提供免费餐饮，分上下两层，下层封闭，上层敞篷，有着良好的视野。塞纳河在开发过程中也特别注重将历史的厚重感与现代的时尚感相结合。

2. 黄河流域旅游文化的开发模式

（1）实施集团经营。实施集团经营战略，通过打造旅游业投资集团公司，打造旅游行业龙头引领，有助于促进黄河流域旅游产业的转型升级和发展，对发挥黄河流域文化的优势有着重要的影响作用，旅游投资集团负责黄河地区的整体建设和综合运营，承担有关部门调动的业务职能。在各省区建立全资子公司，依托相关地区发展综合核心景区（点），对该区域的旅游景区进行建设、经营。设置的旅游集团由旅游开发公司、酒店运营公司和旅游交通公司组成。从三个方面进行整合：一是整合黄河流域景区和景区资源，将发展权和经营权转让给旅游开发公司。旅游公司按照滚动发展和阶段效应的原则，突出对重点项目的发展，优先发展基础设施项目，重点启动精品旅游景区的开发。二是整合黄河地区的酒店业和旅行社，并将管理权移交给酒店管理公司，由酒店管理公司全权负责相关事宜。三是整合黄河流域各地区的车辆和游船，并将运输公司的管理权移交给旅游交通公司。

通过转移、收购、持有、控股等方式进行整合、改革，而不仅仅是几家公司、几个行业的松散联盟。旅游产业集团应当按照公司经营结构进行运作，实现股权多元化，规范公司各部门和管理层的权责，成立股东大会、董事会及监事会等部门。制衡机制必须切实有效。建立符合现代企业发展的企业制度，使之不断完善、充实，按照相应的选择机制、分配机制和激励机制，对公司进行合理有效的经营管理。把旅游业集团当作一个整体进行运营和管理，以发挥其规模效应。集团公司领导也必须着重考虑对多方资源进行整合的可行性，充分考虑人员配备及岗位设置，重点做好对资金财务相关内容的把控，通过创新化的管理思维方式，实现行业联动、区域联动、部门联动的运作模式，把黄河旅游带作为一个整体进行打造，有效解决沿黄旅游景区中普遍存在的景区同质化问题、市场主体不明确问题，促进形成合力，发挥黄河流域旅游的品牌作用。

（2）创新管理体制。完善的旅游管理体系有利于保障旅游经济活动的公平性和有效性。蓬勃发展的旅游业需要权威的管理部门来规划、规范和管控。黄河流域旅游文化的开发，也必须要有统一、高效的旅游管理体系来保障。实施旅游管理体制的创新，建立沿黄地区旅游管理委员会，加强现有旅游管理部门的管理权限，将旅游、园林、文化、水利、林业等部门与旅游相关的管理权划拨给旅游管理委员会，完善管理体制，避免出现"九龙治水"的混乱管理局面。将旅游部门的管理权限进一步扩大，明确其管理主体、管理权限。不断推行经管管理方式的改变，将所有权的确定、管理权的明晰、经营权的归属等问题做好。由旅游管理委员会同其他有关部门，如工商局、公安局、税务局等管理部门，推行一站式办公的方式，对沿黄区域的旅游发展事宜进行专门办理，提高效率，加快速度。在发展的过程中，朝着推进区域联合、实现无障碍旅游建设这一目标，共同努力，为旅游发展打造公开、竞争、和谐的市场环境。

（3）广开融资渠道。沿黄地区旅游的开发需要大量的资金，因此需要加大力度争取国家旅游发展资金，争取地方财政、上级财政对发展旅游业的专项拨款和投入。黄河流域各省区政府应设立旅游发展专项资金，并纳入政府预算。专项资金规模视各省区财力情况及项目建设需要科学设定，全力保障黄河流域旅游的旅游目的地城市建设工作。众所周知，旅游业不是财政资金投资的重点，因此无法只依靠政府投资，必须同时对投融资平台的搭建工作给予重视。例如，通过上市旅游集团进行筹集资金，利用融资、发行债券、并购重组、破产清算等形式，不断实现旅游投资集团资产的扩张。进一步理顺产权关系，整合资源，建立现代企业制度。加大招商引资力度，引导社会资本投资，让更多的社会资金参与到沿黄地区旅游的开发，形成社会资金广泛参与旅游开发的良性机制。以项目为引导，坚持"谁投资、谁开发、谁管理、谁受益"的原则，鼓励国有、民营、外商等多渠道投资沿黄旅游开发与经营。放宽市场准入，引导非国有资本进入旅游资源开发、城市旅游运营、交通、环保、住宿、餐饮等领域从事旅游经营活动。对大型企业、民营企业、外资企业通过股份制等合作方式进入旅游新业态各领域的，予以发展用地支持，落实国家税收优惠政策，在信贷方面给予相应支持。

（4）进行统一规划。要想保证沿黄地区旅游开发与管理有序运行，最重要的是要有一个统筹规划。需要有统一的开发规划来引领、指导沿黄地区旅游产品的开发与建设。在沿黄地区旅游开发的过程中，应重点打造若干旅游品牌，以区域整合理念为核心战略，实现跨行政区域的管理和规划。在规划实施、建设的过程中，应根据各省区的资源特点，有针对性地开发旅游产品，注重不同区域旅游资源的合理利用。通过资源开发、线路设计、产业要素、产品结构、市场营销、人力资源开发、旅游教育、旅游交通与资讯建设等多方面的整合，实现优势互补。各个区域相互协作，形成合力，通过乘数效应的放大，实现更好的旅游经营效果。合力安排旅游产品的开发时序，分层次、有重点地推进旅游产品的开发建设。实现多区域的相互配合，整合发展，推进黄河流域旅游开发的有序进行。

（5）突出品牌塑造。旅游品牌形象的推广要注重整体塑造，围绕核心品牌，针对不同的时间、市场、热点事件等，形成动态化的旅游形象口号体系。第一，在沿黄区域建设旅游精品项目，塑造优质黄河流域品牌。在黄河沿岸开发旅游项目、旅游产品，重点是旅游精品景点的创建和旅游品牌的塑造。根据游客的旅游需求和感知能力，对沿黄区域的宗教、历史、山地、乡村等各种旅游产品进行形象设计，构建纵向一脉相承、横向相互协调的旅游形象、旅游品牌体系，从而更好地吸引目标市场。争取在 5~10 年内，将沿黄旅游带打造成国际知名的旅游品牌。第二，充分发掘黄河的文化意蕴，深挖黄河的文化内涵。在旅游资源开发、旅游景区整合、旅游品牌塑造的过程中，注重旅游与文化的结合，充分开发利用文化资源。黄河文化是集农耕文化、游牧文化、移民文化、红色文化、诗歌文化、历史文化等于一体的复合、多元的文化，做好黄河旅游，必须不断提高旅游目的地的文化内涵。第三，整合打包开展旅游宣传。通过沿黄区域旅游总体营销方案的编制，推动沿黄旅游国际影响力的提高。联合黄河旅游联盟重点城市，如洛阳、三门峡、兰州、郑州、开封等，整合开发以黄河为纽带的适合境外游客的系列旅游产品，通过打造国际知名旅游品牌促进文化发展与交流，吸引国际游客，不断拓展客源市场。为了确保营销经费落实，可将沿黄旅游区域旅游企业每年收入的 10% 作为促销专项基金。

（6）水陆并举。沿黄地区传统旅游是在水运旅游的基础上发展起来的，部分区域的水景也壮观秀美。但是随着黄河流域旅游景点景区的不断增多和不断转变、交通设施便利程度的不断提高、机动车保有量的不断增加，越来越多的游客选择了自由行的方式开展旅游，背包客和自驾游游客逐渐增多，传统的水运、水景旅游不能满足游客日益增长的需求，丰富的沿黄地区旅游资源也难以有效地发挥作用。因此，在大众旅游时代到来的今天，沿黄地区的旅游开发应通过水路并举的策略，大力开发除了传统以黄河为主要目的地的旅游景区景点，扩大旅游产品的种类和数量，为旅游者提供更多的选择，不断推进产品创新、服务提升，促使沿黄地区旅游在旅游市场竞争激烈的今天占据主动、主导地位，为更多的境内外客所认可。

（7）交通优先。对于沿黄地区旅游来说，最重要的制约因素之一是交通不便。因此，在沿黄地区旅游开发的过程中，需要先解决交通问题。交通问题的解决，有助于带动区域旅游发展的整体进步。通过大交通战略的实施，建设进入沿黄地区旅游腹地的旅游路网，节省游客在旅游过程中花费在旅途上的时间，会为沿黄区域的旅游发展带来极大的利好。在大交通战略实施的过程中，应加快旅游景区旅游公路建设，加快旅游观光专线建设，推进游轮专用码头建设，推进旅游快艇、快船的发展，推进旅游专列的开通，推进旅游航线的开辟，从多方面、多角度、全方位增强景区、景点的可进入性和便利性，实现水陆空交通一体化、联动化发展。

（8）可持续发展。旅游资源是旅游业赖以生存和发展的物质基础和前提，直接影响着其发展规模和前景，失去了资源条件的支撑，旅游业的发展就失去了凭借，鉴于旅游资源的不可再生性，需要在旅游开发时必须考虑自然资源的永续利用和环境保护，必须考虑环境承载能力和自然景色相协调。在沿黄地区旅游开发的过程中，必须严格执行相关的法律、法规，对旅游资源保护条例进行深入贯彻，处理好旅游开发与自然保护的关系。通过建立沿黄地区旅游生态保护小组的方式，协同当地政府部门，鼓励附近居民和景区开发商共同推进当地的生态保护。对沿黄地区的旅游资源进行统计、整理，建立资源档案库，通过旅游资源保护规划的落实，强化科学管理，加强对世界级、国家级自然旅游资源、历史旅游资源、人文旅游资源的保护。

（二）黄河流域旅游开发的驱动机制

1. 共生与竞合机制

沿黄地区旅游业是在其优越的自然环境和丰富的旅游资源的基础上发展起来的。对旅游资源的保护和对旅游环境的维护是该区域经济发展的基本保障要素。我国旅游业近年来发展势头迅猛，黄河流域各地区对黄河旅游资源的开发竞争逐步加剧，各地区同类型旅游景区的竞争日趋激烈。对于沿黄地区旅游业发展来说，必须寻求竞争与合作相融合的一体化发展。这是解决资源与环境之间冲突，以及重建沿黄区域新的区域关系的关键。

黄河沿岸旅游资源具有一定程度上的相似性和互补性，其空间联系便捷，有着密切相关的政治、文化、生态等因素，有共生发展的优越条件。通过"市场驱动"共生驱动模式，可以在区域环境中实施资源整合。进而实现扩大共享区域，提高该区域的整体竞争力，从而使整体实现更大利润和盈利。然而，这种理想的共生模式不能很快实现，必须有一个逐渐增加共生的过程。所以，沿黄地区旅游共生机制的培育应从面积较小、易于整合的单位着手，在依靠核心景区来促进该地区其他景区发展的基础上，保持独立性和特色性。在各类黄河资源独立的基础上，与相邻区域的旅游景点的旅游要素相联系，逐步实现优势互补，资源共享，共同开拓市场，塑造品牌，加强对基础设施的建设和对旅游产业的提升。

2. 空间集聚与扩散机制

在区域经济发展的进程中，其空间结构有两种趋势：集聚和扩散。这两者相互依存、相互制约、相互交织，共同促进了区域经济的发展。集聚机制促进了区域增长极的形成和发展，加剧了区域空间结构的不平衡发展，对区域的加速发展有重要作用。而与之同时，扩散机制推动了各项生产要素的相对平衡，有助于逐步缩小该地区范围内经济水平的差异。沿黄地区以黄河为集聚轴线，沿黄城市凭借其地理位置、资源优势和基础设施优势，促进了当地经济效益、社会效益、生态效益的不断提升，也因此带来了旅游生产要素的集聚。随着旅游业的发展，沿黄地区成为贯穿我国东西的绿色生态走廊和历史文化走廊，它为境内外游客提供了众多的休闲度假旅游产品和一场华夏文明的盛宴，成为生态黄河、文化黄河的国际精品旅游带。通过积聚产生的规模经济，将吸引范围更广的旅游生产要素，包括劳动力、资本、信息、市场、政策等要素的统一发展，共同为沿黄区域的区域一体化进程奠定了基础。由于旅游景点、景区的过度集中，不可避免地造成资源匮乏、生态环境恶化等一系列问题。因此，必须通过空间扩散的发展方式，促进区域产业结构优化，推进区域分工实施，推动区域更加均衡地发展，实现由不平衡到平衡的转变。近年来，黄河流域的城市化进程不断加快，这加强了各区域与周边地区之间各方面的联系，包括交通、通信、金融等方面的联系，极大地促进了区域基础设施的改善，使得滨河区域的可进入性有所提高，同时也极大地缩短了周边区域居民与滨河区域之间的心理距离。黄河沿线各地旅游地旅游景点（区）的开发建设及其旅游业的蓬勃发展更是空间扩散的集中体现。

3. 政府行为机制

政府行为机制的实施，体现在政府主导制定区域发展规划等方面。区域经济战略及规划的制定和实施，作为地区经济发展的风向标，直接影响当地的投资流向。黄河沿线各省区大力倡导旅游业的发展，客观上为沿黄地区旅游的发展提供了良好的条件。2011 年 5 月，在三门峡国际黄河旅游节期间，成立了沿黄 9 省区黄河之旅旅游联盟。2011 年 10 月 19 日下午，在郑州召开了沿黄 9 省区黄河之旅旅游联盟第一次会议。各省区旅游局领导结合各自黄河旅游发展，讨论了大黄河旅游品牌的塑造、沿黄区域旅游合作的深化、大黄河旅游市场营销等问题。会议通过了《沿黄九省区黄河之旅旅游联盟章程》，达成了以下共识：一是要尽快编制大黄河旅游总体规划；二是建立统一联合的工作机制；三是要打造"黄河之旅"整体品牌；四是加强整体宣传营销。政策导向影响着沿黄区域旅游业的发展，对黄河黄金旅游带发展有着重大影响，地方政府的参与直接推动了沿黄旅游产业的发展，在资源开发、项目建设、经营管理以及大环境的营造等方面都起到了导向作用。政府的这些举措有力地推动了市民及外来旅游者黄河风情游憩活动的开展，对旅游的发展起到了极大的促进作用，也为沿黄旅游空间结构的演化奠定了基础。

二、黄河流域旅游文化的保护与可持续利用

（一）黄河流域旅游文化的保护与可持续利用的必要性

近年来，旅游业发展快，区域旅游合作的实施和互动发展已成为旅游业发展的大势所趋。通过区域旅游合作和互动发展的推进，可提升旅游目的地的旅游吸引力，提高知名旅游产品的项目数量。进而促进资本和信息流的流动及其在区域内的科学合理配置，有利于促进区域的发展，并推动区域经济的合作发展。

在旅游行业日趋激烈的竞争情况下，黄河流域的各区域给旅游业发展以高度重视，不断提高旅游业在产业结构中的地位，优化旅游业发展的宏观环境。从当前情况来看，黄河流域的旅游业发展水平在全国范围内仍然处于较低水平。沿黄区域的旅游发展、旅游合作和区域间的互动发展仍处于初期阶段。各个省区旅游资源的开发、建设存在一定的重复性和盲目竞争的情况。区域合作的欠缺、旅游业发展整体协作的缺位，不仅导致了区域品牌建立的缺失，也导致了旅游产品开发的低水平，不能实现黄河流域旅游资源的有效利用，难以实现对黄河流域文化的保护和继承发展。

黄河流域有着丰富的旅游资源。尤其是陕西、山西、河南和山东，更是有着众多的旅游资源，承载着中国历史发展的脉络和众多的历史文化遗产及自然遗产。中国九大古都中有五座古都都位于黄河沿岸，敦煌莫高窟、洛阳龙门石窟都散布于黄河沿线，嵩山、泰山、华山、恒山都坐落于黄河沿线。黄河还串联起54座国家级优秀旅游城市，百余处 4A 级旅游景区。黄河流域还有许多优质的旅游资源位于省交界处，如河南、山西交界处的太行山脉，山西、陕西交界处的壶口瀑布，河南、陕西共享的黄帝文化，河南、山东共享的儒家文化、水浒文化等。黄河流域的各省区旅游资源都具有独有的特征。因此，对黄河流域的旅游文化进行保护和利用，必须各省区共同参与其中。

旅游资源是旅游业开发与利用的基础，是构成旅游产品的重要组成部分，是决定旅游业是否能可持续发展的根本保证。四川的九寨沟、黄龙、大熊猫栖息地、峨眉山乐山大佛、青城山都江堰、三星堆，甘肃的敦煌莫高窟、玉门关、嘉峪关、古长城、月牙泉，青海的青海湖、塔尔寺、盐湖，宁夏的西夏王陵、水洞沟、沙坡头、贺兰山岩画、沙湖，山西的五台山、平遥古城、云冈石窟、乔家大院、皇城相府、太行山水，陕西的秦始皇陵、兵马俑、钟鼓楼、华山、骊山、华清池，河南的少林寺、太极拳、洛阳牡丹、开封菊花，山东的孔庙、泰山、海滨等各具特色，为沿黄旅游带的发展提供了良好的资源条件。沿黄旅游带内的旅游资源，品类众多，形态各异，在保护开发的过程中需要进行通盘考虑，制定相应的旅游资源保护规划。在这些旅游资源利用的过程中，我们应尽可能地提高资源的使用效益，提高资源有效利用率，以可持续的发展观为指导，以资源利用的永续性为目标，保证黄河流域旅游文化的可持续利用与发展。

（二）黄河流域旅游文化的保护与可持续利用的现状

1. 旅游业发展速度快，但在全国地位不高

在沿黄流域各省区，当地的黄河旅游文化开发与可持续利用主要体现在旅游产品的开发方面。目前，旅游业在黄河流域各省区国民经济发展中发挥着重要作用。近年来，沿黄流域各省区的旅游接待总收入和总人数都有着高增长的发展势头。特别是自 2003 年以来，各地的增长速度很快。其中，山东省、河南省和四川省旅游业保持快速增长趋势，有着良好、广阔的发展前景。从宏观上看，沿黄区域的各省区中，除四川、山东二省旅游发展总体情况较好，其他省区的旅游发展水平还尚且处于全国的中下游地位，特别是青海、宁夏、甘肃等省区的旅游业，亟须得到进一步的发展和改善。

2. 流域各省区间旅游业发展差异显著

沿黄流域各省区旅游业近年来取得了快速的发展和显著的成就，但是在横向比较过程中，可以发现流域内各省区间旅游业发展情况存在着显著的差异。黄河流域 9 省区旅游业发展水平最高的是山东，是四川和河南。山西、陕西、内蒙古属于同一梯队，甘肃、青海、宁夏的旅游业发展水平明显落后。

从国内旅游接待量、入境旅游接待量、国内旅游收入、国际旅游收入等若干

指标进行比较，黄河流域的九省区的旅游业发展有较大的梯度差异，将这些省区分为三个梯度：第一梯队包括山东、四川，这两个区域的入境旅游、国内旅游游客接待量都较高；第二梯队包括陕西、山西、河南、内蒙古，这几个区域的入境旅游、国内旅游水平一般；第三梯队包括宁夏、青海、甘肃，这几个区域的入境旅游、国内旅游发展得都不太好。

3. 流域各省区产业政策存在较大差异

旅游业的发展受到多方面因素的影响，然而在实施政府主导的旅游发展战略的我国，基于政策的制度因素在旅游业的发展中发挥着重要作用。政府部门的旅游政策与当地旅游经济的发展密切相关，黄河流域各省区的状况也是如此。根据当地情况，流域内的 9 省区提出了适合各省区旅游业发展的产业政策，取得了令人瞩目的成果。"十二五"期间，黄河流域各省区旅游业的快速发展取得了非常好的成果。为提升旅游业发展的竞争力，沿黄 9 省区在"十三五"旅游规划中都分别提出了对区域合作的要求，这为黄河流域的旅游合作、互动提供了坚强的保障。

在当前旅游产业政策的指导下，各地政府对黄河旅游文化的开发利用站位也各有不同。第一梯队的四川、山东，在积极谋求国内旅游合作的基础上，把目光投向了国际市场，正在逐步拓展海外客源；第二梯队的内蒙古、陕西、山西、河南正在寻求国内市场的合作；第三梯队的宁夏、青海、甘肃也已经认识到黄河流域的旅游发展必须通过旅游合作的方式展开。目前来看，对于黄河旅游文化的利用、开发，发源地和入海口这两个省已经做得比较好了，已经打造为我国旅游经济强省，具有良好的发展态势。其他省区在旅游发展方面仍需做出更多的努力，尽量保障对黄河旅游文化的良性利用，实现黄河旅游文化的可持续发展。

三、黄河流域旅游文化保护和开发的政策措施

（一）以旅游业发展促进旅游文化保护开发

黄河流域旅游文化资源的保护和开发，有赖于黄河流域的各个省区对旅游产业模式的不断优化。旅游产业结构的优化有助于完善管理体系的形成，可以有效促进资金流入对黄河流域自然、人文景观的开发与保护。根据各地旅游发展形势的情况和旅游业的资源情况，黄河流域各省区旅游产业发展模式正在不断优化。以第二梯队的山西、陕西、内蒙古、河南为例，这些省区依靠自身旅游资源优势，不断发展观光旅游业。与此同时，处于第三梯队的甘肃、青海、宁夏，虽然

旅游业开发起步较晚，但因为旅游产品的独特性和神秘性，也吸引了众多的旅游者，在开拓市场方面也具有较大的优势。

旅游产业不断发展，黄河流域旅游经济将不断优化，进而实现大幅度发展。旅游资源和区域经济发展水平在很大程度上会导致对旅游跨越式发展的障碍，为实现跨越式的发展，必须制定科学的旅游产业政策，对区域旅游业的发展进行引导。在制定政策的过程中，必须充分考虑当地的旅游资源相对优势，引导当地旅游产业的健康、合力发展。不断促进区域之间的旅游产业合作、互动，进而实现优势互补，将山水自然风光与人文历史遗迹相配合，打造出结构更加合理的旅游产品。跨区域合作，一方面可以促成区域之间的优势互补，另一方面也可以为旅游欠发达地区的发展提供新的机会。在黄河流域内目前属于引擎地位的省区、城市的带领下，打造更多分布合理、辐射带动作用强的旅游目的地。只有旅游产业地位的不断提升，才能进一步保证黄河流域文化和自然旅游资源的安全性，才能促进黄河流域旅游产业的可持续发展。

（二）以黄河为主线，带动旅游文化保护开发

黄河被誉为中华民族的"母亲河"，沿黄旅游带是中国推向世界的精品旅游线。在进行黄河流域旅游文化保护的过程中，必须充分考虑不同区域旅游资源的特征差异。黄河文明是沿黄区域文化的核心，各地的旅游资源也在极大程度上受到黄河文明的影响，黄河在各省区的旅游发展中都发挥着重要的作用。除四川外，其余各沿黄省区都将黄河流域作为当地旅游发展的重要部分。在黄河流域的旅游文化资源开发、保护的过程中，旅游必须发挥其引领作用，通过旅游的合作与发展，促进沿黄地区的产业和基础设施连接起来、要素流动起来、市场统一起来，促进整个流域的经济、生态、社会、文化等的全面发展。

各省区的政策保障为黄河流域的旅游合作和互动发展奠定了坚实的基础。在流域联动发展旅游合作的过程中，应以旅游资源保护为根基，以旅游发展为重心，以黄河文化为主线，统领黄河流域旅游文化的保护。建议发挥重要节点城市，如郑州、西安等的作用，探索省际合作进行黄河旅游文化保护的新路径，形成协同、共举、并进的良性互动发展新格局。

（三）建立制度化的黄河旅游文化资源保护合作协调机制

改革开放以来，黄河流域经济发展相对缓慢，对黄河流域文化资源的保护也有待提升。近年来，沿黄9省区国内生产总值占全国的比例有所下降。与长江经济圈（带）和珠江经济圈（带）相比，黄河经济（协作）区基本停留于概念上，

无论是国家层面的战略定位、宏观上的政策支持，还是实质性的合作举措和实施效果，都相对较弱，并未真正形成一体化的经济发展体系。黄河流域成立的合作组织包括黄河流域旅游经济合作区、黄河金三角示范区、中国黄河龙门—壶口旅游协作区联谊会、沿黄城市旅游产业联盟等，对黄河流域的旅游发展、旅游资源保护虽然起到了一定的推动作用，但是并未完全进入实质阶段。因此，应通过黄河流域文化资源保护协调机制的建立，将旅游资源保护工作制度化。

第一，黄河流域旅游资源的保护工作应由政府出面牵头，以黄河经济协作区为基础，在文化和旅游部的指导下，建立黄河流域旅游资源保护协调委员会，负责保护规划的编制工作，通过统筹安排、协调沟通，指导各省区黄河流域文化资源保护工作，为各省区提供信息服务、政策法规咨询，推动、引导黄河流域各省区旅游文化资源保护工作全面、高效、有序地进行。

第二，为了确保黄河流域旅游资源保护协调委员会能够真正起到组织协调的作用，应将黄河流域旅游资源保护协调委员会建构在行政区域权力机构框架之上，赋予其实际协调能力与权力。由各省区文化和旅游厅等行政部门领导共同担任黄河流域旅游资源保护协调委员会委员，共同制定文化资源保护合作章程，签订相应协议，确保对黄河流域旅游文化资源保护工作的良好开展。

第三，建立黄河流域旅游资源保护联席会议制度。定期举行区域旅游资源保护联席会议，并将其制度化。由各地政府轮值主持会议，共同讨论、研究区域旅游资源保护的重大问题、具体战略、政策。在各省区设立联络处，负责日常工作，建立固定的沟通机制。建立并完善当地旅游资源保护投诉和突发事件应急机制，建立重大事件通知制度。

第六章　生态保护与经济高质量
发展的国际经验

人类社会经济历史的发展在空间上往往是与大江大河流域的开发密切相关的，多年来一直与当地社会的经济发展相互影响和作用。在这个过程中，人类从盲目自大的掠夺式发展到谋求与自然的和谐共处，其间积累了大量的智慧和经验。本章针对生态保护与经济高质量发展的国际经验展开分析。

第一节　国外流域生态保护与高质量发展的实践

欧美对国际流域的开发治理历史较长，有许多成熟的经验可以借鉴；巴西、印度与中国同为发展中国家，发展阶段相似，其在流域开发治理过程中的教训和经验对于中国也具有重要的参考价值。

一、欧洲多瑙河和莱茵河流域开发的成就和经验

（一）莱茵河与多瑙河流域发展概况

莱茵河是极具历史意义和文化底蕴的欧洲大河，也是欧洲境内世界级别的工业运输动脉，其自南向北流经瑞士、列支敦士登、奥地利、德国、法国、荷兰等6个国家，流域人口约5800万，流域生产总值约占全欧洲的1/2，年货运量在3亿吨以上。早在19世纪初期，莱茵河流域就凭借其优越的地理位置、温和的流域气候以及充沛的降水成为欧洲最具开发潜力的河流之一。第二次世界大战后，由于工业化、城镇化和现代化进程加快，莱茵河流域资源消耗剧增，水资源

开发过度，重化工企业聚集，由此带来洪水频发、水体恶化、废物污染等一系列生态环境问题，严重威胁到流域居民生活健康和生态系统安全。在此背景下，莱茵河流域内各国开始意识到对流域进行治理与开发的重要意义，成立了保护莱茵河国际委员会（ICPR），并先后制定了《莱茵河行动计划》《莱茵河 2020 年行动计划》《莱茵河 2040 年行动计划》，结合流域发展阶段制定不同的开发治理目标与措施，以促进莱茵河流域的可持续发展。

多瑙河是跨越欧盟边界的欧洲最大河流、欧洲重要的运输廊道，其自西向东流经奥地利、斯洛伐克、匈牙利、克罗地亚、塞尔维亚、保加利亚、罗马尼亚、摩尔多瓦、乌克兰等国家，流域人口约 8300 万。多瑙河流域水能、湿地和生物资源丰富，为流域内各国的社会经济发展提供了天然的禀赋优势。与莱茵河流域相同，20 世纪中期，随着多瑙河流域人口和经济的增长，流域内航运灌溉等开发活动逐渐频繁，湿地萎缩、水体污染、平原消失等问题突出，为流域内的经济发展带来了挑战。在此情况下，保护多瑙河国际委员会（ICPDR）应运而生。数十年间，以《多瑙河保护与可持续利用合作公约》《水框架指令》《多瑙河地区战略》等文件为指引的政策措施对多瑙河流域在水质保护、应对环境风险、国际航运、洪水管理等方面的开发治理起到至关重要的作用，进一步促进了多瑙河流域的生态安全稳定和经济共同繁荣。

（二）莱茵河与多瑙河流域的主要开发和治理历程

1. 莱茵河与多瑙河流域的主要开发历程与成就

莱茵河与多瑙河流域的开发主要经历了由"航运为先"的单目标模式到"航运水电并重"的多目标模式，再到"综合开发目标"三个阶段。多瑙河是世界极具战略意义的重要航运通道，而莱茵河更是有"黄金水道"的美誉。从 18 世纪开始，莱茵河与多瑙河沿岸国家将发展航运作为莱茵河与多瑙河流域开发的首要目标。主要的措施包括通过把船型、航道建设、导航标志、港口服务管理和物流信息化等软硬件标准化，以加强航运标准化体系建设；采取整治和疏浚相结合的办法，以改善莱茵河中上游通航条件；以建设堤防、修筑堰坝以及开挖人工运河等工程手段提升流域河网的通航能力等。

在流域航道网络体系较为成熟的情况下，20 世纪以来，沿岸国家充分利用莱茵河上游地势较高、多瑙河水资源丰富、河流落差较大的有利条件，将水电资源的梯级开发作为莱茵河与多瑙河流域开发的又一重要目标，在不影响航运功能的前提下，开始在莱茵河干流积极兴建水电站和水利枢纽，多瑙河沿岸国家也开始了全河的渠化工程和水电开发方面的合作。由于莱茵河与多瑙河国际河流的性质，沿岸国家通常会在水电站建设之前共同商榷并以签订合作协议的方式确定规划、设计、投资及配电方式，同时广泛采用计算机建立发电联网供电调节系统，进行跨区域的供电调度，以实现电站的自动化管理。目前，莱茵河与多瑙河是流域范围内电力生产的重要力量，为欧洲多国的能源安全提供保障。

随着流域内航运资源和水资源被逐步开发、合理配置以及充分利用，莱茵河与多瑙河流域的城市和港口的建设一马当先，沿河产业带逐渐成形，极大地推动了沿岸国家现代化和城镇化进程加快。莱茵河与多瑙河流域的开发也进入到以综合开发为目标的阶段，即通过借助流域腹地支撑，形成产业辐射带动模式，推动形成流域内相互促进、共同繁荣的经济产业发展格局。流域沿岸国家通过以港兴产、产城融合和港城联动的发展策略展开跨国跨区域的经济合作，以实现产业的升级和转型及其在流域内的转移和布局，莱茵河与多瑙河流域龙头带动、共同繁荣的港口与腹地产业合作模式进一步推动了沿岸国家产业和经济的长足发展。

目前，沿莱茵河与多瑙河干流已经形成了包括巴塞尔—米卢斯—弗莱堡、斯特拉斯堡、莱茵—内卡、莱茵—美因等在内的世界闻名的化学工业、装备制造、食品加工和金属冶炼产业基地。

2. 莱茵河与多瑙河流域的主要治理历程与成就

莱茵河与多瑙河的沿岸国家充分利用河流的自然禀赋，把开发建设放在优先位置考虑，将实现发达的流域经济作为国家经济建设的重要目标。伴随航运、水电和产业开发而来的还有污染、洪水、资源紧缺等一系列生态环境问题，在此背景下，莱茵河与多瑙河流域治理也经历了由"先开发后保护、先污染后治理"到"资源和环境协调发展"两个阶段。莱茵河流域与多瑙河流域的治理分别围绕保护莱茵河国际委员会（ICPR）和保护多瑙河国际委员会（ICPDR）及其依据莱茵河与多瑙河发展状况在不同阶段制定的行动计划展开。

ICPR 于 1987 年成立，以"成员的共同认识作为合作的基础，只有取得共识，才能形成真正的合作"为原则，主要的工作包括加强跨国合作，共担治污责任；制定水质标准，严格执行法律；完善环保设施，控制排污总量；充分调动企业，实行清洁生产和废物再利用；统一监控水质；制定治理长远规划等。1987 年的《莱茵河行动计划》明确提出控制有害污染物的排放和鲑鱼重返莱茵河的目标。2001 年的《莱茵河 2020 年行动计划》则是从恢复生态系统、减少洪水风险、提高环境质量、保护地下水以及流域综合监测方面提出相应措施。最新的《莱茵河 2040 年行动计划》把工业、农业、航运、渔业和水电开发等经济活动纳入莱茵河可持续管理框架，以气候变化情景下流量预测、经济社会发展用水需求预测、流域水温情景预测、加强与利益相关方合作等措施对莱茵河流域进行管理，以实现资源利用与生态系统保护的协调，保护莱茵河生态系统安全。

ICPDR 于 1994 年成立，成员国签署了《多瑙河保护与可持续利用合作公约》，确立了"多瑙河流域环境保护是多方参与才能完成的目标"的理念。ICP-DR 从流域层次、双边或多边层次和国家层次出发致力于多瑙河治理的政策制定。2000 年，ICPDR 成员国承诺执行欧盟《水框架指令》；2009 年，ICPDR 各国又共同制定了《多瑙河流域管理计划》；2015 年，《多瑙河流域管理计划》根据实际情况进行了更新，一方面建立了系统的多瑙河环境问题分析机制，另一方面从整体和局部两方面提出了相应的应对措施。ICPDR 在水污染防治、防洪减灾等方面开展了大量工作，引入了风险管理、公众参与和流域综合管理等先进理念，协调各国建立污染监测系统，从减污、防洪、资源合理开发等多方面制订系列行动计划，极大地改善了多瑙河流域的环境质量。

（三）莱茵河与多瑙河流域的开发治理经验总结

1. "航运为先，水电并重"的流域开发模式

莱茵河与多瑙河流域的开发早期都以"优先发展航运"为目标，通过对航道、港口、铁路、公路等各类基础设施的建设，形成了相互贯通的综合物流产业发展模式。而后以"水电建设"为发展重点，利用流域降水丰富、落差较大的自然优势，大规模地兴建水电站和水利枢纽，"航运为先，水电并重"的流域建设模式共同实现了对河流资源的合理、多元和充分的利用。

莱茵河与多瑙河流域国家的航运开发始终坚持"因段制宜、综合开发"的方针，通过持续的渠化干流、修建运河等措施，以拓宽航道、提高通航能力。同时沿岸国家还注重铁路、公路等陆运基础设施的建设，共同构成莱茵河与多瑙河流域经济带的货物运输通道，实施长距离运输以铁路、水路为主，两头衔接和集疏则以公路为主的物流发展战略，充分发挥每种交通运输方式的优势，在河流沿岸规划建设多个货运中心，形成沿岸现代物流体系。

在"水电建设"方面，沿岸各国积极修建水电站和水利枢纽，同时将输油管道、输气管道、电力干线沿莱茵河、多瑙河分别向南北延伸，共同构成流域的能源运输通道，为沿岸各国的产业和经济发展提供了强大的能源保障。

2. 因地制宜的产业升级与跨区域的产业合作

现阶段，莱茵河与多瑙河流域的开发主要以综合开发为目标，即在利用流域资源的前提下，基于自身禀赋和功能定位，因地制宜地进行产业升级和转型，同时考虑流域整体的经济建设，通过跨区域的产业布局和分工，进一步加强流域内的经济联系，促进流域经济带的成形与成熟。例如，莱茵河与多瑙河经济带内曾经分布着法国洛林工业区、德国鲁尔区、比利时沙城工业区等众多老工业区，当地政府通过投资促进产业转型升级，把旧建筑改造成技术研发中心、设计中心、文化创意中心和工业旅游区等，逐步恢复经济活力。大量企业将生产基地逐步转移到发展中国家，同时把宝贵的土地空间用于发展高新技术产业，在莱茵河与多瑙河流域率先进驻了一大批信息空间、通信、生物、环保等新兴产业。在沿岸国家进行产业升级和转移的基础上，各国还突破行政地理边界，积极探索跨区域的产业合作模式。沿岸上下游，通过合理的产业分工、布局和集群，形成以"港口城市—沿江产业带—流域经济区"为载体的"点—轴—面"式产业空间发展模式，促进流域产业合作的进一步深入。

3. 完善的流域合作治理组织与机制

莱茵河与多瑙河的流域治理突出的经验在于分别建立了流域治理的合作组织和机制，为流域的合作治理创造了核心条件。莱茵河与多瑙河流域的沿岸国家虽然国情和经济发展水平存在差异，但是都不同程度地受到流域生态环境问题的影响，沿岸国家具有治理河流的共同愿望与目标，这为 ICPR 和 ICPDR 的成立奠定了基础。ICPR 和 ICP-DR 也由此开始发挥其在流域治理方面的纽带作用。ICPR 和 ICPDR 主要有两部分：一部分是政府之间的合作机构，另一部分是非政府组织机构，两者相互协调合作，共同构成莱茵河与多瑙河跨国合作机制。该合作机制又主要包括三个层次：第一个层次是权力机构，包括全体会议和协作委员会，负责作出治理决策；第二个层次是项目组，负责在决策通过后实施战略措施；第三个层次是专家组，负责专项工作的实践和项目优化建议。

除了政府和非政府机构之外，还同时将普通公众、企业、新闻媒体等利益相关者纳入架构中，以实现多元主体、多层次、多功能的治理合作。ICPR 和 ICP-DR 有利于凝聚沿岸国家的治理力量，在流域范围内展开国际性的协同治理，并对治理情况予以监督。

4. 健全的流域合作治理制度与规划

在组织合作治理的基础上，莱茵河与多瑙河流域合作治理的顺利进行也离不开明确的合作治理制度和方向。莱茵河与多瑙河流域治理的制度保障主要包括四大机制：一是综合决策机制，该机制的核心在于各流域国家应在委员会的统筹下，基于人口、资源、环境与经济协调发展的原则，共同对流域开发和治理方面的各大关键事项进行商议并得到一致结论，制定符合可持续发展目标的决策；二是沟通与协调机制，即通过设定合理的协调机制，节约合作治理的成本，合理筹措和投入资金，激励各国为集体作贡献；三是政府间信任机制，通过树立各国政府利益和责任共同体意识，强化认同感，使流域内的各地方政府意识到共同治理污染的重要性和紧迫性，以促进各政府更好地进行跨国治理合作；四是流域环境影响评价机制，要求流域国家在启动新的经济项目之前对即将实施的有关项目从经济、社会、环境等多角度进行跨界影响评价，同时还将项目提交给流域管理机构和国际组织进行评价，以实现提前预警和预估的流域管理。

此外，在合作治理的内容方面，保护委员会适时地根据流域发展现状设定现阶段的流域治理目标，相应制定了包括《莱茵河行动计划》《多瑙河保护公约》《多瑙河流域管理计划》等在内的连续、系统、针对性的流域治理规划，每一个规划下又分有多项子行动计划，在合作治理的制度保障下明确各国在规划中的行动分工，以推动治理行动的落实，完成阶段性的治理目标，并对未来的治理方向和方式提供指引。

5. 开发与治理协同发展的流域管理准则

早期莱茵河与多瑙河流域的发展共同经历了先开发后治理的阶段。现阶段，随着跨国跨区域的流域经济合作和保护合作进一步深化，开发和保护的协同发展成为莱茵河与多瑙河流域经济与生态建设的基本准则。沿岸国家之间合作往来促进了人才、技术、资金等要素的自由流动，特色鲜明的沿河产业布局形成的同时，各国也能通过分工协作对流域展开治理。目前，莱茵河与多瑙河开发与保护协同发展的过程中，各国对流域的监测和预警至关重要，统一的监测预警技术能够及时对经济活动可能对流域环境质量产生的影响作出预判，从而提前采取相应的治理措施。莱茵河与多瑙河流域保护委员会通过建立健全流域监测制度，统一监测标准，实现对水质和生物指标的综合监测和动态分析，同时建立上下游信息共享制度，以监测为抓手促进政府、企业、公众共同参与流域治理，以在发展流域经济的同时最大限度地降低对流域生态环境和安全的影响。

二、美国密西西比河流域开发整治的成就和经验

（一）美国密西西比河流域的治理概况

密西西比河是美国最大的河流，也是世界第四长河，流程为 6021 千米，流域面积达 322 万平方千米，占美国本土面积的 41%，该流域的经济总量与人口约占美国总量的 1/3。流域地区土地肥沃，是美国的主要粮产区，矿产资源丰富，为流域内工业城市的发展提供了原始动力。流域航运十分发达，是美国南北航运动脉，并有多条运河与五大湖及其他水系相连，构成了一张巨大的水运网，承载着全美国约 2/3 的货运量。其中，田纳西河是密西西比河的二级支流。

20 世纪初，因长期以来忽视对密西西比河流域的综合治理，导致该流域灾害频发，水土流失严重，尤其是中下游洪水灾害不断，经济建设无法推进，甚至对沿岸居民的生产生活造成了严重威胁。同时该流域内湿地不断消失，三角洲面积不断萎缩，河流紊乱，水质下降且富营养化严重，生物多样性受到严峻挑战。对密西西比河流域的综合治理肇始于 20 世纪 30 年代经济危机时期，因"罗斯福新政"大量修建基础设施惠及该流域。对密西西比河流域的治理，从对田纳西河的治理开始，成立了田纳西河流域管理局（TVA），开始了对该流域的综合治理，大举修建水利设施，并加强对该流域生态环境的保护。经过几十年的实践，该流域面貌大为改观，改变了落后面貌，使得世界瞩目。

（二）美国治理田纳西河流域的经验

1. 不断完善的法律法规为田纳西河流域整体治理提供法律保障

田纳西河流域十分广袤，流程经过 7 个州，而美国是联邦制国家，各州拥有比较自主的权利，因此只有通过在联邦层面立法，才能真正对整个田纳西河流域进行综合治理。美国在 1933 年通过《田纳西河流域管理局法案》，成立田纳西河流域管理局（Tennessee Valley Authority，TVA）。法案规定，TVA 要为了航行、防洪和供电的目的改善田纳西河；使政府拥有的亚拉巴马州马瑟尔斯化工厂设施符合国防和该地区农业的需要；与各州和地方合作进行研究和调查，以促进田纳西河流域及毗邻地区"有序、适当的物质、经济和社会发展"。在此之后，《田纳西河流域管理局法案》随着流域的开发和管理的变化，不断被修改和补充，而田纳西河流域管理局因为被赋予制定流域内行政法规的权力，也不断出台与流域治理相关的法规，使田纳西河流域治理的所有具体措施都有坚实的法律保障。

2. 跨区域统一管理，杜绝"多龙治水"乱象

根据《田纳西河流域管理局法案》，TVA 依法对田纳西河流域的自然资源进行统一管理和并发，拥有对流域内所有水资源的统一调度权，整体上不受联邦政府其他部门和地方政府的干涉，权力高度集中，是一个既有实权又兼顾协调性的机构，这样避免了因多个机构共同开发管理而导致的相互争夺资源、遇事扯皮、相互推诿的现象。

TVA 按照促进流域内航道改善、防洪基础设施建设，利用水利资源生产电力以发展经济的思想，用 3 年时间对田纳西河流域进行了统一的规划，制定了许多有利于流域长期发展的具体措施。而由于 TVA 权力高度集中，使得其措施实施得十分顺畅，各个部门积极配合，即使有矛盾也可以在 TVA 的统一管理下化解。最开始，TVA 制定的自然资源开发战略包括水资源的开发利用和农业资源的开发。在水资源开发利用战略中，TVA 将防洪、水力发电和通航融为一体，充分开发当地的水利资源进行发电，解决当地电气化问题，并吸引工业布局。在农业资源开发中，TVA 充分利用所掌管的化工厂生产化肥，并派专人指导推广。经过科学的开发，该流域的自然资源被充分利用，改变了当地的落后面貌。后期，随着当地水资源的开发几近完成，TVA 着手发展火电、核电，形成多元式发电结构，将田纳西河流域发展成为稳定且价格低廉的能源基地，不断吸引工业企业来布局，促进当地经济发展，提高了当地居民收入。

3. 政府管理职能和企业经营模式相结合

TVA 是联邦政府按照法案成立的全部产权归公的国有企业，既是政府机构，又是企业法人。TVA 主要由董事会和地区资源管理理事会进行管理，董事会由总统提名经国会任命的 3 位成员组成，是 TVA 最高的权力机构，直接对总统与国会负责。董事会下设执行委员会，由 15 个委员主管各方面业务。TVA 的各个职能部门均聘请全美相关领域的专家来负责，在整体上不受联邦政府其他部门和地方政府的干涉。而且其内部的"地区资源管理理事会"参照现代政府体系，共设 20 个理事，其中 7 个由流经的 7 个州指派，剩余的理事由航运、防洪、水利、发电等各方代表来担任，拥有广泛的代表性，为 TVA 行政机构的决策提供参考和咨询。

在企业层面，TVA 也追求市场经济利益，拥有企业的自主性和灵活性，开始其主要产品是利用水利开发电力和其管理的硝酸盐工厂来研发和生产化肥，后来TVA 不断变革适应市场变化和流域内的现实状况，发展核电、火电多元发电模

式。同时 TVA 拥有巨大的自主决策权，其内部机构由董事会自主设置，这些机构根据业务的需求不断变革，各部门之间拥有极大的独立性，其开展的各种措施业务很少受到干扰，而且在统一的领导下，各部门相互协调配合，大大提高了经营的效率。

4. 注重环境保护，走可持续发展的绿色道路

TVA 很早就认识到生态环境保护的重要性，因此制定了严格的环境保护政策，TVA 的董事会每两年便会对其环保政策进行评估和调整以适应整体的发展战略，确保田纳西河流域的开发治理是可持续的。TVA 环境保护的主要措施包括：规划鱼类的有序捕捞和野生动物的繁殖保护；控制疟蚊使该地区几乎消灭了疟疾；对田纳西河河道内和附近区域的工厂加强管理，以改善城市和工业用水的质量；修建水坝减少洪水灾害，据估算，依靠 TVA 修建的水利设施已经为该区域避免了数十次的洪水灾害；倡导使用清洁能源；通过对河道通航的保护，为沿岸提供便利的水运，减少运输资源的浪费；对发电厂要求安装污染控制设施，以减轻空气污染改善空气质量；重视对自然资源的保护，在流域内开发建设娱乐设施时十分注重对自然资源的影响。

5. 注重民众参与，协调各方利益

因为田纳西河流经地区众多，涉及数百万人口，因此在田纳西河流域作出决策会牵扯到方方面面的利益，十分复杂。TVA 充分考虑了民众的利益，并让公众参与到田纳西河流域的开发治理决策当中来，促进了 TVA 政策在各地的顺利实施。而且 TVA 内部成立的"地区资源管理会"由于其理事会成员来自不同利益主体，他们代表着多方利益，为 TVA 决策提供了十分有意义的咨询，为其平衡各方利益起到了重要作用。

6. 资金来源多元化

TVA 最开始的资金完全来源于国会的划拨，到 1959 年国会累计拨款达 20 多亿美元。来自联邦政府的划拨资产也已累计达 2151.7 万美元。同时，TVA 还享受联邦、州、县三级免税政策，相当于变相的资金支持，虽然 TVA 每年的经营利润都会向联邦政府上缴，但是联邦政府会以财政拨款的形式进行返还。到 20世纪 50 年代，随着该地区对电量需求的不断增长，需要投入更多的资金来建设发电厂等基础设施，而受朝鲜战争影响，财政负担巨大，联邦政府开始考虑让TVA 发债来筹集资金，于 1959 年第 86 届国会通过《TVA 收益债券融资法案》，允许 TVA 以自身电力收益为担保进行债券融资，并于 1995 年开始在国际社会上

发行债券进行融资。TVA 通过利用发债融资发电收益偿债的模式，提高了整体的经营效率，使发电系统的经营成为 TVA 的主要业务，促进了该流域电力生产系统的发展，也让社会分享了 TVA 对田纳西河流域的开发带来的收益。

7. 注重高科技应用和自主研发

TVA 十分重视高新科技在流域综合治理中的应用，在其流域管理中广泛应用遥感技术（RS）、全球定位系统（GPS）、地理信息系统（GIS）和计算机技术等当时先进的技术，大大提高了流域治理的管理水平和工作效率。通过综合运用 3S 技术（RS、GPS、GIS），TVA 采集、储存、管理分析、描述和应用流域内与空间和地理分布相关的数据，对流域内资源的地点、数量、质量、空间分布进行精确的输入、贮存、控制、分析、显示，以便为有关部门科学决策提供保障。同时，TVA 十分重视对科技的研发和攻关，专门成立了环境研究中心和化肥研究所，积极研究实施可再生能源战略，这些都在全美的相关领域和研发中走在了前列。

三、巴西亚马逊河流域过度开发的经验教训

（一）亚马逊河流域发展概况

亚马逊河为世界第二长河，全长 6437 千米，流域面积 691.5 万平方千米，热带雨林大半位于巴西境内。该流域农业、森林、矿产、水资源等都非常丰富。亚马逊河流域是巴西开发最早的地区，却是巴西最不发达的地区，主要原因是流域的资源没有被充分地开发和利用，人口数量少，交通落后，生产力不足。

巴西的新工业化运动使得二战后的工业得到了迅猛的发展。与此同时，巴西国内的发展不平衡问题日益突出，亚马逊河流域与东部经济发达地区的区域经济发展不平衡，为扭转这种现状，巴西政府着手开发亚马逊河流域，以解决亚马逊流域因自然灾害导致的贫困、劳动力过剩等一系列问题。但是毫无节制地开发并没有给巴西人带来巨大的财富，反而给环境带来了不可逆转的破坏。

（二）亚马逊河流域开发治理历程

亚马逊河流域的开发从 20 世纪 40 年代持续到 70 年代，总共将近 40 年的开发时间。巴西政府 1966 年成立了"亚马逊地区开发管理局"，负责流域的规划和开发管理。1970 年又制定了《全国一体化》规划，采取优惠政策吸引国内外投资，实行联合开发。在流域开发的具体实践上，主要是从能源交通起步，兴建了大型水电站与巨型公路网。在此基础上，开采有色金属并发展冶炼、加工制造

业。在农牧业发展上，组织了较大规模的移民开荒、开辟牧场活动，增加了农牧产品产量，也巩固了边境。总体来看，亚马逊河流域经过近 20 年的开发建设，初步改变了贫穷落后的面貌。

巴西政府开发亚马逊地区的过程虽然最初取得了一些经济成就，但也付出了高昂的环境代价。巴西政府和居民乱砍滥伐，破坏雨林，最终出现了土地荒漠化的后果，带来了严重的生态问题，为大自然带来了不可弥补的伤害，开发的效果不佳，损失严重。

（三）亚马逊河流域开发治理经验教训

1. 缺乏资金和技术支持

亚马逊地区属于热带气候，土壤贫瘠多沙，生态环境非常脆弱，又因为不合理的开发导致了严重的后果。因此亚马逊流域的治理需要大量资金和技术支持。但是，巴西政府负债累累，亚马逊流域的修复无疑是个难题。巴西的一些环境管理机构由于缺乏资金，只能雇用少量人员，使许多问题无法得到及时解决。在亚马逊地区，每 6000 平方千米仅有 1 个管理处，而在美国每 82 平方千米就有 1 个管理处。缺乏资金和技术支持，严重地限制了亚马逊地区的修复和开发工作。对于发展中国家来说，资金和技术往往是解决环境问题的两大瓶颈，因此，应积极寻求多途径多种方式及国际社会的支持和帮助来努力解决资金和技术问题。

2. 重经济轻环保的发展模式

生态环境演变与国家政策的联系紧密。在拉丁美洲，环境的状况和政策密切相关。巴西作为后发国家，急切想要赶超发达国家。二战后，在全球经济发展的大背景下，亚马逊流域开发成为巴西经济增长的新的着力点。巴西政府的亚马逊开发计划片面追求经济增长，忽视了过度开发对环境带来的破坏和影响。政府重经济轻环保的政策对环境带来了严重的影响，如税收减免、低息信贷等吸引移民和外来投资者，却没有考虑到资源开发可能带来的生态代价，经济利益最大化导向的开发行为严重破坏了环境。

3. 产权不清

最初亚马逊森林很多是原始森林。拓荒者来到后，砍伐森林，进行农业生产、畜牧业养殖，或砍伐树木出售。开发初期，相关法律规定执行不力，对乱砍滥伐等行为缺少约束。并且由于产权不清，一些定居者在暂时获得林地使用权后，担心使用权短时间内被收回，便更无节制地砍伐森林。

4. 管理主体行为失范

尽管巴西政府和国家林业发展局制定了很多关于环境保护的法律法规，但是森林保护法律却没有得到有效执行，这与自然资源管理主体的变化紧密相关。历史上，一直是当地族群和社区在管理和维护森林资源，有着有效的地方规范来进行管理。随着森林资源的国有化，国家林业管理部门转而成为了管理的主体，地方社区成为监管的对象。但是，这种森林管理制度具有较大的劣势，国家林业管理部门的管理者对自然资源缺乏认知，不够熟悉，并且可能出现监管者为自身谋利的行为和严重后果。

四、印度河与恒河流域开发的经验教训

（一）印度河、恒河流域的开发治理概况

恒河流域和印度河流域是印度文明的发源地。印度河与恒河是国际跨界河流，印度因国际跨界河流水资源的开发和利用与周边国家的争端由来已久。1947 年，印巴分治后，印巴两国因印度河上游用水问题发生上下游纠纷，矛盾激化。随后两国政府于 1960 年签署了《印度河水条约》，同时创建了印度河水资源联合管理常务委员会。为提高加尔各答港口的运输能力，改善城市供水，防止海水进入使土地盐渍化，印度在恒河下游，距孟加拉国边境上游 18 千米处，建了一座长 2203 米的法拉卡大坝。自 1975 年大坝开始运行以来，印度开始将恒河的水引向巴吉拉蒂一胡格利河。在旱季，恒河水的这种单方面分流在孟加拉国特别是在该国的西南地区造成了严重的环境、社会和经济后果。经过 20 多年的双边讨论，孟加拉国和印度才最终达成协定，于 1996 年签署了一项为期 30 年的条约。为充分利用水资源，印度国家水资源开发署（NWDA）于 2003 年计划实施"内河互联互通工程"，但这项国际河流的开发利用工程也遇到了周边国家的阻挠。

（二）印度水资源利用方面存在的问题

中印两国在水资源方面面临着相似的困境：水资源短缺、洪涝灾害频仍、水体污染问题突出、农业用水灌溉效率低和污水处理率低等。为了满足粮食需求，印度扩大了灌溉面积，加剧了水资源短缺。例如，恒河流域和印度河流域的森林砍伐和土地开垦导致了大规模的水土流失和河道淤积。7 条永久性河流已转变为季节性河流，其他 5 条国家河流也未能幸免。印度将面临更严重的缺水问题。

水污染严重。印度几乎所有河流都受到未经处理的工业和生活污水、化肥和

杀虫剂的污染。人口增长的压力更加剧了这一问题。尽管印度政府通过了"恒河行动计划"（GAP）来控制河流污染和改善水质，但是也只能减少约35%的污染，效果有限。

地下水过度开采。在印度，超过2000万农民依靠地下水种植作物。地下水过度开采导致许多地方特别是沿海地区的海水入侵和地下水环境恶化。

（三）印度河与恒河流域的开发和管理经验

为了有效利用水资源，印度于1987年9月制定了《国家水政策》，但由于社会、政治和经济等原因，水资源开发和管理还存在着一系列的问题和挑战。2002年，印度中央政府再次对《国家水政策》进行了审核和修订，对国家水资源开发进行了全面阐述，内容涉及水资源规划、开发、利用和管理政策等具体事项25项。《国家水政策》是一套比较完备的政策体系，对印度水资源的开发和利用有着广泛深远的影响。

科学发展农业，发展节水灌溉。印度节水灌溉取得的成功举世瞩目。印度农业灌溉历史悠久，拥有多渠道灌溉网络和发达的灌溉系统。印度投资上千亿美元实施的规模宏大的"内河联网工程"，希望将国内主要河流与内河系统连接起来，以解决水资源时空分配不均的问题，缓解印度人多水少的矛盾。

出台和完善水资源纠纷法律。印度在1956年就出台了《邦际水事纠纷法》，使得邦际水事纠纷可以走法律程序得以裁决。在我国，由于相关法律的缺位，省际水事纠纷主要通过行政调解来解决。所以相关的水事纠纷法律的出台应该被提上日程。

跨国界水资源利用方面，在公平分配和适当补偿原则的基础上，与邻国密切合作，执行伙伴关系政策。当然在未来，还有待制定一个更全面的——"水—沉积物—生物多样性—土地使用"综合管理的条约，让所有沿岸国家都参与进来。水资源不仅被视为一种共享商品，还应作为一种惠及所有利益攸关方的、支持生物多样性和生态系统的共同资源来管理。

五、对我国黄河流域生态保护和高质量发展的主要启示

（一）充分重视黄河流域能源开发与运输基础设施建设

国际上的大河流域多充分利用降水丰富和落差较高的河流禀赋，大力发展航运和水电，为本国经济的发展提供了动力和能源保障。而黄河流域上游和下游的大部分区域处于较干旱的地区，平均年降水量较低，航运开发难度较大，但是其中游具有一定的航运开发条件。在此情况下，应充分认识到挖掘黄河航运发展潜能对黄河流域乃至我国区域经济发展的重要意义，通过科学技术手段解决航运发展中的关键技术问题，做好黄河中游航运开发的前期准备工作，恢复与发展黄河中游航运。

更为重要的是，黄河流域是中国煤炭和电力主要的生产基地与供应基地，未来黄河流域的开发应大力促进煤炭清洁高效利用，加大水电开发力度，为黄河流域各省区的经济和生活需求建立可持续的能源保障。

此外，黄河流域虽不具备通江达海的条件，但仍可以如同莱茵河与多瑙河一样通过统筹水路、铁路和公路基础设施的建设，上游地区要注重补齐交通短板，中下游地区要注重大通道大枢纽建设，使得上中下游三大区域实现联动发展，以提高物流运输的效率和优化运输结构。

（二）精心打造跨区域的黄河流域产业经济带

黄河流域尚未形成有竞争力的产业经济带的原因除了其所处地理位置的自然条件限制以外，更关键的是由于目前黄河流域经济的发展仍然深受"行政区经济"的困扰：纵向上，我国行政区划有严格的自上而下的级别隶属关系；横向上，同级别行政区之间竞争关系和分割现象明显，经济要素无法以黄河为载体在流域各地区之间进行配置。世界上繁荣的大河流域经济带多是突破国家边界的，因此黄河流域需要实现跨越行政边界区域的产业协同，在流域内建立相互促进的流域经济格局，使流域经济向高质量发展方向靠拢。通过政策引导和相应的激励机制，使流域各地区在产业发展方面根据自身优势进行差异化选择，错位发展。

黄河流域以第一产业和第二产业为主的地区较多，这些地区可以通过发展技术密集型的高新技术产业寻求产业的升级。黄河流域经济建设要通过流域各地区间的产业分工合作，促进产业链在流域各地区间形成横向和纵向的贯通链接，在流域内构建多中心、网络式的产业体系，使流域内各地区都能形成支柱产业和特色产业，形成相应的产业集群，打造层次分明，功能互补的流域经济带。

（三）积极构建跨区域的黄河综合治理机构，将政府管理职能和市场化模式融合发展

从国际经验来看，欧洲的 ICPR 和 ICPDR、美国的 TVA 作为流域合作治理组织机构，打破了原有政治和行政边界，协调流域各国或地区进行协同合作，在流域开发治理过程中发挥着至关重要的作用。目前黄河流域的最高一级管理机构是黄河委员会，其缺乏全流域、全方位、多领域治理的实际权力，既难以协调流域

内各地方政府的利益冲突，也难以承担黄河流域的统一管理职能。黄河流域内协同合作机制的缺失，导致了流域治理的碎片化局面，各行政区各自为政，上下游难以协调，流域的统一管理措施也难以得到有效实施，严重影响了流域治理成效。因此，有必要成立跨行政区划的、有实权的黄河综合治理机构来统一协调流域内各地方的治理和从长远角度进行统一规划。

首先，要构建类似于 ICPR 等的以黄河流域为中心的综合治理机构，统一流域内各地区的治理目标，打破以地理为行政边界的治理格局，聚集流域内各地区的治理力量。其次，要明确综合治理机构的职能分配和对各地区涉水部门职能的统筹安排，确保从决策制定到计划实施各个治理环节的顺利落实。最后，可借鉴美国 TVA 经验，将该机构的政府职能与市场化模式融合发展，通过市场化的模式提高治理效率，如借鉴 TVA 通过发行债券来拓宽融资渠道，以减轻财政压力，并且可以倒逼该机构增强自身盈利能力和管理效率。

（四）尽快建立健全黄河流域合作治理法规与规划

黄河流经的省区众多，自然资源禀赋和生态环境有其特殊性和复杂性，单靠目前分散的规章制度和地方性法规，不足以协调流域内各地区、各部门、各主体的利益冲突，需要对黄河的治理进行国家层面的立法，对全流域层面的综合性法律"立规矩"，以解决黄河流域内行政区各自为政、难以有效管理的问题，对黄河流域的特殊性问题实施针对性的举措，统一流域内生态环境保护管理规范，从而为黄河的综合治理提供法律保障。同时还要适时、及时地依据黄河流域的发展现状和治理现状，制定目标明确和内容清晰的黄河流域合作治理规划，以指引治理行动的开展。还可建立一套完善的激励制度，将黄河流域高质量发展相关的绩效指标纳入政绩考核体系，并采取措施监督以杜绝为满足政绩的无效治理行为。另外，黄河流域治理的规划要具备系统性，将治理规划与区域发展规划高度统一；要注重规划连续性，结合黄河流域各阶段的实际治理情况，统筹考虑已制定的规划，适时更新和加强，明确规划目标，细化行动方案；要注重科学性，将科学治理作为贯穿整个治理过程的宗旨和纲领。

（五）大力推动黄河流域生态保护与经济发展的协同共进

莱茵河与多瑙河流域的发展经验表明，"先开发后治理"或是"先治理后开发"的流域管理模式都将对流域的可持续发展带来一定的负面影响。流域的开发和治理并非对立的两个方面，既需要对流域开发以满足社会经济发展的资源需求，也需要通过流域的治理，保证流域资源得以可持续地利用。在美国田纳西河流域治理的案例中，TVA 重视了生态环境和自然资源的保护，保障了该流域生态环境的改善，在 TVA 的治理下田纳西河流域不仅经济迅速发展，而且还通过丰富的自然资源吸引了无数游客。

黄河流域的高质量发展，首先，需要在综合治理组织的指导下寻求生态保护和资源开发目标的协调统一。其次，在开发和治理的具体管理手段方面，流域开发项目需要同时考虑其环境效益，并积极应用新技术建立流域监测和预测体制，对经济活动可能带来的环境影响作出事前评估。最后，流域治理项目也需要同时考虑治理方法和手段的经济性和技术性，并尽可能使治理的收益成本之比最大化。总之，黄河流域的高质量发展最终要以可持续发展为出发点，切实处理好流域环境保护与经济发展的关系，大力推动黄河流域生态保护与经济发展的协同共进。

第二节　国外流域生态保护与经济发展的主要经验

各国在流域生态保护和经济可持续发展方面经历了漫长的探索，在政策、制度建设和组织机构等方面积累了大量经验：一是注重发挥政府的统筹规划和引导作用，多主体参与治理河流和流域污染问题；二是在流域治理过程中形成了四种典型治理模式，包括以"集中治理"模式、"协同治理"模式、"集中—分散治理"模式以及"分散治理"模式；三是从水资源保护与利用立法、城市和水系综合规划、成立合作组织等方面开展流域资源保护和利用工作；四是从加快产业转型升级、提升流域生态功能和旅游功能，以及发展有机农业几个方面优化流域产业结构和布局。总结这些制度、政策和模式、方法等相关经验能够为我国黄河生态保护和经济可持续发展提供参考和借鉴。

一、流域治理主体方面

国外对于河流流域污染治理主要采取两种方式：第一种方式是遵循"谁污染谁治理"原则。英国早期对于泰晤士河污染治理问题就是采取这种方式。该方式首先将污染界定为地方事务，认为污染治理是地方自治权力的一部分，理应交由污染地解决，中央政府不得擅自干预，也不需要未产生污染地区的参与。同时，污染治理费用也理应由污染地负责。以英国为例，泰晤士河流域各地区污染程度有较大差异，工业城市比农村地区污染严重，而伦敦段污染最为严重。按照"谁污染谁治理"的逻辑，伦敦地区的污染治理费用只能由伦敦来承担。第二种方式是政府主导，多主体协同治理。20世纪50年代，在荷兰的倡议下，沿岸开始认真思考莱茵河污染的管理问题，并为此搭建国际交流对话平台，广泛开展国际交流合作并成立保护莱茵河国际委员会（ICPR），各国签订了合作公约，构建了沿岸各国在保护莱茵河中进行合作的工作框架。除ICPR外，合作框架中还包括莱茵河流域水文委员会、自来水厂国际协会、航运中央委员会等国际组织。虽然不同组织的目标和任务不同，但组织间通过交流互通信息，具有稳定的联络机制和信息共享机制，均在莱茵河水资源的保护和开发利用方面发挥了重要作用。时至今日，莱茵河流域跨国协作治理模式的成功经验，已经成为跨国界流域污染治理的成功典范。

二、流域治理模式方面

国外流域的治理模式主要包括集中治理、协同治理、分散治理和集中分散组合治理四种模式。美国1933年成立的田纳西河流域管理局（TYA）是集中治理模式的典型代表，其主要特征是由国家设置或指定专门机构进行流域的整体治理。该机构主要负责制定和出台各种水质标准、发放排污许可证以及为各州分配生态补偿的资金投入等。欧洲莱茵河流域为流域协同治理模式提供了实践样板。跨国流域的协同治理建立在多个国家平等互惠的基础上，并以协商沟通、利益共享、风险共担为原则，明确各自的职责，实现协同分工，从而保证了流域治理的高效性和可持续性。日本分散治理模式与集中治理和协同治理模式的主要区别在于各部门各司其职，按照各自的职责来负责职责范围内的工作。澳大利亚则将集中治理和分散治理相结合，实行了"集中—分散"式的治理模式。该模式由负责流域治理的部门协调相关机构与地区，体现了集中治理的思路，但负责具体开发利用的各个机构与地区自主制定相关政策法规和标准，并按照各自的分工职责完成流域治理工作，各机构或地区拥有自主权，又体现了分散治理的思想。

三、资源保护与利用方面

在资源保护与利用方面，不同国家的方式方法有相似之处，但也体现了各自的特点，主要体现在立法、综合规划、空间布局和跨区合作等方面。

（1）加强立法工作。例如，1987 年欧洲的《莱茵河行动计划》和 2015 年美国的《美国最大河流修复计划》等，均通过立法关注河流整体生态系统，提升流域栖息地数量、质量和多样性，恢复自然水文及其连通性。

（2）制定综合规划，统筹资源利用。流域的综合规划主要是从战略层面制定资源保护与利用的总体框架。例如，2011 年，美国田纳西河流域管理局编制《自然资源规划》，指导未来 20 年的资源生态管理工作，从生物、文化、娱乐、水、公众参与、水库与土地规划六个方面制定发展目标和实施策略；2011 年，欧盟制定《多瑙河区域欧盟战略》，为协调各国的治理职责提供综合框架和跨国协作方案，制定了流域区际联通、环境保护、繁荣发展和协同治理的宏观发展战略，并提出了多式联运、可再生能源、环境风险等 12 个优先发展领域。

（3）统筹空间规划与水治理。例如，荷兰通过划分次区域对水资源进行管控治理，并将水资源作为空间规划的重要内容，以水系统作为空间选择的依据。

（4）建立合作组织，重视跨区协作。建立流域协调管理机构，并通过完善流域合作治理机制，完成流域规划编制，加强区域间流域治理。例如，莱茵河—多瑙河流域通过国家间的密切合作，共同保护、开发利用莱茵河流域资源。在密西西比河流域的规划与管理工作中，美国于 1994 年成立了专门的保护委员会，致力于协调在流域资源开放利用方面的多方合作问题，以促进生态环境恢复和资源的高效、合理利用。①

四、产业结构优化和布局方面

通过产业转型升级降低生产活动的环境负外部性，是流域生态保护和资源高效利用的有效手段。在转型升级过程中，密西西比河流域的服务业逐步取代制造业，而制造业通过产业升级改造开展清洁生产，减少石化产业比重，以食品工业、原材料产业和装备制造业为主，很大程度上降低了污染排放。莱茵河流域的德国鲁尔地区通过制造业转型升级，向高端化发展，鼓励优先发展生物医药、电子信息等高新技术产业和文创类文化产业。

在产业布局方面，重视流域生态功能和旅游功能的开发利用。早在 20 世纪 80 年代，美国就在密西西比河流域建立了休闲区，并将部分河段及其周边土地

---

① 赵爱武，关洪军，孙珍珍. 黄河流域生态保护与高质量发展研究［M］. 北京：经济科学出版社，2022.

整体纳入国家公园体系。旅游业的发展促进了沿线地区的劳动就业和岗位收入，并随着生态环境的改善，促进了流域地区物种多样性的恢复。在农业发展方面，大力推广有机农业。例如，欧盟制定了有机农业生产规则从而减少农业面源污染对河流的影响，这一举措极大地提高了莱茵河—多瑙河流域有机农业耕地总量占欧盟耕地总面积的比重。

第三节 国外经验对黄河流域生态保护与 高质量发展的启示

习近平总书记在 2019 年 9 月 18 日主持召开的黄河流域生态保护和高质量发展座谈会上提出："保护黄河是事关中华民族伟大复兴和永续发展的千秋大计"，将加强黄河流域生态保护和高质量发展首次提升到国家战略的高度。围绕黄河生态保护与经济可持续发展，国内外开展了诸多研究和实践工作。然而，黄河流域治理和发展还存在一些突出的困难和问题：水资源供需矛盾、水旱灾害防治难度较大、环境污染风险加剧、流域综合管控机制缺乏。生态环境风险若得不到及时处理，很可能进一步演化为经济社会风险，不利于黄河流域的可持续发展。

为贯彻落实习近平总书记的讲话精神，推进黄河流域生态保护和高质量发展，本节总结归纳国外流域生态保护与高质量发展的成功经验，结合黄河流域的实际，提出黄河流域生态保护和高质量发展的启示及借鉴。

一、黄河流域生态保护与高质量发展的内涵特征

目前，中国经济发展取得举世瞩目的成就。尽管中国还未进入发达国家行列，但 GDP 总量第一次超过日本成为世界第二大经济体。在中国经济高速增长取得巨大成就的同时必须清醒认识到，过去主要依靠要素驱动和投资拉动的外延式经济增长模式带来了经济和生态资源环境、东西部和城乡区域发展、实体经济和虚拟经济发展等不平衡不充分问题。在中国特色社会主义新时代，不平衡不充分发展的生产力难以满足人民日益增长的美好生活需要以及实现人的全面发展、实现共同富裕的伟大目标。党的十九大报告指出"提供更多优质生态产品""构建生态廊道和生物多样性保护网络""建立以国家公园为主体的自然保护地体

系"等新思想和新方略，目的是满足人民日益增长的对优美生态环境需要。生态文明、绿色发展是世界潮流。

黄河流域是我国重要的经济地带，也是推动全国区域协调发展的关键区域。立足于黄河流域的发展状况，以生态环境保护为前提的黄河流域高质量发展应推动分类发展、协同发展、绿色发展、创新发展和开放发展。但黄河流域仍存在水资源保障形势严峻、流域生态环境脆弱、区域发展质量有待提高等突出问题。在全面建成小康社会的关键决胜期，黄河流域的发展问题成为全面打赢脱贫攻坚战、实现区域协调发展的重要问题。针对黄河流域治理的当前困难，2019 年 9 月，习近平总书记在郑州主持召开黄河流域生态保护和高质量发展座谈会，提出了黄河流域生态保护和高质量发展这一国家战略，并指出这一战略对我国区域协调发展、人民高质量生活等均具有重要意义。

（一）黄河流域生态保护与高质量发展的概念内涵

1. 黄河流域生态保护与高质量发展的基本概念

生态保护是黄河流域高质量发展的生命底线，良好的生态环境是黄河流域可持续发展的基础，是高质量发展的基础。黄河流域的高质量发展必须走生态优先的高质量发展之路，使绿水青山产生巨大的经济效益、社会效益和生态效益。因此，黄河流域的高质量发展是立足于生态环境保护基础上的发展，既要包含经济社会发展，更需要注重生态环境保护，是生态保护与经济社会发展的协调统一，对生态保护的充分重视正是黄河流域高质量发展内涵的特殊所在。安树伟和李瑞鹏（2020）认为，黄河流域的高质量发展应以生态优先为发展理念，在市场起决定性作用和创新驱动下，促进中心城市的集聚，加强城市之间的联系，最终实现区域协调发展，满足人民的美好生活需要，具体体现在生态优先、市场有效、动能转换、产业支撑、区域协调、以人为本六个方面。

2. 黄河流域生态保护与高质量发展的科学内涵

关于黄河流域生态保护和高质量发展的内涵，张军扩等（2019）认为，从新发展理念、质量、供给侧结构性改革、供给体系和产业结构迈向中高端、国民经济创新力和竞争力显著增强、更有效率、更加公平、更可持续的发展六个方面进行了内涵解析。任保平和张倩（2019）认为，高质量发展一是要贯彻新发展理念；二是要坚持质量第一、效益优先；三是供给侧结构性改革为主线的发展；四是供给体系和产业结构迈向中高端；五是国民经济创新力和竞争力显著增强的发展；六是更有效率、更加公平、更可持续的发展。高质量发展是经济的总量与规模增长到一定阶段后经济结构优化、新旧动能转换、经济社会协同发展、人民生活水平显著提高的结果。

基于目前黄河流域社会经济发展由高速度向高质量转变深度调整期的特点，黄河流域生态保护与高质量发展是沿线地区的协同发展，更是统筹经济建设、政治建设、文化建设、社会建设、生态文明建设"五位一体"总体布局的全面发展，是以五大发展理念为引领，以实现黄河流域社会经济发展的高效率、高效益、协调性、创新性、持续性、稳定性、安全性和共享性为目标，以"理念、政策、创新、开放"四轮驱动为发展动力，以"理念创新、科技创新和体制机制创新"三重创新为核心引擎，通过"理念、动力、结构、效率、质量"五大变革，深化资源供给侧结构性改革，升级传统产业、发展新兴产业、优化产业结构，提高黄河流域全要素生产率，实现黄河流域在生态保护优先的前提下实现经济社会向高质量发展阶段的整体跃升，推动黄河流域整体绿色、高效和可持续健康发展。

在黄河流域"三重创新"核心引擎中，科技创新是黄河流域生态保护与高质量发展的根本原动力，由于"政治"建设的本义更侧重于政府、政党等治理国家的行为，根据黄河流域生态保护和高质量发展系统的基本特征以及黄河流域经济社会活动的作用对象，本书将"政治"层面的相关内容放到了"社会"部分，重点关注公众参与、协同治理、政策体系、民生福祉等内容。为此，本书在国家层面"五位一体"总体布局的概念框架下，将黄河流域生态保护和高质量发展解析为经济、社会、科技、文化、生态"五维一体"的全面发展与协调发展。

（二）黄河流域生态保护与高质量发展的关联关系

黄河流域是我国重要的生态屏障和经济地带。2020 年 1 月，中央财经委员会第六次会议明确提出，应立足于全流域和生态系统的整体性，共同抓好大保护、协同推进大治理，这为黄河流域经济高质量发展与生态环境保护的协调发展提供了有利机遇。提高黄河流域生态保护与高质量发展的耦合协调度，推动两者正向促进交互响应关系的形成，是破解生态环境约束，实现黄河流域生态保护和高质量发展和谐统一，践行"两山"理念的重大社会实践。

生态资源是高质量发展的物质基础和生产要素，生态资源数量的有限性决定了生态保护的必要性。一方面，以生态优先为前提，在市场化条件下寻求生产要素的最佳组合，通过生态资源的集约利用和高效配置，充分实现生态资源型要素的价值，倒逼经济主体加大科技创新，推动产业结构升级，提高质量效率，推动高质量发展水平的提升。另一方面，"两山"理念为生态产品的价值转化提供了新思路，为高质量发展提供新动能。生态补偿、绿色金融、生态产品市场等体制机制创新，为生态财富的增值和积累提供了有力保障，改变了传统的环境污染"末端治理"模式，转而采用绿色创新手段实施源头治理，实现新旧动能转换，倒逼经济发展模式的转变。可见，黄河流域高水平生态保护能够正向促进高质量发展。

高质量的经济增长对生态保护具有推动作用，是维护生态系统服务功能、开展生态保护和生态修复的经济基础。生态保护和生态修复均离不开强有力的资金支持，高质量发展能够为生态保护和环境治理提供充足的资金，有效降低人类生产生活活动对生态环境造成的负面影响，遏制生态退化和环境质量下降。同时，高质量发展意味着产业结构优化、生产效率提升和生产技术的进步，也意味着更少的单位污染排放、资源消耗和生态破坏，能够通过源头防控达到生态保护的目的。而高质量发展通过提高民生水平，在实现高品质生活的同时，也提高了公众对生态产品和生态服务的需求，提高了公众的绿色生活、绿色消费、生态保护意识。因此，黄河流域的经济高质量发展能够推动高水平的生态保护。

（三）黄河流域生态保护和高质量发展的基本特征

黄河流域生态保护和高质量发展要求整个流域以生存环境安全为前提，以技术创新为核心动力，实现经济稳定增长、区域均衡发展、社会公平正义、人和自然持续协调发展。

1. 高效率

高效率是指黄河流域高质量发展进程中消耗较少的资源、造成较小的生态污染而产出较多具有竞争力的产品和服务。消耗单位资源获得的利益越多，表明资源的使用效率越高、经济的发展质量越高。张军扩等（2019）认为，高质量发展是经济、政治、文化、社会、生态文明"五位一体"的协调发展，其中高质量发展三大方面的目标是"高效""公平""可持续"。高资源配置效率、少生产要素投入、低资源环境成本，更高的社会效益是高质量发展的明显标志。逄锦聚等（2019）指出，高质量发展是创新和效率提高的发展，他强调创新将成为经济发展的主旋律，效率将成为经济发展的关键词。黄河流域要逐步实现低消耗高产出的经济增长方式，通过改善产业结构来提高全要素生产率，以实现生态保护与经济的高质量增长。

2. 高效益

高效益是指黄河流域生态保护和高质量发展呈现投入减少、产业规模扩大、结构优化、效益增长的态势。黄河流域高效益发展要坚持民生优先，推动生态惠民，把保障民生和改善民生作为黄河流域高质量发展的出发点。黄河流域高质量发展的重点是"谋增长、提质量、促协同"。高培勇等（2020）提出，经济增长阶段必须实现产业体系特征的一致性，要从依靠高投入、高劳动参与率等要素驱动式的高速增长，转化为主要依靠技术进步、效率驱动的高质量发展。赵剑波等（2019）从经济发展观视角看待高质量发展，高质量发展涉及发展过程、生产方式、发展动力、发展效果的全面提升，要求转变增长方式、切换增长动力、提升经济效益和分享发展成果。在高质量发展进程中要对流域进行生态重建和保护性开发，实现流域经济效益、社会效益、生态效益的有机统一。

3. 协调性

协调性包含两个概念：一是生态保护与经济发展的协调，二是黄河流域整体区域经济发展协调。第一，黄河流域的高质量发展应以生态优先，很多学者考虑黄河流域实际，给出生态保护与经济发展协调发展的实现路径，保护湿地生态、构建河湖生态廊道、集约利用水资源、建立横纵向生态补偿制度，社会经济系统与生态环境系统的协同发展。第二，黄河流域是一个有机的整体，黄河流域生态环境保护需要跨区域的协同治理，经济需要全域协调发展。但一直以来，黄河流域存在区域发展不平衡问题，上中下游经济发展有明显差异，呈现"东强西弱"、中下游经济发展速度快于上游的基本格局。为实现黄河流域高质量发展，要形成流域管理机制，侧重上下游的发展重心，加强城市之间的联系，逐步缩小区域差距，最终实现区域协调发展。

4. 创新性

创新性是指在黄河流域生态保护和高质量经济发展的进程中充分发挥技术创新产生的作用，推动黄河流域经济由高速增长转向高质量增长。发展的根本动力是创新，保持区域发展动力、维持经济发展速度主要靠技术进步引领。王开荣（2020）阐述，科技是黄河三角洲发展的重要支撑，指出科技创新在与发展实际作用过程中的问题并提出相应解决措施。卫中旗（2019）认为，创新是经济高质量发展的主要驱动力，近年来，科技的创新和进步对经济发展的贡献率持续提升。针对黄河流域最关心的水域问题，需要利用科技创新手段，从根本上解决水资源高效利用、水生态系统修复、水环境综合治理、水灾害科学防治等问题；黄河流域中心城市发展需要加快建立创新驱动体系，充分发挥中心城市在创新技术方面的溢出效用，以创新和技术进步提升整体区域生产经营效率。

5. 持续性

持续性是指黄河流域经济持续发展的能力，主要表现为资源、环境、技术支持经济长期发展的能力。很多学者认为，经济的持续性是评价经济发展质量的重要维度，其中反映经济持续性的具体指标包含经济增长持续度、综合能耗产出率、资源配置率和"三废"综合处理率等。从指标的设置不难看出，创新生产技术、采用集约型资源利用方式，着重环境污染的防治，是支持黄河流域生态保护与高质量发展的重要保障。郭晗（2020）总结，黄河流域高质量发展中可持续发展和生态环境保护面临水资源供需矛盾、水沙空间分布不均衡、环境污染风险、流域缺乏综合管控四种制约因素，并针对不容乐观的生态环境问题提出政策建议。实现黄河流域生态保护和高质量发展应将集约、循环等理念融入经济活动的全过程；在提高效益的同时，实现资源、能源和生态的可持续性发展。

6. 稳定性

稳定性是指黄河流域经济运行的平稳状况，流域经济运行的稳定性是经济健康发展的基础和提高经济发展质量的重要保证，通常用经济增长波动率和价格波动率、就业失业率来衡量。刘亚雪等（2019）认为，确保增速稳、物价稳、就业稳等"多稳"经济运行局面是提高经济高质量发展的重要保障。黄河流域的经济发展环境易受环境资源约束趋紧、区域收入差距较大、发展动力疲软等因素影响，为实现生态保护与高质量发展的稳定性，提高防范水旱灾害能力、加速助力精准脱贫、增强防治环境污染能力，为保持经济增长动力的平稳，要转变经济发展方式、优化产业结构，从根本上提高区域适应能力。同时，为维护经济环境的平稳，需要流域内政府协调治理、净化市场环境、重视效益和共享。

7. 安全性

安全性是指在黄河流域高质量发展的同时，妥善解决防洪安全、饮水安全、粮食安全、生态安全等问题。保障安全是黄河流域生态保护和高质量发展的基本要求，在黄河流域高速发展的进程中维系充分的安全性对保障黄河长治久安、保障区域稳定具有重要作用。习近平总书记在黄河流域生态保护和高质量发展座谈会上强调："解决好流域人民群众特别是少数民族群众关心的防洪安全、饮水安全、生态安全等问题，对维护社会稳定、促进民族团结具有重要意义。"彭月等（2015）在《2000-2012年宁夏黄河流域生态安全综合评价》中阐释了黄河流域生态安全重要性的同时构建了生态安全评价体系，并针对"南北高、中部低"的生态安全格局，提出因地制宜的防护措施。黄河素以"善淤、善决、善徙"闻名，洪水严重威胁黄河流域人民生命和财产安全，水旱灾害与脆弱的生态影响粮食安全，保障水域安全，是黄河流域高质量发展的前提。

8. 共享性

共享性是指黄河流域人民共同分享由流域改革发展和区域经济水平提高而产生的成果。宋明顺和范馨怡（2019）认为，社会公平与共享是推进经济高质量发展的重要力量，文中选取人均财政支出、教育支出率、城乡居民人均年收入增长率差值和政府转移支付率四项变量作为衡量区域共享质量水平高低的测度，并提出前三种变量越高证明社会公平度和共享质量水平越高，政府通过合理分配的转移支付调节需求共享，促进社会发展。切实改善民生的现实需求、满足人们对公共服务的要求、让全民更好地共享成果是黄河流域推动生态保护和高质量发展的主要动机和着眼点。师博（2020）提出，为提升全体黄河流域人民对发展成果的共享程度，应加强教育和医疗配置的均衡性，充分释放公共产品和服务的作用。

（四）黄河流域生态保护与高质量发展的动力体系

黄河流域发展正处于由高速度向高质量转变的深度调整期，借助政策的东风，以五大发展理念为引领，逐步形成以"理念、政策、创新、开放"四轮驱动的黄河流域生态保护和高质量发展动力体系，为黄河流域生态保护和高质量发展提供不竭动力。黄河流域生态保护与高质量发展的动力体系。

1. 以新理念为"引领轮"

抑制黄河流域高质量发展的重要因素之一是脆弱的生态，所有黄河流域的规划和发展必须服从于生态保护的前提。践行"绿水青山就是金山银山"的发展理念，坚持绿色、可持续发展，是高质量发展的基础，也是人民群众对优美环境美好生活的要求。政府服务理念的更新对高质量发展具有重要指导意义，黄河流域的生态保护要建立全局意识，流域各省市统一规划，制定相关政策，实现联动、协商与互补机制，协同为市场服务，促进实现黄河流域生态保护与治理的效益和效率。树立"技术进步是经济繁荣的根源"的理念，深化科技教育机制体制改革创新、在全流域内破除科技发展要素流动的障碍，鼓励万众创新，加强知识产权保护，努力提高全要素生产率。

2. 以新政策为"推动轮"

黄河流域生态保护与高质量发展的国家战略是一项持久而具有挑战的任务，

既要实现生态、科技、社会、经济等高质量发展，又要解决发展中突出的生态环境保护、区域发展不平衡、产业结构调整等问题，所以需要人才政策、财政金融政策、创新激励政策等新政策全面推动。姜安印和胡前（2020）指出政府在黄河流域开发建设融资中应当承担主要职责，实施积极引入社会资本的政策，充分发挥财政融资平台的作用，促进黄河流域发展中产生多元化的融资模式，综合运用政府债券、城投券和 PPP 模式三大融资手段。推动为实现黄河流域生态保护和高质量发展，人才政策是重点，任保平和张倩（2019）提出，各级政府应对黄河流域的开发治理给予资金与政策支持，特别是在新技术条件下建立实时监测预警体系，完善黄河流域高质量发展的监测预警工作。与此同时，政府创造更加宽松的政策环境，激发人才进行科学探索和科技创新。

3. 以创新为"驱动轮"

创新驱动是黄河流域生态保护和高质量发展动力体系的核心引擎，其中新能源、新产业、新技术的发展占据主要地位。在水能源技术、水生态保护技术、新产业技术等核心技术领域推进国际合作，实现国内技术输出和国际高精尖技术引进；黄河流域拥有丰富的金属、煤炭、石油、天然气等能源资源，但在开发利用过程面临产能过剩和生态污染问题，在黄河流域发展新能源产业正是承载绿色发展的具体体现。任保平（2020）认为，黄河流域应加快传统产业转型升级，构建新型生态产业，更多产出绿色生态产品，推动黄河流域实现绿色发展。王金南（2020）提出，注重水资源环境承载能力，在能源化工行业采用新技术提高环境保护水平，培育和发展战略新兴产业，推动产业向低耗水、低污染、低风险转变，逐步实现产业发展与黄河流域生态、水资源环境承载能力相协调。

4. 以全面开放为"定向轮"

全面开放是外部风向标，在黄河流域生态保护和高质量发展四轮驱动中起到定向、指引作用。黄河流域上游青海、甘肃、宁夏、陕西、内蒙古是"一带一路"重要的节点城市，坚持走输出和引进的发展道路，实现对外开放和国际合作，以内蒙古作为向北开放的重要通道、以青海、宁夏、陕西、甘肃等地为核心构建面向中亚、南亚、西亚国家的窗口，以"一带一路"倡议为契机，实现海运、陆运、空运等全方位开放，形成综合物流枢纽；在科技、金融、旅游、文化等方面实现多领域、多形式、多层次的开放发展，逐步成为国内外重要产业基地和人文教育基地，在全面开放新格局中实现黄河流域高质量发展。常承明和邢杰（2020）提出，"一带一路"倡议推动了黄河旅游经济发展，实现了传统文化的传承与发展，黄河旅游发展惠及流域内所有省市，形成多地互动的经济发展模式，很大程度上解决了黄河流域就业、生态保护等相关问题。

（五）黄河流域生态保护与高质量发展的支撑体系

以"四轮驱动"为动力源泉，以黄河流域发展的高效率、高效益、协调性、创新性、持续性、稳定性、安全性和共享性为目标，深度挖掘黄河流域生态保护和高质量发展动力机制，构建黄河流域生态保护和高质量发展支撑体系，推动黄河流域生态保护和高质量发展实现"理念、动力、结构、效率、质量"五大变革，实现深化资源供给侧结构性改革，升级传统产业、发展新兴产业、优化产业结构，提高黄河流域全要素生产率，实现在生态保护优先的前提下黄河流域经济社会向高质量发展阶段的整体跃升，推动黄河流域整体绿色、高效和可持续健康发展。黄河流域生态保护与高质量发展的支撑体系。

1. 理念变革是基础

贯彻生态文明理念是黄河流域高质量发展进程中的大前提，在流域发展过程中应实现深化生态文明体制机制改革，完善生态文明建设政策法规体系，把生态文明从思想约束纳入法治约束轨道。同时，在生态环境保护与生态恢复有所依据的法治环境下，增强全流域的生态理念与集约意识，完善生态治理体系，提高治理能力。郭晗和任保平（2020）认为，黄河流域发展与治理理念应从工业文明向生态文明转型，要把生态文明作为基本理念导向贯穿到高质量发展和流域治理的全流程中。魏敏（2020）提出，改变黄河流域发展的基本思路，不能先污染后治理，应在黄河水资源开发利用项目建设中，突出生态保护与生态安全，促使生态保护和治理协同开展，推进黄河生态流域保护和高质量发展。

创新是引领发展的第一动力。推动黄河流域生态保护和高质量发展，创新必须处于核心地位。沈坤荣和赵亮（2018）从创新生态短板制约经济增长动力的角度分析，要建立创新友好型金融体系，实现对创新的有效激励和资源支持，以创新来驱动转换经济增长动力，实现高质量发展。安树伟和李瑞鹏（2020）提出，黄河流域的高质量发展要实现动能的转化，目前经济增长动能仍以资本和劳动力等要素投入为主，创新动力不足，为实现新旧动能顺利转换以及产业结构优化调整，创新驱动是关键。黄河领域各省市应借助"一带一路"倡议的契机，开展产业与技术合作，共同实施国家重大科技项目，实现关键共性技术突破；深化科技机制体制改革，构建"政产学研金服用"的技术创新体系，促进科创成果向生产动力转化。

2. 结构变革是路径

黄河流域高质量发展的主要路径是实现产业结构与资源能源消耗结构变革。黄河流域第二产业占比较高，工业化程度高于全国平均值，但结构性污染指数较高，如拥有山西煤化工基地、内蒙古有色金属基地，在开采利用过程中势必对生态造成威胁，但黄河流域生态保护和污染治理能力偏低；黄河流域资源能源丰富，黄河资源能源消耗结构不合理，2019 年黄河流域第一产业与第二产业增加值占 GDP 比值为 49.32%，而消耗水资源占比则达到 77.42%，其中农业产业消耗 63.86% 的水资源仅贡献 8.82% 产值。因此，黄河流域要实现高质量发展，应优化产业结构，改善产业体系单一的现状，扩展产业规模、升级传统产业、发展新兴产业、培育节能环保产业，提高产业效能；完善有利于技术创新的机制体制，形成政府、企业、个人联动的全社会创新体系，在开发利用资源能源的节能环保技术方面创新突破，实现资源能源消耗结构的重新调整。

3. 效率变革是重点

黄河流域高质量发展进程中的效率变革是旨在以资源投入和生态环境破坏最小化为宗旨，实现社会效益、经济效益、生态效益最大化。为实现黄河流域效率的变革，应淘汰落后产能，发展先进技术，提高黄河流域全要素生产率；应优化科研制度，提升科研效率；应合理调配水资源，提升水资源利用效率；应结合黄河流域东西部不同的发展目标，制定生态开发利用规划，提升黄河流域整体环境效率，促进黄河流域高质量发展。国外学者科瑞奇亚等（Kytzia et al.，2011）和苏鲁金等（Surugiu et al.，2012）将生态效率概念引入旅游研究领域，通过对旅游生态效率的研究来反映区域可持续发展能力，解析旅游生态效率内涵，构建旅游生态效率测度模型，从而提出相关的对策建议。国内黄河流域生态效率的研究除了沿袭国外学者的研究方向，也产出研究黄河流域环境效率的文章，曾贤刚等（2020）构建了非期望产出超效率 SBM 模型，测算了高质量发展视角下黄河流域 94 座城市 2007~2016 年的环境效率，定量分析了黄河流域高质量发展视角下环境效率的驱动要素及其空间溢出效应，最后针对各地市政府提出了科学的建议。

4. 质量变革是主体

质量变革是黄河流域生态保护与高质量发展的主体，黄河流域整体多维度、多领域、多形式寻求高质量变革，是实现黄河流域高质量发展的基础。第一，全要素投入高质量。不断提高科技、资本、人才、资源等要素的质量，打造黄河流域高质量发展稳固根基。其中持续研发新技术，大力促进其创新成果转化，实现科技手段高质量落地应用；转变新型生产模式，实现资源高质量转化；针对黄河流域发展需求，实现高端人才培养；逐步扩展到全产业链、全要素的高质量投入，全面高质量推进黄河流域发展。第二，机制体制高质量，通过新机制、新方式促进全要素协调发挥重要作用。发挥机制体制效应，推动构建科创平台、金融平台、交易平台，培育新市场组织方式、促进新业态模式发展，协调各要素作用的发挥。第三，流域整体发展高质量。打破地域、资源和发展的不平衡，以黄河流域中心城市为核心，加强其辐射带动作用，推动黄河上中下游整体流域实现多类型、多区域全面协作，实现中心城市—边缘城市、城市—农村全流域的协调发展，这是黄河流域高质量发展的重要部分，同时发展成果的共享是高质量意义的体现。

二、国外流域生态保护与发展的启示

黄河流域是我国北方重要的生态屏障和经济区域，也是我国重要的农业生产基地和能源基地。针对黄河流域生态保护与可持续发展存在的突出问题，应结合国外流域综合治理的成功案例，基于新的发展理念，摆脱黄河流域对于传统发展方式的路径依赖，以可持续发展和生态环境保护为重要的突破口，真正实现发展质量的全面提升。

（一）府际协同，社会参与，打造流域治理共同体

目前，黄河委员会是黄河流域最高一级管理机构。然而，由于缺乏全流域治理的实际权力，实际工作中，黄河委员会无法有效协调各方利益冲突，难以履行黄河流域统一管理的各项职能。

国外在流域协同和社会力量参与治理方面积累了诸多有益经验。比如，ICPR 作为莱茵河流域协同治理的组织机构，有效地打破了传统的政治和行政界限，在流域各国的协作治理中发挥着重要作用。日本针对水环境污染形成了以地方政府、企业、NPO、公民共同参与的多中心协同治理架构，既能够保证中央政府对水资源管理的规则和标准得以高效实施，又节约了监督检查成本。

借鉴国外协同治理的经验，在黄河流域的生态保护与综合治理过程中，必须从黄河流域的整体性出发，既要重视地区间、部门间的跨界跨域协同合作，又要充分发挥多元主体参与治理的重要作用，构建黄河流域协同治理共同体，从系统性视角出发优化流域治理体制机制。

一方面，建立健全黄河流域跨域跨界的府际协同联动机制，以共商、共建、共享为基础，推动黄河流域治理体系和治理能力现代化建设。为此，首先应理顺横向和纵向府际之间的关系，明确黄河流域各省份、各部门的职责任务，以共建共享为原则，以协商合作为手段，有效解决生态资源开发利用和生态环境管理中存在的矛盾与冲突。

另一方面，建立健全企业、居民和社会组织等非政府组织的利益相关者参与流域治理的政策法规，完善参与制度，保障各方参与治理的权利。参与治理的相关政策法规应囊括治理机构组建、公约及协议制定、治理过程检查监督等各个方面。同时，还应通过交流平台的开发应用，使公众能够更便捷地获取相关公开信息，并畅通信息交流渠道，形成政府、企业、社会组织和民众共同参与的多元主体治理格局。

（二）创新驱动，因地制宜，促进经济转型升级

黄河流经 9 个省区，每个省份的省情不同，具体到经济发展、生态环境、地理、气候和资源分布情况也各不相同。在考虑整体性发展的同时，更要结合各自特点，因地制宜，做好开发和保护。要坚持生态优先原则，因地制宜地优化产业布局。具体而言，上游地区是生态涵养区，不适合搞大发，而应该依托丰富生态资源禀赋，以生态农业和观光旅游业为核心，大力发展绿色产业，将资源优势转化为资产价值；中游地区重视水土保持，立足能源化工资源优势，通过技术创新推动传统产业转型升级、绿色发展，加强与下游产业的联动协同，精准对接市场需求，提高资源利用效率和产品附加值；下游地区发挥资金、人才、技术和对外开放的区位优势，以中心城市群、都市圈为载体，大力推动高端先进制造业发展，加快数字经济、新兴产业、现代服务业发展，构建现代化产业体系。同时，在生态资源保护方面，不断完善流域生态补偿机制，进一步解决治理收益与治理成本之间的矛盾，推动黄河流域绿色发展，从根本上提高生态保护与高质量发展的协同性和可持续性。

（三）加强战略规划和顶层设计，谋划流域长远发展

黄河流域生态保护和高质量发展国家战略提出之前，虽然中央和地方各级政府部门制定了生态保护相关的多项法律法规，但是并没有关于黄河流域生态保护和高质量发展的专项规划。国外诸多河流的开发治理和保护经验为黄河整体规划提供了借鉴和参考。例如，欧洲针对莱茵河开发治理和保护制订了《保护莱茵河伯尔尼公约》《莱茵河 2000 年行动计划》《莱茵河 2020 计划》；美国针对本国河

流开发治理和保护在 1972 年出台了《清洁水法》，明确了严格的州实施计划；澳大利亚在 2007 年出台《水资源安全国家规划》。上述行动计划规划从流域中长期治理的角度出发设计蓝图，较好地保障了治理的持续性、完整性和清晰性。

黄河流域治理涉及防洪抗旱、水土保持、水资源利用、环境污染防治等方方面面，应从系统性视角出发，树立流域"一盘棋"的整体性、系统性、综合性治理思路。因此，在制定和实施黄河流域生态保护和高质量发展战略规划时，一方面，应充分尊重流域生态保护和发展的自然规律，重视保护和发展的一致性、协同性、整体性，以保护促发展，以发展促保护；另一方面，应立足流域内不同地区的生态资源优势禀赋，从当地的经济发展基础、人才技术条件、社会人口分布等特点出发，因地制宜地规划产业布局，设置功能定位，并在差异化发展的基础上，注重加强区际协作，形成上中下游联动、东中西部互补、生态与产业协同的生态保护和高质量发展格局。

（四）注重黄河流域生态保护与高质量发展的协同性

在生态优先的基础上实现产业经济的高质量发展是化解生态保护与高质量发展矛盾的根本途径。欧洲莱茵河流域通过优化产业布局，有效推动绿色要素合理流动，在保护环境的同时实现了产业转型升级，较好地推动了流域经济的可持续发展。长期以来，黄河流域缺乏有效的系统治理，资源过度开发、粗放式利用、污染排放监管缺失等导致生态环境恶化、资源承载力下降、水土流失严重，黄河流域的可持续发展面临严峻挑战。为此，应将生态保护放到优先位置，通过优化产业布局，发展生态经济、绿色产业、战略性新兴产业，推动生态保护与产业发展的协同性，使产业发展与流域资源环境承载能力相匹配。

三、国外流域生态保护与发展的借鉴

黄河流域粗放的产业发展模式加重了生态系统的脆弱性，流域可持续受到严重考验。在这一点上，密西西比河、泰晤士河、田纳西河等大河流域也有过相似的经历，国外流域大多经历"先开发，后治理；重效益，轻可持续发展"的弯路，历经数百年治理，不断创新机制体制才恢复原有的生机。这些治理案例给我们警示，也带来借鉴意义：摒弃先污染后治理的思想，坚持生态优先，从黄河流域系统性治理、整体性治理的思路出发，有效协调生态保护与经济发展的关系，重视区际协同，共同抓好大保护，协同推进大治理，完善生态保护与高质量发展的长效机制。下面将从水资源保护、水旱防治、资源利用、经济发展四个方面提

出基于国外流域生态保护与高质量发展的借鉴。

（一）水资源保护方面

黄河水供需矛盾突出，部分支流断流情况严重，加强黄河水资源管理与保护，缓解水资源供需矛盾，意义重大。结合国外流域水资源经验和本国国情，保护黄河流域水资源可从以下三方面发力：第一，做好立法顶层设计，明确各级政府的管辖范围，构建责权明晰的水资源保护体系。要以"河、湖长制"为支撑，建立跨区域、多部门的协同治理机制，完善流域、区域、行业管理的议事协调协商制度。实施河长制讲求"一河一策"，以黄河实际情况为导向，因河施策，抓住"牛鼻子"，努力打造上流滋养水源、中流立足污染整治、下流做好保护工作的治理大格局。第二，要构建体制化、标准化的多层系区域协同组织，包括构建体制化区域协同中介组织和跨区域民间组织。激发区域协同发展的参与主体的积极性，建立民间与政府信息沟通的双边协商机制。第三，要加大环保督察力度，定期针对性"回头看"。各区域地方政府往往出于地方GDP的政绩观念，在治理过程中只考虑自己利益，忽略了公共利益。通过自上而下的环保督察，对地方进行强有力约束。

（二）水旱防治方面

黄河下游滩区是人民群众赖以生存的家园，但地上悬河形势严峻，防洪抗旱和经济发展矛盾长期存在。做好黄河流域防洪抗旱工作，事关经济发展和人民群众生命安全。对此，一是要完善防洪抗旱减灾体系，提升防洪抗旱综合能力。加快实施黄河治理骨干枢纽工程、跨流域重大调水工程、流域内联通工程，加强水土流失治理，加强管理系统信息化建设，增强防御重大水旱灾害、化解重大风险的实力，以必要的物质基础支撑生态保护和高质量发展。二是进一步探索明确水利部门同应急管理部门之间的工作边界，衔接好"防""救"的责任链条，既发挥水利部门日常防灾专业优势又要发挥应急管理部负责抢险救援优势，确保责任链条无缝对接，形成整体合力。

（三）资源利用方面

水资源利用和土地资源利用是流域资源利用的主要内容。做好黄河流域水资源节约集约利用，先要做好立法顶层设计，制定流域水资源节约集约利用法，打破区域之间的利益壁垒，立足流域整体治理，建立水资源整体经济效益最大化的集约利用逻辑。通过区域间的有效协同，将水资源转移到消耗较低且产出较高的区域。在土地利用方面，立足区域土地资源的比较优势，以推动高效生态为宗旨，构建新的土地资源开发利用框架，促进国土空间资源要素的合理配置和顺畅流动；同时，要建立有效的耕地保护、未利用地生态建设红线和建设用地统筹集约利用新机制，立足地区间的资源禀赋和发展差异，开展多种模式的土地综合治理。

（四）经济发展方面

以国家生态文明建设推动工业结构优化和产业升级，是协调生态环境保护与经济发展的根本出路。推动黄河流域经济健康、可持续发展，一方面要发展创新驱动体系，以创新驱动实现新旧动能转换，促进全流域高质量发展；另一方面应壮大现代化产业体系，推动实体经济、科技创新、现代金融和人力资源的协同发展，以实体经济发展为核心，促进三次产业的充分、协调发展。此外，还应进一步完善公共产品和服务供给体系，培育绿色发展体系，并针对黄河上中下游的区位特点，实施差异化的发展路线，加大生态保护修复力度，提升水源涵养和水土保持能力，加强环境保护投入，增加生物多样性，促进生态系统健康发展。

参考文献

［1］曹露．黄河流域乡村文化产业发展研究［M］．长春：吉林人民出版社，2021.

［2］韩艳利，孙晓娟，靳会姣，宋楠曦，李勇．黄河流域水流生态保护补偿研究与实践［M］．郑州：黄河水利出版社，2021.

［3］郝彤，王丛霞，杨丽艳．黄河流域生态保护和高质量发展的理论与实践［M］．北京：中国社会科学出版社，2022.

［4］洪清华，王小松，张帆，邹庆龄，朱强．黄河文化旅游带精品线路路书［M］．北京：中国旅游出版社，2021.

［5］侯永志，何建武，卓贤．黄河流域生态保护和高质量发展总体思路和战略重点2021［M］．北京：中国发展出版社，2021.

［6］胡金焱．母亲之河——黄河流域生态保护和高质量发展［M］．重庆：重庆大学出版社，2022.

［7］黄蕊．黄河流域生态环境保护与全面高质量发展研究［M］．北京：群言出版社，2023.

［8］李丽娟，黄建军，李山勇．河南省实施黄河流域生态保护和高质量发展路径研究［M］．北京：中国经济出版社，2023.

［9］刘炯天．黄河流域高质量发展研究［M］．郑州：郑州大学出版社，2022.

［10］邱士可，翟娅娟，杜军，李双权．河南省黄河流域生态保护和高质量发展地理国情报告［M］．北京：中国农业科学技术出版社，2021.

［11］任保平，师博，钞小静，郭晗．黄河流域生态环境保护与高质量发展耦合协调与协同推进机制［M］．北京：经济科学出版社，2023.

［12］任保平，宋敏，高林安，向寿生．黄河流域生态环境保护与高质量发展报告（战略篇）［M］．西安：西北大学出版社，2021．

［13］王光利．线性文化视域下黄河流域文化旅游资源开发研究［M］．北京：九州出版社，2023．

［14］王苗．黄河文化传播与话语体系构建研究［M］．沈阳：辽宁人民出版社，2022．

［15］王文保．黄河流域生态保护与高质量发展研究［M］．北京：中国书籍出版社，2023．

［16］薛松贵，张会言，张新海，王煜，杨立彬．黄河流域水资源利用与保护［M］．郑州：黄河水利出版社，2013．

［17］昝胜锋，赵传新，吴红．黄河文化：产业生态学的观察［M］．济南：山东大学出版社，2021．

［18］赵爱武，关洪军，孙珍珍．黄河流域生态保护与高质量发展研究［M］．北京：经济科学出版社，2022．

［19］赵泽林，欧阳康．中国绿色发展理论与实践研究［M］．武汉：华中科学技术大学出版社，2023．